Textverstehen bei Kindern

Psycholinguistische Studien

Herausgegeben von
Gert Rickheit und *Dieter Metzing*

In der Reihe „Psycholinguistische Studien: Normale und pathologische Sprache und Sprachentwicklung" werden Arbeiten veröffentlicht, welche die Forschung in diesen Bereichen theoretisch oder empirisch vorantreiben. Dabei gibt es grundsätzlich keine Beschränkung in der Wahl des theoretischen Ansatzes oder der empirischen Methoden. Sowohl Beobachtungs- als auch experimentelle Studien sollen in dieser Reihe erscheinen, ebenso Arbeiten, die Sprachverarbeitungsprozesse mit Hilfe von Computern simulieren, sofern sie nicht nur lauffähige Systeme darstellen, sondern auch deren empirische Validität aufzeigen.

Im Bereich der pathologischen Sprache sollen neue Diagnose- und Therapieverfahren sowie Erklärungsansätze für bestimmte Formen sprachlicher Abweichungen oder abweichender Entwicklungen in die Reihe aufgenommen werden. Arbeiten, die die normale Sprachverwendung thematisieren, sollen neue Einsichten in die Mechanismen und das Funktionieren der sprachlichen Kommunikation vermitteln. Die Studien, die die Sprachentwicklung zum Gegenstand haben, sollten sich thematisch auf die normale oder auf die gestörte Entwicklung der Sprache konzentrieren und die empirischen Befunde auf entsprechende theoretische Konzepte beziehen.

Evamaria Terhorst

Textverstehen bei Kindern

Zur Entwicklung von Kohärenz und Referenz

Westdeutscher Verlag

Die Deutsche Bibliothek – CIP-Einheitsaufnahme

Terhorst, Evamaria:
Textverstehen bei Kindern: zur Entwicklung von
Kohärenz und Referenz / Evamaria Terhorst. –
Opladen: Westdt. Verl., 1995
(Psycholinguistische Studien)

Der Westdeutsche Verlag ist ein Unternehmen der Bertelsmann Fachinformation GmbH.

Umschlaggestaltung: Christine Huth, Wiesbaden
Gedruckt auf säurefreiem Papier

ISBN 978-3-531-12670-8   ISBN 978-3-322-94939-4 (eBook)
DOI 10.1007/978-3-322-94939-4

Für Udo und Yannik

Inhalt

Vorwort

Ziel dieses Buches ist es, eine empirisch überprüfte Antwort auf die Frage zu geben, wie sich bei Kindern im Vorschul- und Grundschulalter die Fähigkeit entwickelt, anaphorische Pronomen beim Textverstehen aufzulösen. Aus der Sicht der Diskurserwerbsforschung handelt es sich bei dieser Fragestellung um ein Detail. Die Beantwortung dieser Frage ist jedoch ein Baustein, der u.a. in Verbindung mit der Koreferenz- und Inferenzforschung zum Aufbau eines Entwicklungsmodells der Textverstehensfähigkeit beitragen kann. Die Entwicklung der Textverstehensfähigkeit und insbesondere die Entwicklung der pronominalen Koreferenzfähigkeit ist bisher im Rahmen psycholinguistischer Textverstehenstheorien und kognitiver Sprachverarbeitungsmodelle nur unzureichend untersucht worden. Diese Arbeit leistet einen Beitrag dazu, dieses Defizit zu reduzieren.

Grundlage des vorliegenden Buches ist meine Dissertation *Textverstehen bei Kindern,* mit der ich im November 1992 an der Universität Bielefeld promoviert habe. Die Idee zu dieser Arbeit resultiert aus Diskussionen mit Mitgliedern der Forschergruppe *Kohärenz,* vor allem den Mitarbeitern in dem von Prof. Dr. Gert Rickheit und Prof. Dr. Hans Strohner geleiteten Teilprojekt *Verarbeitungsökonomie der Kohärenzprozesse.* Insbesondere verdanke ich Dr. Jochen Müsseler, Dr. Martina Hielscher und den Mitgliedern der *Dienstagsrunde* viele Erkenntnisse und konstruktive Anregungen.

Die Arbeit wurde parallel zu meiner Mitarbeit in dem von Prof. Dr. Dietrich Boueke und Dr. Schülein geleiteten Projekt *Erzählfähigkeit* im *DFG-Schwerpunkt Spracherwerb* fertiggestellt. Die zahlreichen Diskussionen in den Projektarbeitssitzungen mit meinen Kollegen und Kolleginnen Elisabeth Mintert, Sabine Schröder, Dagmar Wolf und Hartmut Büscher sowie Prof. Dr. Dietrich Boueke und Dr. Frieder Schülein waren sehr hilfreich für diese Arbeit. Ihnen allen bin ich zu Dank verpflichtet. Nicht zuletzt verdanke ich Dr. Udo Günther viel Zuspruch, Ermunterung und anregende Kritik.

All dieser Unterstützungen ungeachtet, bin ich für Fehler und Ungenauigkeiten in der vorliegenden Arbeit selbstverständlich allein verantwortlich.

Bielefeld, im August 1994   Evamaria Terhorst

Einleitung

In vielen Alltagssituationen werden Menschen immer wieder mit der Aufgabe konfrontiert, mündliche oder schriftliche Texte verstehen zu müssen. Die wissenschaftliche Untersuchung der sich dabei in den Menschen abspielenden kognitiven Prozesse ist Gegenstand der psycholinguistischen Textrezeptionsforschung. Dort wird der Begriff des Textverstehens bzw. der Kohärenz im Unterschied zur traditionellen Linguistik nicht struktural als Eigenschaft eines sprachlichen Ausdrucks aufgefaßt, sondern prozedural im Rahmen eines komplexen Sprachverarbeitunssystems. Dieser prozedurale Ansatz von Kohärenz geht über den textgrammatisch-strukturalistischen und semantisch-thematischen Ansatz der Linguistik hinaus, da neben linguistischen auch psychologische Perspektiven relevant werden und Textverstehen funktional betrachtet wird. Einen Überblick über die Entwicklung des Kohärenzbegriffes geben Schade, Langer, Rutz und Sichelschmidt (1991).

Die psycholinguistische Textrezeptionsforschung sieht das Verstehen von Texten als Teil einer kommunikativen Handlung, bei der ein Autor als Produzent eines Textes einen Rezipienten über bestimmte Sachverhalte und Gegenstände informiert. Der Rezipient hat einen Text verstanden, wenn es ihm gelingt, eine mentale Repräsentation der in dem Text sprachlich mitgeteilten Sachverhalte zu rekonstruieren. Diese mentale Repräsentation wird häufig als Diskursmodell bezeichnet. Charakteristisch ist ferner, daß dem Rezipienten bei der Rekonstruktion der mitgeteilten Sachverhalte eine aktive und kreative Rolle zugeschrieben wird. Es wird angenommen, daß der Rezipient versucht, um im Verlauf der Textrezeption zu einer kohärenten mentalen Repräsentation zu gelangen, die sprachlichen Hinweise im Text mit seinem Wissen und den bereits wahrgenommenen und verarbeiteten Informationen zu integrieren. Die häufig fragmentarischen, vagen und mehrdeutigen Texteingaben ergänzt, präzisiert und disambiguiert er mit Hilfe seines individuellen Wissens. Nur durch derartige konstruktive kognitive Operationen, sogenannte Inferenzen, wird die Herstellung von Kohärenz möglich.

Theoretische Modelle, die die der Kohärenzherstellung zugrundeliegenden Strukturen und Prozesse beschreiben, werden in enger Interaktion mit der empirischen Forschung entwickelt. Dort versucht man, durch die Variation bestimmter Textstrukturmerkmale Vorhersagen über deren Auswirkungen auf den Aufbau einer kohärenten Diskursrepräsentation zu machen. Um diese Auswirkungen beobachtbar zu machen, greift man auf spezielle experimentelle Methoden zurück.

Ziel der psycholinguistischen Textrezeptionsforschung ist es also, das komplexe Zusammenspiel zwischen sprachlichen Merkmalen an der Textoberfläche und den kognitiven Verarbeitungsoperationen des Rezipienten zu beschreiben. Die zentralen Fragen beziehen sich dabei einerseits darauf, welche Informationen zum Aufbau der mentalen Repräsentation des Rezipienten beitragen und andererseits darauf, wie dies geschieht. Forschungsleitend sind die folgenden Fragen:

- Welche lexikalischen, syntaktischen, semantischen und pragmatischen Informationen tragen auf der Wort-, Satz- und Textebene zum Aufbau der mentalen Repräsentation bei?
- Welche kognitiven Fähigkeiten des Rezipienten sind relevant für die Verarbeitung dieser Informationen?
- Wie erfolgt die Verarbeitung und Integration der lexikalischen, syntaktischen, semantischen und pragmatischen Informationen mit dem Wissen des Rezipienten von einem Zeitpunkt t_1 der Verarbeitung bis zu einem Zeitpunkt t_n der Verarbeitung.

Eine weitere zwingende, in den meisten theoretischen Textverstehensmodellen bisher allerdings ausgelassene Frage, ist die nach der Entwicklung der Textverarbeitungsfähigkeit. Die Textverarbeitungsfähigkeit wird von Kindern in zunehmendem Maße mit Beginn der Grundschulzeit systematisch weiterentwickelt. Dann müssen sie im Sprachunterricht lernen, zusammenhängende Texte zu lesen und zu verstehen. Für den Schulbereich dürfte es interessant sein, von der Textverarbeitungsforschung zu erfahren, wie sich lexikalische, syntaktische, semantische, pragmatische und diskursstrukturelle Textinformationen auf die Rezeption von Texten bei Kindern auswirken. Da es hierzu im Rahmen der Textrezeptionsforschung noch wenige gesicherte Erkenntnisse gibt, sollen diese Aspekte in der vorliegenden Untersuchung bearbeitet werden. Dazu wird der Forschungsschwerpunkt auf einen besonders intensiv bearbeiteten Bereich der Textrezeptionsforschung gerichtet, den der Referenz- und Koreferenzherstellung. Bei der Referenz- und Koreferenzherstellung geht es sowohl um die Fähigkeit des Rezipienten, die im Text sprachlich mitgeteilten Sachverhalte auf bestimmte Gegenstände in seiner Umwelt zu beziehen, als auch um seine Fähigkeit, diese Sachverhalte miteinander zu verbinden. Die Sachverhalte müssen natürlich nicht unmittelbar zugegen sein, sondern können auch lediglich in seiner Vorstellung existieren. Einfache Koreferenzrelationen können in einem Text z.B. durch Wortwiederholung, d.h. Rekurrenz, oder durch pronominale Koreferenzbeziehungen hergestellt werden. Durch die Untersuchung pronominaler Koreferenzbeziehungen können grundlegende Einblicke in die Entwicklung von Kohärenzprozessen bei Kindern gewonnen werden.

Die Entwicklung der Textverarbeitungsfähigkeit am Beispiel pronominaler Koreferenzbeziehungen zu untersuchen ist sinnvoll, da die Erforschung des Erwerbs pronominaler Formen und deren Verwendung bei der Produktion und Rezeption von Diskursen und Texten eine grundlegende Komponente für die Spracherwerbsforschung darstellt (vgl. z.B. Auwärter & Kirsch, 1987; Hickmann, 1980; Karmiloff-Smith, 1985; Bamberg, 1986; Quasthoff, 1984; Wykes, 1981; Tyler, 1983). Durch die Untersuchung pronominaler Koreferenzbeziehungen kann beschreiben werden, inwieweit sich Kinder auf geteilte Referenzräume und auf die sprachlich mitgeteilten Sachverhalte und Gegenstände im Text beziehen können. Es werden Einblicke in die Art und Weise gewonnen, wie sie Verflechtungshinweise im Text zum Aufbau ihrer mentalen Diskursrepräsentation nutzen können.

Da die Frage nach der Entwicklung von Kohärenzprozessen die Klärung der Strukturen und Prozesse voraussetzt, die für das Verstehen relevant sind, ergibt sich folgender Aufbau für das vorliegende Buch: Nachdem im ersten Kapitel die Zielsetzung und die damit im Zusammenhang stehenden Fragestellungen spezifiziert sowie grundlegende methodische Probleme dargelegt worden sind, werden im zweiten Kapitel exemplarisch und mit Blick auf das Forschungsinteresse dieser Untersuchung einige theoretische Modelle der bisherigen Textverstehensforschung erörtert. In Kapitel drei werden die für die theoretischen Annahmen zur Verarbeitung pronominaler Koreferenzbeziehungen wesentlichen empirischen Belege herangeführt und diskutiert. Das vierte Kapitel referiert die bisher nur wenigen experimentellen Studien zur Entwicklung der Verarbeitung pronominaler Koreferenzbeziehungen. Aus der Diskussion dieser Ergebnisse werden Hypothesen für die experimentelle Studie abgeleitet, die in Kapitel fünf dargestellt wird. Im sechsten Kapitel wird versucht, auf der Basis der experimentellen Ergebnisse und der empirischen und theoretischen Darlegungen der vorigen Kapitel, eine Erklärung für den Entwicklungsverlauf der pronominalen Koreferenzfähigkeit beim Textverstehen zu finden. Das siebte Kapitel faßt die Ergebnisse der Untersuchung abschließend zusammen.

1. Die Entwicklung von Kohärenzfähigkeit am Beispiel pronominaler Koreferenzbeziehungen

Die Einleitung hat deutlich gemacht, daß es in der vorliegenden Untersuchung nicht darum geht, die Kohärenzfähigkeit von Kindern generell zu betrachten, sondern im speziellen die Kohärenzprozesse von Kindern bei der Herstellung pronominaler Koreferenzbeziehungen. Koreferenzbeziehungen in Texten werden einem Leser durch Anaphern, d.h. Pronomen und andere Proformen angezeigt. Anaphern stellen ein Phänomen dar, das die natürliche Sprachverwendung überall durchdringt. Sie sind daher für die Linguistik und Psycholinguistik ein interessanter Forschungsgegenstand.

Die linguistische Anaphernforschung wurde in den letzten Jahren in starkem Maße durch die Rektions- und Bindungstheorie (Chomsky, 1981) bestimmt. Reinhart (1980, 1983) hat die Relevanz des C'command für satzinterne Anaphern nachgewiesen, auf denen Chomskys Anapherndefinition aufbaut. Chomsky (1981) unterscheidet zwischen gebundenen Pronomen, die strikter intrasententieller syntaktischer Kontrolle unterliegen (wie reflexive und reziproke Pronomen), und nicht gebundenen Pronomen sowie nominalen Kategorien. Der Anaphernbegriff wird für die erstgenannte Verwendungsform von Pronomen reserviert.

Diese rein syntaktische Herangehensweise an die Anaphernforschung kann im Rahmen der Linguistik von einer eher semantischen Herangehensweise unterschieden werden (vgl. z.B. Werth, 1984; Bosch, 1985; 1986). Bei der semantischen Herangehensweise wird vermutet, daß sich Sprecher und Hörer mit anaphorischen sprachlichen Formen nicht nur auf vorausgegangene linguistische Strukturen (etwa Nominalphrasen, Verbalphrasen oder Sätze) beziehen, sondern auch auf diskursiv aufgebaute und wechselseitig unterstellte mentale Repräsentationen (vgl. z.B. Hobbs, 1979; Wiese, 1983; Kempson, 1986; Wilks, 1986). Diese Annahme läßt sich aus der von Hankamer und Sag (1976) getroffenen Unterscheidung von Tiefen- und Oberflächenanaphern herleiten. Sie hängt darüber hinaus mit der von Ross (1969) eingeleiteten Abkehr von der Substitutionstheorie zusammen, die für das Deutsche von Harweg (1968) entwickelt wurde. Es kann nach heutigen Erkenntnissen nicht mehr unterstellt werden, daß eine Anapher bedeutungsgleich mit einem vorhergehenden Nomen ist, d.h.

Anaphern durch Nomen substituierbar seien. Denn erstens ist es möglich, daß sich die Anapher nur auf Teilaspekte des Bedeutungsumfanges dieses Nomens bezieht, und zweitens tritt schon durch die Interpretation des (Teil-) Satzes, in dem dieses Nomen als Antezedent fungiert, eine Bedeutungsverschiebung eben dieses Nomens ein (vgl. Brown & Yule, 1983).

Psycholinguistische Forschungsansätze (z.b. Kintsch & van Dijk, 1978; van Dijk & Kintsch, 1983; Sanford & Garrod, 1981; Just und Carpenter, 1980, 1987; Marslen-Wilson & Tyler, 1980 a,b; Strohner, 1990), die die theoretische Grundlage der hier vorliegenden Untersuchung darstellen, gehen über den syntaktischen und semantischen Ansatz hinaus, da sie die Koreferenzherstellung als eine kognitive Operation des Rezipienten betrachten, bei der dieser beim Aufbau einer kohärenten Diskursrepräsentation syntaktische und semantische Informationen mit seinem Wissen integriert. Psycholinguistische Rezeptionsmodelle beschreiben sowohl die linguistischen und kognitiven Bedingungen des Textverstehens als auch deren komplexes Zusammenspiel während des Aufbaus einer kohärenten Diskursrepräsentation von einem Zeitpunkt t_1 bis zum Zeitpunkt t_n. In der Regel werden dementsprechend sowohl strukturelle Bedingungen dargestellt, als auch dynamische Bedingungen, die den Prozeß der Koreferenzherstellung beschreiben.

1.1   Gegenstand und Zielsetzung der Untersuchung

Nach Ansicht der psycholinguistischen Rezeptionsforschung ist die Herstellung von Koreferenzbeziehungen durch anaphorische Pronomen ein spezifisches Problem des Textverstehen, das sich einem Rezipienten beim Lesen oder Hören eines Textes stellt. Pronomen sind sprachliche Mittel, die die Funktion haben dem Rezipienten zu signalisieren, daß eine gedankliche Beziehung zwischen den noch folgenden Textinformationen und einem Antezedenten besteht, d.h. einer zuvor im Text genannten Person, einem Objekt oder einem Sachverhalt. Wenn der Rezipient ein Pronomen wahrnimmt, steht er vor der Aufgabe, in seiner Diskursrepräsentation ein Konzept zu identifizieren, auf das der Antezedent des Pronomens im Text und das Pronomen gemeinsam referieren. Der kognitive Verarbeitungsprozeß, der zur Identifizierung und Integration eines koreferentiellen Konzeptes in der Diskursrepräsentation des Rezipienten führt, wird pronominale Auflösung genannt.

Ein Ziel psycholinguistischer Untersuchungen zur Verarbeitung pronominaler Anaphern beim Textverstehen ist es, festzustellen, ob sich lexikalische, syntaktische, semantische und pragmatische Hinweise gleichermaßen auf die Koreferenzherstellung auswirken. Pronomen haben über Genus-, Numerus- und Kasushinweise hinaus keine weiteren lexikalischen Informationen, die der Rezipient zur Identifizierung eines koreferentiellen Konzeptes in der Diskursrepräsentation nutzen kann. Um zu untersuchen, wie die Integration verschiedener sprachlicher Informationen beim Aufbau einer kohärenten Diskursrepräsentation erfolgt, sind daher gerade solche Äußerungen interessant, bei denen lexikalische Informationen zur eindeutigen Identifizierung eines koreferierenden Konzeptes nicht ausreichen und der Rezipient zur Koreferenzherstellung über diese lexikalischen Informationen hinaus syntaktische, semantische und pragmatische Informationen des Diskurskontextes berücksichtigen muß.

Im folgenden Beispiel ist es z.B. relativ einfach, eine referentielle Verbindung zwischen dem Antezedenten im ersten Satz und dem Pronomen im darauffolgenden Satz herzustellen. Schon allein durch einen Vergleich von Genus- und Numerusinformationen kann ein Rezipient das koreferierende Konzept eindeutig identifizieren.

a) *Hans* wollte einkaufen gehen.
   Er holte das Auto aus der Garage.

In diesem Beispiel ist die naheliegende Interpretation für *Hans* und *Er* eine Person, auf die Hans und Er gemeinsam in der Diskursrepräsentation des Rezipienten referieren.

Andere Beispiele zeigen jedoch deutlich, daß Genus- und Numerusinformationen nicht die einzigen Hinweise sind, die bei der Integration von Pronomen in die Diskursrepräsentation zu berücksichtigen sind. Es gibt Fälle, in denen für die Auflösung des Pronomens aufgrund von Genus- und Numerusinformationen mehrere potentielle Referenzkonzepte in der Diskursrepräsentation des Rezipienten zur Verfügung stehen.

b) *Susanne* lag unter dem Baum und dachte an ihre Freundin.
   Sie wurde beinahe von einem herunterfallenden Apfel getroffen.

Aufgrund von Genus- und Numerusinformationen wäre sowohl Susanne als auch die Freundin ein potentieller Antezedent. Die Anzahl der Referenzkonzepte, die einem Rezipienten nach dem Lesen des ersten Satzes in seiner Diskursrepräsenation zur Verfügung steht, muß in diesem Beispiel unter Berücksichtigung zusätzlicher Informationen aus dem Diskurskontext eingeschränkt werden. Nur aufgrund von semantischen und pragmatischen Informationen kann die Koreferenz zwischen dem Pronomen *Sie* und *Susanne* eindeutig werden, es ist Susanne, die unter dem Baum liegt und nicht ihre Freundin.

Manchmal muß ein Rezipient, wie im folgenden Fall, die Diskursinformationen sogar durch die Aktivierung allgemeinen Wissens erweitern, um ein koreferierendes Konzept zu identifizieren und die aufeinanderfolgenden Sätze in seiner Diskursrepräsentation zu integrieren.

c) Susanne geht in die Sprechstunde.
Er verschreibt ihr Kopfschmerztabletten.

Auf der Textoberfläche existiert kein Antezedent für das Pronomen. Zur pronominalen Auflösung muß auf Weltwissen zurückgegriffen werden. Mit dem Pronomen *Er* muß wohl ein Arzt gemeint sein, der durch die Verbindung der Konzepte *Sprechstunde* und *Verschreiben von Kopfschmerztabletten* inferiert werden kann.

Diese Beispiele machen deutlich, daß neben lexikalischen auch syntaktische, semantische und pragmatische Informationen bei der pronominalen Verarbeitung relevant werden können.

Ein weiteres Ziel der psycholinguistischen Textrezeptionsforschung ist es zu bestimmen, wie die linguistischen Informationen sich auf den kognitiven Verarbeitungsprozeß auswirken, d.h., es geht ihr darum, das komplexe Zusammenspiel der linguistischen Hinweise mit den kognitiven Verarbeitungsbedingungen des Rezipienten vom Zeitpunkt der Rezeption des Pronomens bis zur Herstellung einer koreferentiellen Verbindung zu beschreiben.

In experimentellen Untersuchungen wird durch die Variation der sprachlichen Hinweise vor und nach einem Pronomen überprüft, welchen Einfluß die jeweiligen Merkmale des Textes und das Wissen des Rezipienten über die im Text vermittelten Informationen auf den Verstehensprozeß haben. Aufgrund dieser Möglichkeiten zur Eingrenzung und zum Abtesten verschiedener Faktoren ist die Untersuchung der pronominalen Auflösung für die psycholinguistische Textverstehensforschung und darüber hinaus auch für die Erforschung der Entwicklung von Kohärenzprozessen besonders interessant.

Gegenstand der vorliegenden Untersuchung sind die Strukturen und die kognitiven Prozesse von Kindern, die der Herstellung pronominaler Koreferenzbeziehung beim Textverstehen zugrunde liegen. Die einzelnen Forschungsfragen lassen sich folgendermaßen spezifizieren:

1. Welche lexikalischen, syntaktischen, semantischen, pragmatischen oder diskursstrukturellen Informationen nutzen Kinder unterschiedlicher Altersgruppen (fünf, sieben und zehn Jahre alte Kinder) bei der pronominalen Verarbeitung?
2. Verändert sich der relative Einfluß dieser Informationen auf die pronominale Verarbeitung beim Textverstehen mit dem Alter und wenn ja, inwiefern?
3. Greifen Kinder zwischen fünf und zehn Jahren bei der Verarbeitung von anaphorischen Pronomen auf dieselben kognitiven Operationen zurück wie Erwachsene, oder gibt es entwicklungsbedingte Veränderungen in bezug auf die Verwendung dieser Operationen und die Koordination lexikalischer, syntaktischer, semantischer, pragmatischer und diskursstruktureller Informationen?

An der Untersuchung nahmen 68 Kinder teil, jeweils 24 Kinder im Vorschulalter (Fünfjährige (5.0-6.0)), aus dem zweiten Schuljahr (Siebenjährige (7.0-8.0)) und vierten Schuljahr (Neunjährige (9.0-10.0)) sowie 24 Erwachsene. Kinder im Vorschul- und im Grundschulalter wurden für die Untersuchung ausgewählt, da, wie bereits in der Einleitung erwähnt, der Beginn der Grundschulzeit der Zeitpunkt ist, ab dem die Textverstehensfähigkeit eine systematische Weiterentwicklung erfährt und dieser Entwicklungszeitraum damit besonders interessant ist für die Erforschung der dem Textverstehen zugrundeliegenden Kohärenzprozesse.

1.2   Methodische Vorüberlegungen

Das der Untersuchung zugrundeliegende Design und die zu klärenden Fragen der Datengewinnung- und auswertung werden im Zusammenhang mit der Darstellung der empirischen Ergebnisse in Kapitel fünf erörtert. Einige grundlegende allgemeine methodische Probleme im Blick auf die Untersuchung sollen jedoch schon hier angesprochen werden.

1. Ein für die vorliegende Untersuchung fundamentales Problem hängt mit der Zielsetzung zusammen: Die Auflösung anaphorischer Pronomen beim Textverstehen soll untersucht werden, um daraus Aufschlüsse über die der Koreferenzherstellung zugrundeliegenden Strukturen und Prozesse zu gewinnen. Dieses Forschungsinteresse richtet sich also auf die Kompetenz der Kinder zum Aufbau pronominaler Koreferenzbeziehungen. Da diese Kompetenz an sich nicht Gegenstand der Untersuchung sein kann, sondern nur das beobachtbare sprachliche Verhalten, steht man vor dem in der Linguistik oft angeführten "Kompetenz-Performanz-Dilemma". Um dieses prinzipiell nicht aufhebbare Dilemma zu entschärfen, greift man daher in der psycholinguistischen Forschung auf systematische experimentelle Methoden zurück. Auf die im Rahmen der Textrezeptionsforschung verwendeten empirischen Methoden und die mit ihnen verbundenen Annahmen und Probleme wird in Kapitel 3.1 näher eingegangen.

2. Eine weitere Schwierigkeit, die sich mit einer Untersuchung zur Entwicklung der pronominalen Koreferenzfähigkeit zwangsläufig ergibt, ebenso wie mit jeder anderen Fähigkeit, ist mit folgenden Überlegungen verbunden: Um nach der Entwicklung einer Fähigkeit fragen zu können, muß man seine Vorstellung vom Zielzustand dieser Fähigkeit umreißen. Dies ist jedoch nur möglich, wenn man vorweg klärt, was unter dieser Fähigkeit im einzelnen verstanden wird, d.h. beschreibt, welche Strukturen und Prozesse der pronominalen Koreferenzherstellung man bei Erwachsenen beobachten kann. Diese Vorgehensweise dient dazu, Kriterien zur Beschreibung des Entwicklungsverlaufs zu gewinnen. Fähigkeiten der Kinder erscheinen damit unvermeidlich als "defizitär". Demgegenüber soll hier betont werden, daß die in den nächsten Kapiteln vorgenommene theoretische und empirische Betrachtung der Koreferenzfähigkeit von Erwachsenen, zwar eine unverzichtbare Voraussetzung zur Beschreibung der bei den Kindern beobachtbaren Verhaltensweisen bei der Koreferenzherstellung darstellt, aber keineswegs einen Maßstab zur Beurteilung dieser sein soll. Kinder gehen zunächst einmal nur anders mit dem Problem der pronominalen Koreferenzherstellung beim Textverstehen um. Wenn man also auf die Frage nach der "Entwicklung" im Spracherwerb nicht verzichten will, und diese an einer Zunahme von Fähigkeiten und an einem Zielzustand festmachen will, ist eine Auseinandersetzung mit den Strukturen und Prozessen Erwachsener unumgänglich. Erst in Abgrenzung zu diesem

Zielzustand läßt sich beschreiben, wie und wann sich die Strukturen und Prozesse im Verlauf des Spracherwerbs verändern. "Wer die Frage nach dem Ende ernst nimmt, muß sich damit beschäftigen, wie Zielzustände hinsichtlich ihrer Strukturen und Prozesse empirisch aussehen und wann sie im Verlauf des Spracherwerbs erreicht werden. Aus dieser Sicht lassen sich Untersuchungen zum Spracherwerb nicht von Untersuchungen zur Erwachsenensprache abkoppeln, es sei denn, man läßt die Idee ganz fallen, daß der Spracherwerb ein auf einen Zielzustand gerichteter Prozeß ist." (Deutsch, 1989, S.19).

3. Ein weiteres methodisches Problem betrifft die Form, wie man die Entwicklung einer sprachlichen Fähigkeit untersucht. Wünschenswert wären Longitudinalstudien, in denen dieselben Kinder über einen längeren Zeitraum beobachtet werden. Allerdings sind solche Studien forschungstechnisch schwer zu realisieren, da es nur selten gelingt, eine genügend große Zahl Kinder über mehrere Jahre kontinuierlich zu beobachten. Aus diesem Grunde werden statt Longitudinalstudien häufig Querschnittsstudien durchgeführt. Diese Form ermöglicht es, in kurzer Zeit eine genügend große Anzahl von Kindern zu untersuchen. Die Fähigkeiten von Kindern verschiedener Altersgruppen werden miteinander verglichen, um aus diesem Vergleich Entwicklungsverläufe abzuleiten. Wegen des mit Longitudinalstudien verbundenen enormen Aufwandes wurde in der vorliegenden Untersuchung auf diese Form verzichtet, obwohl klar ist, daß Querschnittstudien die Durchführung von Langzeituntersuchungen keineswegs ersetzen können.

2. Theoretische Modelle zum Verstehen pronominaler Koreferenzbeziehungen

Im folgenden werden verschiedene Textrezeptionsmodelle dargestellt und in bezug auf ihre strukturellen und prozeduralen Gemeinsamkeiten und Unterschiede diskutiert. Da es in dieser Untersuchung speziell um die Herstellung pronominaler Koreferenzbeziehungen in aufeinanderfolgenden Äußerungen geht, d.h. um die Verarbeitung syntaktisch ungebundener anaphorischer Pronomen und deren Entwicklung, wird die Präsentation der Textverstehenstheorien auf solche beschränkt, die im Rahmen ihrer Modellbildung explizit auf die Verarbeitung anaphorischer Pronomen eingehen. Das sind vor allem die Modelle von van Dijk und Kintsch (1983), Just und Carpenter (1980, 1987), Sanford und Garrod (1981), Marslen-Wilson und Tyler (1980 a,b, 1982) sowie Strohner (1990). Die theoretischen Annahmen zur pronominalen Verarbeitung beim Textverstehen werden dann im dritten Kapitel im Zusammenhang mit Ergebnissen der experimentellen Forschung erörtert. In Auseinandersetzung mit den theoretischen und empirischen Erkenntnissen aus den Kapiteln zwei und drei werden grundlegende kognitive Strategien der pronominalen Verarbeitung beim Textverstehen für erwachsene Rezipienten entwickelt. Diese Strategien sind eine Funktion der Informationen, die zur pronominalen Verarbeitung zur Verfügung stehen. Was die Bedeutung dieser Strategien für diese Untersuchung angeht, so stellen sie den Versuch dar, diejenigen strukturellen und prozeduralen Bedingungen zu rekonstruieren, die bei Erwachsenen für die pronominale Koreferenzherstellung während des Textverstehens relevant sind. Daneben erfüllen sie aber zugleich auch eine Funktion im Blick auf die Frage nach der Entwicklung der pronominalen Verarbeitung beim Diskursverstehen insofern, als sie den Endzustand bzw. das Ziel dieser Entwicklung charakterisieren. Die Beschreibung der Strategien dient dazu, die in den einzelnen Altersgruppen zu beobachtenden Vorgehensweisen bei der Koreferenzherstellung darzustellen.

2.1 Die Theorie der zyklischen Verarbeitung von Kintsch und van Dijk

Die Theorie der zyklischen Verarbeitung von Kintsch und van Dijk (1978) war in den 70er Jahren mit Beginn der psycholinguistischen Textverstehensforschung eines der einflußreichsten Modelle unter den ersten Textverstehenstheorien (vgl. z.b. auch de Beaugrande, 1980; Crothers, 1972, 1979; Fredriksen, 1975, 1977; Graesser, 1981; Kintsch, 1974; Meyer, 1975, 1981). Obwohl das Modell von Kintsch und van Dijk die Verarbeitung pronominaler Anaphern nicht direkt behandelt, soll es wegen seiner Bedeutsamkeit für die psycholinguistische Textverstehensforschung hier kurz skizziert werden, da daran die Probleme deutlich gemacht werden können, die generell im Rahmen einer Textverstehenstheorie gelöst werden müssen. Diese Probleme betreffen vor allem die Form der Gedächtnisrepräsentation des Rezipienten, die Kohärenzprozesse, die zur Konstruktion einer Textrepräsentation führen, sowie die Interaktion zwischen Textinformationen und dem Wissen des Rezipienten.

Kintsch und van Dijk (1978) gehen davon aus, daß die Wissensstrukturen, die vom Rezipienten beim Textverstehen konstruiert werden, in Form von Propositionen repräsentiert sind. Eine Proposition besteht aus einem Prädikat und einem oder mehreren Argumenten. In einer Proposition gelten die Prädikate als Relationskonzepte, die eine Verbindung zwischen Inhaltskonzepten (Argumenten) herstellen. Propositionen repräsentieren Sachverhalte, die untereinander zusammenhängen (van Dijk, 1980). Solche Zusammenhänge zwischen Sachverhalten werden durch Wiederholung bestimmter Argumente oder durch die Einbettung von Propositionen in andere Propositionen deutlich. Diese Art des Zusammenhangs wird als Koreferenz bezeichnet. Die Koreferenz definiert die Kohärenz eines im Text beschriebenen Sachverhaltes. Entsprechend diesen Kohärenzkriterien, der Wiederholung und der Einbettung, können Propositionen zu einem Kohärenzgraphen zusammengefaßt werden, der die Zusammenhänge der Sachverhalte hierarchisch abbildet. Kintsch und van Dijk gehen davon aus, daß eine Proposition um so wichtiger für die Textverarbeitung ist, je höher sie in der Hierarchie des Kohärenzgraphen angesiedelt werden kann. Kintsch, Kozminsky, Streby, McKoon, und Keenan (1975) haben diese Annahmen experimentell überprüft und konnten bestätigende Ergebnisse finden.

Das Gedächtnis des Rezipienten kann Kintsch und van Dijk (1978) zufolge in zwei Bereiche aufgeteilt werden, das Langzeitgedächtnis und das Kurzzeitgedächtnis. Im Langzeitgedächtnis ist das allgemeine Wissen gespeichert, und im Kurzzeitspeicher, auch Arbeitsgedächtnis genannt, findet der aktuelle Verstehensprozeß statt. Die Speicherkapazität des Arbeitsgedächtnisses ist begrenzt, d.h., es steht dort immer nur ein kleiner Teil des gerade gelesenen Textes zur Verfügung, um mit den folgenden Textinformationen verbunden zu werden.

Kintsch und van Dijk (1978) gehen von einer zyklischen Verarbeitung aus, d.h., es wird immer nur eine bestimmte Anzahl von Sätzen bzw. Phrasen ins Arbeitsgedächtnis eingelesen, zu Propositionen verarbeitet und in einem Kohärenzgraphen hierarchisch entsprechend der propositionalen Beziehungen der Argumentüberlappung und der Einbettung geordnet. Die Zeitspanne, in der eine Proposition in dem für die Kohärenzbildung zuständigen Arbeitsgedächtnis verweilt, wird Zyklus genannt. Das Modell sieht vor, daß im ersten Zyklus eine Proposition als hierarchiehöchste, d.h. als wichtigste bestimmt wird. Da aus Kapazitätsbeschränkungen des Arbeitsspeichers nicht alle Propositionen eines Zyklus im Arbeitsspeicher verbleiben können, müssen im nächsten Zyklus bestimmte Propositionen ausgewählt werden. Dies erfolgt nach einem speziellen Verfahren, der leading-edge-strategy. Dabei wird ein Set von Propositionen gebildet, das aus den wichtigsten (hierarchiehöchsten) als auch den zuletzt gehörten, bzw. gelesenen Propositionen besteht. Die Kapazität des Arbeitsspeichers beträgt zwischen einer und ca. sieben Propositionen (Kintsch & van Dijk, 1978; Kintsch & Vipond, 1979), je nach Schwierigkeit des Textes und anderen Verarbeitungsaspekten (z.B. Inferenzprozessen). Wird ein weiterer Zyklus in den Arbeitsspeicher eingelesen, werden die neuen Informationen nach den selben Regeln an die im Arbeitsspeicher verbliebenen Informationen angehängt. Zur Verarbeitung einer neuen Proposition genügt die Verknüpfung mit einer einzigen, früher gespeicherten Proposition. Die Verarbeitung verläuft schnell und flüssig, wenn sich die Propositionen unmittelbar verknüpfen lassen, wenn also Argumentüberlappungen oder Einbettungen vorliegen. Es kommt jedoch zu Schwierigkeiten bei der Verarbeitung, wenn keine direkten Anknüpfungsmöglichkeiten an Propositionen im Arbeitsspeicher existieren und der Leser entsprechende Lücken ausfüllen muß. Dies kann er auf verschiedene Weisen tun. Er kann bereits verarbeitete, im Arbeitsspeicher nicht mehr vorhandene Textinformationen reaktivieren. Kintsch und van Dijk sprechen in dem Fall von Reinstatement. Der Rezipient kann aber auch unter Rückgriff auf sein Vorwissen fehlende Informationen inferieren. Durch Inferenzen stellt er eine konzeptuelle Verbindungen zwischen der eingehenden Textinformation und seinen vorhandenen Wissensstrukturen her, d.h. er verbindet das bisher Gelesene miteinander, indem er neue Propositionen aus seinem Weltwissen generiert.

Gegen die Theorie der zyklischen Verarbeitung von Kintsch und van Dijk (1978) haben sich im Laufe der theoretischen und empirischen Weiterentwicklungen in der Textrezeptionsforschung zahlreiche Einwände ergeben:
- Erstens abstrahiert das Modell von graphemischen oder auditiven Verarbeitungsprozessen und von Worterkennungsprozessen. Die grundlegenden Verarbeitungseinheiten sind bei Kintsch und van Dijk (1978) Propositionen. Es wird nicht spezifiziert, wie ein Rezipient beim Lesen oder Hören zunächst einzelne Wörter erkennt, Wortkonzepte aktiviert und diese dann mit weiteren Informationen zu Propositionen integriert.
- Zweitens wird die Textverarbeitung als rein mechanistischer Vorgang beschrieben. Bei diesem streng strukturell-mechanistischen Verfahren der Verarbeitung werden ausschließlich textimmanente Strukturen und Beziehungen berücksichtigt, ohne dabei Unterschiede zwischen Lesern oder Hörern zu beachten. Leser oder Hörer sind mit unterschiedlichem Wissen über Welt und Sprache ausgestattet oder haben verschiedene Erfahrungen und Ziele bei der Rezeption eines Textes (vgl. dazu Schnotz, 1987, 1988). Diese unterschiedlichen kognitiven Fähigkeiten und die individuellen Verstehensstrategien werden in dem 78er Modell nicht berücksichtigt.
- Drittens werden bei der von Kintsch und van Dijk (1978) entwickelten Konzeption des Diskursverstehens in erster Linie textnahe Konzepte repräsentiert. Übergreifende Konzepte des relevanten allgemeinen Wissens und der Diskursstruktur bleiben während des Verarbeitungsprozesses unberücksichtigt. Inferenzprozesse zwischen den Textinformationen und dem allgemeinen Wissen der Leser spielen im Modell nur dann eine Rolle, wenn gravierende Kohärenzlücken im Text auftreten. Einwände gegen diese Konzeption des Textverstehens von Kintsch und van Dijk (1978) ergaben sich unter anderem von seiten der Schematheorie (z.B. Rumelhart, 1975, 1980) und der Skript-Theorie (z.B. Schank & Abelson, 1977; Abelson, 1981). Dabei ging es vor allem um die Frage, wie

bereits vorhandene Wissensstrukturen der Rezipienten bei der Aufnahme, der Verarbeitung und bei der Reproduktion von Texten mit Informationen aus diesem Text interagieren und wie Textinformationen in das Wissen des Rezipienten integriert werden können. In verschiedenen Studien konnte der Einfluß von allgemeinem Wissen auf die Textverarbeitung nachgewiesen werden (z.b. Pichert & Anderson, 1977; Anderson & Pichert, 1978; Anderson, 1978; Bower, 1978; Lesgold, Roth & Curtis, 1979). Dabei konnte ebenfalls gezeigt werden, daß die Inferenzbildung und die Verknüpfungsmöglichkeiten von Propositionen nicht derart eingeschränkt sind, wie es Kintsch und van Dijk (1978) nahelegen. Neu aufgenommene Informationen scheinen in vielfältiger Weise mit dem bereits Gelesenen in Beziehung gesetzt zu werden, wobei die mentale Repräsentation durch Inferenzen angereichert wird. Ein Leser oder Hörer baut bereits zu Beginn der Rezeption ein Vorstellungsbild der im Text mitgeteilten Sachverhalte auf, das Erwartungen auslöst, die den weiteren Verarbeitungsprozeß direkt beeinflussen (vgl. dazu z.b. Collins, Brown & Larkin, 1980 und Sanford & Garrod,1981).

- Viertens konnte gezeigt werden, daß neben dem allgemeinen Wissen auch konventionalisierte sprachliche Strukturen, z.B. Textsortenwissen, Einfluß auf den Aufbau der Diskursrepräsentation haben können. Vor allem in den 70iger Jahren haben theoretische und empirische Arbeiten zu sogenannten "Geschichten-Grammatiken" (z.B. Mandler & Johnson, 1977; Rumelhart, 1975, 1977; Thorndyke, 1977) auf Auswirkungen allgemeiner Erzählstrukturen bei der Textverarbeitung aufmerksam gemacht.

Van Dijk und Kintsch haben die Kritik an ihrem Modell der zyklischen Verarbeitung aufgenommen und versucht, sie in ihrer im folgenden Abschnitt beschriebenen Strategietheorie zu berücksichtigen.

2.2   Die Strategietheorie von van Dijk und Kintsch

Van Dijk und Kintsch (1983) betrachten ihr 78er-Modell als ein "spezific submodel" ihrer Strategietheorie (vgl. van Dijk & Kintsch, 1983, 351). Verändert haben sie im wesentlichen die nachfolgenden Aspekte, die sich auf die Form der Repräsentation, die Größe der Verarbeitungseinheiten, als auch auf Annahmen zum Verarbeitungsprozeß selbst beziehen.

Diskursverstehen wird nicht mehr nur als Aufbau einer propositionalen Textbasis konzipiert, sondern während des Diskursverstehens wird gleichzeitig ein sogenanntes Situationsmodell aktiviert. "The textbase is a representation of the text as it is. Bridging inferences and other types of inferences belong to the situation model constructed on the basis of that textbase and knowledge" (van Dijk & Kintsch, 1983, S. 51). Durch die Annahme eines Situationsmodells wird das Weltwissen stärker berücksichtigt. Das Situationsmodell ist eine integrierte Repräsentation von Textinformationen und dem Wissen des Rezipienten. Eine ähnliche Unterscheidung wie die zwischen Textbasis und Situationsmodell findet man bei Johnson-Laird (1983) unter den Stichworten propositionale Repräsentation und mentales Modell. Diese beiden Repräsentationsformen unterscheiden sich nach Johnson-Laird (1981) strukturell und funktional. Propositionale Repräsentationen sind Ketten von Symbolen, korrespondierend zu einer natürlichen Sprache. Mentale Modelle repräsentieren dagegen funktionale und strukturelle Analogien des entsprechenden Gegenstandes, der Situation oder des Sachverhaltes, der im Text beschrieben wird. Das mentale Modell wird durch explizite und inferierte Informationen aufgebaut, die zu einer ganzheitlichen Repräsentation integriert werden.

Van Dijk und Kintsch (1983) unterscheiden eine Reihe interagierender Gedächtnissysteme, die die aktuelle Verarbeitung beim Verstehen bestimmen: das sensorische Register, das Kurzzeitgedächtnis und das Langzeitgedächtnis. Das sensorische Register beinhaltet die perzeptuellen Informationen und macht sie für die zentrale Verarbeitung verfügbar, im Kurzzeitgedächtnis findet die aktuelle Textverarbeitung statt, und im Langzeitgedächtnis sind das allgemeine Wissen, persönliche Erfahrungen, lexikalisches Wissen, Scripts, Frames, Ziele, Vorschläge, Wünsche, Interessen und Emotionen des Rezipienten gespeichert. Ein Kontrollsystem überwacht die Verarbeitung im Kurzzeitgedächtnis, aktiviert notwendiges episodisches und semantisches Wissen aus dem Langzeitgedächtnis, welches beides für die Konstruktion einer Textbasis und des Situationsmodells benötigt wird.

Van Dijk und Kintsch (1983) verändern auch die rigide Festlegung der zyklischen Informationsverarbeitungseinheiten auf Phrasen oder Sätze. Sie gehen jetzt von einer wortweisen Verarbeitung aus. "...all processing was assumed to occur in cycles, whereas now we assume that all words are processed on-line, though cycles still play a role in short-term memory use, as complex propositions are usually formed in short-term memory at sentence and phrase boundaries..."(van Dijk & Kintsch, 1983, S. 351). Sie unterscheiden zwischen atomaren und komplexen Propositionen. Atomare

Propositionen repräsentieren Wörter, komplexe Propositionen Phrasen oder Sätze.

Die grundlegendste Veränderung der Theorie betreffen jedoch die Annahmen zum Prozeß der Textverarbeitung. Van Dijk und Kintsch ersetzen ihre frühere Vorstellung einer strukturell-mechanistisch und personenunabhängig ablaufenden Textverarbeitung durch die einer strategischen und personenabhängigen Verarbeitung. Sie versuchen, in ihrem Modell die komplizierte Interaktion zwischen dem lexikalischen, dem syntaktischen, dem semantischen sowie dem pragmatischen Wissens beim Diskursverstehen und den Motiven, Zielen und Fähigkeiten eines Rezipienten zu berücksichtigen, indem sie Textverstehen als einen strategischen Prozeß charakterisieren, der in eine komplexe kommunikative Situation eingebettet sein kann.

Einer der Hauptgründe, warum Strategien beim Textverstehen nach van Dijk und Kintsch (1983) nötig sind, liegt in den spezifischen Verarbeitungsmerkmalen natürlicher Sprachäußerungen: Da die Produktion und das Verstehen von Äußerungen linear sind und Sprachbenutzer nur eine begrenzte Gedächtniskapazität, vor allem eine begrenzte Kapazität des Kurzzeitspeichers haben, müssen sie verschiedene Arten von Informationen zur gleichen Zeit verarbeiten. Die Produktion und das Verstehen von Texten erfordert neben der Verarbeitung linguistischer und grammatischer Informationen die Berücksichtigung von Wissen über den Kontext, Wissen über die Welt, über Intentionen, Pläne und Ziele. Strategien sind Teil des Wissens. Sie repräsentieren das prozedurale Wissen, das der Verstehende über das Diskursverstehen hat. Der strategische Einsatz dieses Wissens hat einen Einfluß auf das Verstehen des Textes. "... strategic analysis depends not only on textual characteristics, but also on characteristics of the language user, such as his or her goals or general knowledge; they represent the procedural knowledge we have about understandig discourse." (van Dijk & Kintsch, 1983, S.11). Durch die Einbeziehung des Strategiebegriffs im Sinne einer zielorientierten kognitiven Verhaltensweise können individuelle Unterschiede und Inferenzprozesse bei der Textverarbeitung besser berücksichtigt werden. Van Dijk und Kintsch (1983) definieren eine "Strategie" als "... macroinformation that determines the choice at each point of the most effective or rational alternative." (van Dijk & Kintsch, 1983, S. 65). Um z.B. mit minimalem Aufwand einen Text "optimal" zu verstehen, kommen diverse Strategien der Informationsverarbeitung zum Tragen. Die allgemeinste und umfassendste Strategie besteht darin, eine

Textbasis zu konstruieren. Darüber hinaus gibt es eine Reihe spezifischer Strategien: propositionale Strategien, lokale Kohärenzstrategien, schema-geleitete Strategien, Produktionsstrategien, stilistische und rhetorische Strategien. In der Strategietheorie nicht berücksichtigt, sondern vorausge-setzt werden Wahrnehmungsstrategien, die vor dem Verstehen von Pro-positionen liegen.

Die dargelegten strukturellen und prozeduralen Annahme zur Textverar-beitung stellen die Grundlage dar für die pronominale Koreferenzherstel-lung. Diese ist nach van Dijk und Kintsch (1983) ein spezifisches Problem der strategischen Diskursverarbeitung. Innerhalb des zeitlich und kognitiv begrenzten Verstehensprozesses, bei dem ein Rezipient versucht, eine kohärente Diskursrepräsentation zu konstruieren, kommt anaphorischen Pronomen eine besondere kohärenzstiftende Bedeutung zu. Das Verstehen eines Pronomens innerhalb eines Textes beinhaltet nach van Dijk und Kintsch (1983) die Identifizierung eines Referenten im Situationsmodell. "We will asume that pronouns are linked with ("refer to") concepts of individuals which, by antecedents, have been described and identified during textprocessing. The specific descriptions of referents are part of the text representation, but the referents themselves are part of the situation model." (van Dijk und Kintsch, 1983, S. 163). Es gibt also eine Beschreibung des Referenten, die Teil der Textbasis ist und den Referen-ten selbst, der Teil des Situationsmodells ist.

Beim Verstehen von Pronomen greift ein Rezipient auf lokale Kohä-renzstrategien zurück, bei denen grammatische, semantische, pragmati-sche, diskursstrukturelle und kognitive Restriktionen berücksichtigt werden müssen. Die grammatischen Restriktionen erfordern zunächst eine Übereinstimmung von Genus, Numerus und Kasus des Pronomens und des Antezedenten. Ferner beziehen sie sich auf die Wortreihenfolge und auf syntaktische Kategorien. Die semantischen und pragmatischen Restriktio-nen umfassen Relationen zwischen Konzepten und die koreferentielle Identität von Konzepten. Die diskursstrukturellen Bedingungen betreffen z.B. das Wissen über normale Regeln und Strategien des Geschichtener-zählens oder die Diskursreihenfolge generell. Die kognitiven Bedingungen beziehen sich auf das Wissen über Relationen zwischen Handlungen und deren Motivationen.

Van Dijk und Kintsch (1983) betrachten den Prozeß des pronominalen Verstehens als Suchprozeß, der mit der Enkodierung des Pronomens beginnt und zunächst in einer Suche nach lexikalischen und syntaktischen Informationen besteht, die die propositionale Textrepräsentation im Arbeitsspeicher bereitstellt. Ist diese Suche erfolglos, versucht der Rezipient, Informationen der Textrepräsentation aus dem Langzeitgedächtnis zu reaktivieren. Kann er hier keine angemessenen Informationen finden, dann inferiert er sie unter Rückgriff auf pragmatische Informationen, die sein bereits aufgebautes Situationsmodell oder sein allgemeines Wissen anbieten. Der Suchprozeß ist also zuerst an die Repräsentation der Textbasis gebunden, wird aber, wenn die dort verfügbaren Informationen nicht ausreichen, auf das Situationsmodell oder das allgemeine Wissen des Rezipienten ausgedehnt.

Van Dijk und Kintsch (1983) nehmen in Anlehnung an Reichman (1978), Chafe (1972) und Grimes (1975) an, daß beim Textverstehen nicht alle Informationen immer gleichermaßen beim Verarbeitungsprozeß präsent sind, sondern bestimmte Informationen im Vordergrund der Verarbeitung stehen, d.h., sie werden vom Leser beim Aufbau der Diskursrepräsentation besonders beachtet. Diese Idee, daß bestimmte Informationen im Vordergrund der Verarbeitung stehen, ist in enger Verbindung mit der begrenzten Speicherkapazität des Arbeitsgedächtnisses zu sehen. Informationen im Vordergrund sind im Arbeitsspeicher direkt verfügbar und ermöglichen eine schnelle und problemlose Integration der nachfolgenden Information. Der Gebrauch von Pronomen ist bei Informationen im Vordergrund besonders effektiv. Ob Informationen im Arbeitsspeicher im Vordergrund der Verarbeitung stehen, hängt mit bestimmten Positionen des Antezedenten im Text zusammen. "We might therefore predict that the most favored position for relevant antecedents for pronouns will be 1. last occuring, 2. main clause/ main proposition, 3. first position, 4. subject, 5. agent/ person and 6. topical noun phrases, in this order of increasing importance." (van Dijk & Kintsch, 1983, S. 171).

Eine spezielle lokale Kohärenzstrategie, die beim Verstehen von Pronomen wirksam werden kann, ist nach van Dijk und Kintsch (1983) die Anfangs-Nominalphrasen-Topik-Interpretationsstrategie. Grundlegend für diese Interpretationsstrategie ist, daß die Nominalphrase am Anfang eines Satzes Topik oder Thema einer Äußerung ist. Topikalisierte Antezedenten bleiben über Propositionsgrenzen hinaus in der aktuellen Textrepräsentation erhalten. Ein Leser oder Hörer, der die Anfangs-Nominalphrasen-Topik-Strategie verfolgt, kann nach der Rezeption eines Pronomens annehmen, daß das Pronomen mit dem Antezedenten koreferiert, der Topik des Diskurses ist. Mit dieser Strategie kann der Rezipient schnell unter den Argumenten der vorherigen Propositionen suchen und den Referenzbereich einschränken, auf den das Pronomen zeigt, da bei Topik-Nominalphrasen "top-down" die bereits aufgebaute Diskursrepräsentation wirksam wird. "Not only does the next sentence yield the standard interpretation strategy for initial NPs, the previous proposition also activates expectations about standard continuations. If an agent is mentioned in a proposition and if this is the initial proposition of an episode and is general enough to function as a macroproposition, then it is plausible that the same agent will reappear in a following proposition. In other words, "he" was expected. Hence, in this case, the top-down and bottom-up processes match, and the interpretation will therefore be fast." (van Dijk & Kintsch, 1983, S. 156). Die vorhergehende Diskursinformation kann also Erwartungen über eine mögliche Fortsetzung aktivieren, die bei einer Übereinstimmung mit den "bottom-up"-Prozessen zu einer schnellen Verarbeitung führen.

Zusammenfassend ist die Verarbeitung von Pronomen also nach van Dijk und Kintsch (1983) ein spezifisches Problem der strategischen Diskursverarbeitung, der eine besondere kohärenzstiftende Funktion zukommt. Pronomen referieren auf Konzepte, die bereits vorher im Text genannt wurden. Ein Rezipient beginnt nach der Enkodierung des Pronomens in seiner Diskursrepräsentation mit der Suche nach einem angemessenen Referenten. Beschreibungen zur Identifizierung des Referenten werden zuerst in der propositionalen Textbasis gesucht, darüber hinaus ist der Referent selbst auch im Situationsmodell repräsentiert. Neben grammatischen Informationen (Genus, Kasus und Numerus) sind semantische und pragmatische Beziehungen zwischen Konzepten und deren koreferentielle Identität für die Identifizierung eines Referenten relevant. Der pronominale Auflösungsprozeß ist ein gerichteter Suchprozeß, d.h. bestimmte Argumente können bei der Suche favorisiert werden (z.B. topikalisierte Nominalphrasen am Anfang eines Satzes). Wenn die Informationen in der propositionalen Textbasis nicht ausreichen, um einen Referenten zu identifizieren, wird auf allgemeines Wissen und das Situationsmodell zurückgegriffen. Die Verarbeitung eines Pronomens ist in diesem Fall kognitiv aufwendiger und schlägt sich empirisch in längeren Lese- und Zuweisungszeiten nieder. Auf die im Blick auf die vorliegende Untersuchung wichtige Frage nach der Entwicklung von Kohärenzprozessen geben van Dijk und Kintsch (1983) keine expliziten Antworten. Sie betonen zwar ausdrücklich, daß die Anwendung von Kohärenzstrategien erlernt und trainiert werden muß, allerdings gehen sie auf deren Erwerb nicht genauer ein.

2.3   Die Szenariotheorie von Sanford und Garrod

Sanford und Garrod (1981) beschreiben Textverstehen als Aufbau eines Szenarios. Das heißt, ein Rezipient konstruiert während der Rezeption eines Textes unter Rückgriff auf sein Weltwissen eine mentale Repräsentation der im Text beschriebenen Sachverhalte. Szenarios enthalten Wissen über soziale Situationen, soziale Beziehungen und Handlungen. Der Referenzbereich eines Diskurses wird durch den Aufbau des Szenarios bereitgestellt. "The scenario is an information network called from long-term memory by a particular linguistic input. ... At one extreme the scenario may be very simple, containing only minimal information about an entity or event. At the other extreme, a very rich scenario may incorporate programmatic details about expected sequences of events, default specifications on expected entities, ..." (Sanford & Garrod, 1981, S. 127). Diese Konzeption der während der Verarbeitung eines Textes konstruierten mentalen Repräsentation ist zwar vergleichbar mit der Konzeption des mentalen Modells von Johnson-Laird (1983) und der des Situationsmodells von van Dijk & Kintsch (1983), doch im Gegensatz zu diesen unterscheiden Sanford und Garrod (1981) nicht zwischen einer propositionalen Repräsentation und einem Situationsmodell bzw. zwischen einer propositionalen Repräsentation und einem mentalen Modell.

Entscheidend für den Aufbau des Szenarios ist nach Ansicht von Sanford und Garrod die semantische Analyse, bei der es vor allem um referentielle Aspekte des Textverstehens geht. Diese betreffen die Frage, wie sprachliche Formen dazu benutzt werden, um eine relationale Verbindungen zwischen verschiedenen Objekten herzustellen, die im Text genannt werden, sowie die Frage wie der Text als Ganzes auf Ereignisse oder eine Episode referiert und welches generelles Wissen ein Rezipient darüber hat. Wahrnehmungsprozesse und syntaktische Prozesse werden von Sanford und Garrod (1981) nur am Rande betrachtet. Sie sind ihrer Auffassung nach autonome Prozesse, die der semantischen Analyse vorausgehen. Die semantische Analyseebene wird von Sanford und Garrod (1981) eng mit vier Gedächtnisbereichen verbunden. "The semantic side of text understanding can be framed in terms of retrieval and construction processes operating within the constraints of these four partitions of memory."

(Sanford & Garrod, 1981, S.159). Sanford und Garrod (1981) unterscheiden den expliziten Fokus, den impliziten Fokus, das Langzeitgedächtnis für den Text und das Langzeitgedächtnis für das allgemeine Wissen des Rezipienten. Da sie davon ausgehen, daß zu einem bestimmten Zeitpunkt während der Textverarbeitung nicht alle Gedächtnisteile gleichermaßen aktiv sind, werden diese einerseits nach statischen und dynamischen Bereichen unterschieden und andererseits danach, ob die Informationen, die sie repräsentieren, ihren Ursprung im Text oder im Wissen des Lesers haben. Der dynamische Gedächtnisteil umfaßt den expliziten und impliziten Fokus. Der erste Gedächtnisbereich, der explizite Fokus, beinhaltet Repräsentationen von Entitäten und Ereignissen, die im Text explizit genannt wurden und kann aufgrund seiner Speicherkapazität nur einen begrenzten Umfang an Informationen verarbeiten. Der zweite Gedächtnisbereich, der implizite Fokus, repräsentiert einen Teil des während der Verarbeitung zuletzt ausgewählten allgemeinen Wissens, das mit dem Szenario korrespondiert. Der dritte Gedächtnisbereich ist das Langzeitgedächtnis für den aktuell rezipierten Diskurs, d.h. für ein spezifisches Set von Wissen über eine bestimmte Episode im Text. Der vierte Gedächtnisbereich ist das Langzeitgedächtnis für das allgemeine Wissen des Rezipienten.

Ein Rezipient nimmt den Text nach Sanford und Garrod (1981) wortweise wahr und fängt sofort nach der Enkodierung des ersten Wortes an, im expliziten Fokus eine Repräsentation der Sachverhalte aufzubauen, die im Text genannt wurden. Gleichzeitig beginnt der Rezipient mit der Konstruktion eines Szenarios im impliziten Fokus. Das Szenario ist ein Netzwerk von Informationen, das ein Rezipient durch einen sprachlichen Input unter Rückgriff auf sein Langzeitgedächtnis aktiviert. Bei der Verarbeitung jedes weiteren Wortes versucht der Rezipient mit Hilfe semantischer Analyseprozesse, das gerade rezipierte und bereits syntaktisch verarbeitete Wort in das bis dahin aufgebaute Szenario zu integrieren. Wenn das neue Konzept direkt mit Informationen übereinstimmt, die im expliziten Fokus repräsentiert sind, ist die Verarbeitung ohne großen kognitiven Aufwand möglich. Wenn keine direkte Verbindung mit den Informationen im expliziten Fokus möglich ist, wird auf Leerstellen zurückgegriffen, die das Szenario im impliziten Fokus bereitstellt. Reichen auch die dort bereitgehaltenen Informationen nicht aus, müssen weitere Informationen aus dem Langzeitgedächtnis des Rezipienten aktiviert werden, um eine referentielle Verbindung zwischen den bereits rezipierten und den neu aufgenommenen Informationen zu ermöglichen. Die Aktivierung von Informationen außerhalb des expliziten Fokus ist kognitiv aufwendig und beansprucht längere Verarbeitungszeiten. Sanford und Garrod (1981) sprechen von einem primären Verarbeitungsprozeß, wenn neue Informationen, die im Text genannt werden, direkt mit den Informationen im expliziten Fokus übereinstimmen. Wenn die Informationen mit Leerstellen korrespondieren, die durch das bereits aufgebaute Szenario im impliziten Fokus bereitgestellt werden, oder aber neue Informationen aus dem Langzeitgedächtnis aktiviert werden müssen, sprechen die Autoren von sekundären Verarbeitungsprozessen. In der Regel sind beim Verstehen sowohl primäre als auch sekundäre Verarbeitungsprozesse wirksam. "In any normal informative text, processing may be seen as a balance between the primary and secondary modes of interpretation." (Sanford & Garrod, 1981, S. 131).

Sanford und Garrod und ihre Mitarbeiter haben versucht, diese theoretischen Überlegungen unter anderem durch zahlreiche empirische Studien zum Verstehen von anaphorischen Pronomen und Nominalphrasen (vgl. Abschnitt 3.2.4) zu überprüfen. Die Annahmen von Sanford und Garrod (1981) über die Auflösung pronominaler Anaphern sind direkt mit der von ihnen entwickelten Konzeption des menschlichen Gedächtnisses und den darauf aufbauenden prozeduralen Annahmen der Verarbeitung verbunden. Entscheidend für die pronominale Verarbeitung ist der Zustand des expliziten Fokus, der die Repräsentation der Hinweise enthält, die vor der Rezeption des Pronomens im Text genannt wurden. Im expliziten Fokus befinden sich vor allem solche Informationen, die im Vordergrund der Verarbeitung stehen, z.B. im Sinne des "foregrounding" (Chafe, 1972) oder "topic" (Hornby, 1972; Haviland & Clark 1974). Das heißt Informationen dieser Art sind schnell und einfach in der Diskursrepräsentation des Lesers für die weitere Textverarbeitung verfügbar (vgl. Abschnitt 3.3). Diese Annahmen sind vergleichbar mit denen von van Dijk und Kintsch (1983), daß topikalisierte Antezedenten, die am Satzanfang genannt wurden, besonders gut im Arbeitsspeicher zugänglich sind.

Anaphorische Pronomen werden vom kognitiven Verarbeitungssystem des Rezipienten als Hinweise für einen mentalen Prozeß verstanden, der eine Suche nach einem Referenten für das Pronomen im expliziten Fokus initiiert. Sanford und Garrod (1981) gehen davon aus, daß unterschiedliche Informationen zu verschiedenen Zeitpunkten den pronominalen Auflösungsprozeß beeinflussen. Topikalisierung, Betonung und Recency werden

als Faktoren bereits vor der Enkodierung des Pronomens im Arbeitsgedächtnis (dem expliziten Fokus) für den Auflösungsprozeß insofern relevant, als dadurch die Suche nach Referenten auf diese Positionen gerichtet wird. Zum Zeitpunkt der Enkodierung des Pronomens spielen lexikalische und syntaktische Informationen für die Auflösung des Pronomens eine Rolle. Nach der Enkodierung wird die Kohärenz des Textes in
bezug auf das allgemeine Wissen relevant, mit dessen Hilfe die vom Szenario her erwartbaren Rollen potentieller Referenten überprüft werden.
"The factors which influence the assignment before the pronoun is encountered are loosely summarized as topicalization and recency. As we have
argued, these can be best understood in terms of a limited-capacity, working-memory buffer, with topics and recently mentioned items taking up a
larger proportion of the memory space. On encountering the pronoun it-
self, syntactic and lexical factors come into play, and on the basis of these
it is possible to make some sort of mapping onto an item represented in the
working-memory buffer. Finally, after such a preliminary mapping has
been made, it is possible to check its plausibility in terms of the built-in
constraints on the scenario into which the entity is also mapped." (Sanford,
1985, S. 144).

Sanford (1985) charakterisiert den Prozeß der pronominalen Koreferenzherstellung folgendermaßen: Im einfachsten Fall kann der mit der Rezeption des Pronomens beginnende Suchprozeß durch eine Überprüfung
von Genus- und Numerusinformationen erfolgen. "One might specify a
search procedure initiated by a pronoun as being primarily (or initally) di-
rected at linguistic topics or thematic subjects, utilising number and gender
as the main pattern-matching elements." (Sanford, 1985, S. 188). Diese
Informationen stehen im expliziten Fokus zur Verfügung. Sanford, Garrod,
Lucas und Henderson (1983) sprechen in diesem Fall auch von "bonding".
Der effektive Gebrauch von Pronomen ist auf den expliziten Fokus
eingeschränkt. Wenn darüber hinaus andere Gedächtnisbereiche angesprochen werden müssen, wird der Verarbeitungsprozeß aufwendiger
und zeitintensiver. In diesen Fällen wird auf den impliziten Fokus oder das
Langzeitgedächtnis zurückgegriffen. Wissen über typische Situationen,
Ereignisse, Objekte und Personen wird inferiert und eröffnet somit Leerstellen in einem Szenario, die den Aufbau einer referentiellen Verbindung
zwischen dem Pronomen und den bereits verarbeiteten Informationen ermöglichen.

Die Verarbeitung von Pronomen ist also nach Sanford und Garrod (1981) ein gerichteter Suchprozeß, bei dem ein Rezipient bei der Enkodierung eines Pronomens zuerst im expliziten Fokus nach möglichen Referenten sucht. Die Überprüfung von Genus- und Numerusinformationen betrifft Antezedenten, die Topik sind, die häufig genannt werden und in Anfangsposition des vorherigen Satzes stehen. Der Gebrauch von Pronomen ist am effektivsten, wenn er auf Referenten im expliziten Fokus beschränkt ist. In diesen Fällen ist eine schnelle kognitive Auflösung des Pronomens möglich. Die Auflösung eines Pronomens, d.h. die Identifizierung eines koreferierenden Konzeptes im Szenario, kann jedoch nicht in jedem Fall mit der Rezeption des Pronomens abgeschlossen werden, sondern kann auch bis zu folgenden Verbalphrasen oder Satzgrenzen verschoben werden müssen. Ist eine solche Verschiebung notwendig, dann werden Informationen aus dem impliziten Fokus oder Langzeitgedächtnis aktiviert, um eine eindeutige Integration der Sachverhalte im Szenario zu gewährleisten. In diesen Fällen ist die pronominale Auflösung verarbeitungsintensiver.

2.4 Die Theorie der unmittelbaren Verarbeitung von Just und Carpenter

Die Modellbildung bei Just und Carpenter (1980, 1987) ist, ähnlich wie bei Sanford und Garrod (1981), eng mit der empirischen Forschung und bestimmten Methoden der experimentellen Überprüfung verknüpft. Just und Carpenter (1980, 1987) stützen ihre Theoriebildung auf experimentelle Studien, in denen während des Lesens von Texten Augenbewegungen von Rezipienten beobachtet wurden (vgl. Abschnitt 3.3.1). Augenbewegungen können Hinweise auf den Lese- und Verstehensprozeß liefern. Die Augen wandern beim Lesen nicht gleichmäßig über die Zeile, sondern fixieren verschiedene Wörter im Text unterschiedlich lang und springen häufig im Text vor und zurück, d.h., Augenbewegungen beim Lesen sind charakterisiert durch Fixationen sowie progressive und regressive Sakkaden. Durchschnittlich beträgt die Fixationsdauer beim Lesen eines Wortes etwa 250 Millisekunden, wobei jedoch sehr große intra- und interindividuelle Unterschiede auftreten können. Die Zeit, die ein Leser an bestimmten Textstellen (Wörtern) benötigt, um diese zu verarbeiten, ist von den Verarbeitungsprozessen abhängig, die er an dieser Textstelle ausführt. Die Position der Fixation und die Dauer der Fixation zeigen an, wann Verstehensprozesse auftreten und wie sie durch Charakteristika des Textes, des Lesers sowie durch die Verstehensaufgabe selbst beeinflußt werden können. Mit der Messung von Augenbewegungen ist es möglich, bereits während der Textrezeption, d.h. "on-line" zu überprüfen, wie sich systematische sprachliche Variationen im Text auf die kognitiven Verarbeitungsprozesse des Lesers auswirken. Mit Hilfe der beobachteten Augenbewegungen werden die der Textverarbeitung zugrundeliegenden kognitiven Strukturen und Prozesse erschlossen.

Grundlegend für die Theoriebildung und deren Verbindung mit der experimentellen Forschung sind bei Just und Carpenter (1980, 1987) die folgenden Annahmen, die *immediacy assumption* und die *eye-mind assumption*:

- die *immediacy assumption* besagt, daß ein Leser mit der Verarbeitung eines Wortes unmittelbar beginnt, sobald er es wahrgenommen hat,
- die *eye-mind assumption* besagt, daß ein Leser ein Wort so lange fixiert, bis dessen Verarbeitung beendet ist. Wichtig dabei ist, daß die Interpretation eines Wortes nicht auf die lexikalische Bedeutung beschränkt ist, sondern auch die Satz- und Textebene einbezieht. Die Lesezeit eines Wortes spiegelt den gesamten Verarbeitungsaufwand eines Wortes auf allen Ebenen der Textverarbeitung wider.

Die repräsentationalen Annahmen von Just und Carpenter (1980, 1987) lassen sich folgendermaßen charakterisieren. Ein Rezipient verfügt ihrer Auffassung nach über orthographisches, phonologisches, syntaktisches, semantisches, pragmatisches Wissen, Wissen über Diskursstrukturen und episodisches Wissen. Dieses Wissen ist in Form von Schemata im Langzeitgedächtnis des Rezipienten repräsentiert. Schemata spielen beim Lesen verschiedene Rollen. Schemata bestimmen den Referenzbereich eines Wortes. Sie ermöglichen einem Rezipienten, verschiedene Informationen miteinander zu verbinden sowie Hintergrundinformationen zu inferieren. Ein Schema repräsentiert das netzwerkartig strukturierte generelle Wissen, das eine Person zu einem bestimmten Bereich hat, und es wirkt sich, wenn es aktiviert wird, darauf aus, welche Informationen für den Aufbau der aktuellen Diskursrepräsentation ausgewählt werden.

Visuelle, linguistische und konzeptuelle Informationen müssen beim Lesen repräsentiert werden. Wie die meisten Sprachverarbeitungstheoretiker gehen Just und Carpenter (1980, 1987) davon aus, daß dieses in Form von Propositionen geschieht (vgl. auch Kintsch & van Dijk, 1978; van Dijk & Kintsch, 1983, Johnson-Laird, 1983). Während der Rezeption werden im Arbeitsspeicher die wahrgenommenen Wörter in Propositionen transformiert. Propositionen bestehen auch nach Just und Carpenter (1980, 1987) aus einem Prädikat und einem oder mehreren Argumenten, wobei die Prädikate die Relationen zwischen Argumenten angeben. Jede Proposition verfügt für die Dauer des Verarbeitungsprozesses im Arbeitsspeicher über einen variablen Aktivierungsgrad, der je nach Informationsverlauf zunehmen, abnehmen oder gleich bleiben kann.

Die theoretischen Annahmen zum Textverarbeitungsprozeß werden bei Just und Carpenter (1980, 1987) durch zwei Charakteristika des Leseprozesses beeinflußt. Erstens erfolgt Lesen sequentiell, Wort für Wort. Zweitens müssen beim Lesen verschiedene Teilprozesse auf der Wort-, der Phrasen-, der Satz- und der Textebene koordiniert werden:

- Die Wortebene beinhaltet die Prozesse der Enkodierung des geschriebenen Wortes und die Zuweisung einer Bedeutung im mentalen Lexikon. Die Prozesse der Wortebene sind als wichtige, aber nicht ausreichende Bedingungen des Textverstehens zu betrachten.
- Über die Wortebene hinaus müssen auch größere kognitive Strukturen gebildet werden, die Relationen von Konzepten in Phrasen und Sätzen erfassen. Dazu sind syntaktische und semantische Analysen notwendig.
- Weiterhin muß ein Leser Wörter und Sätze miteinander verknüpfen, um dem Text einen Sinn zu geben. Kausale und temporale Relationen müssen beispielsweise verstanden werden. Dabei wird neben sprachlichem Wissen auch auf Weltwissen und ebenso auf Wissen über Textsorten zurückgegriffen.

Just und Carpenter (1980,1987) gehen davon aus, daß ein geübter Leser bei der Ausführung der einzelnen Prozesse kognitiv wenig belastet wird und daß diese Prozesse der verschiedenen Verarbeitungsebenen parallel ablaufen können. Der Leser versucht, eine Interpretation des Gelesenen aufzubauen, die simultan die Anforderungen der einzelnen Verarbeitungsebenen berücksichtigt. Das Ergebnis der Interpretation auf den einzelnen Ebenen wird im Arbeitsgedächtnis gespeichert und koordiniert. "In reading many but not all of the processes both within and between levels may also be executed in parallel. For example, after encoding a word, the reader may simultaneously be determing its syntactic role, computing its referent, and infering its relation to other concepts in the sentence and discourse. The reader tries to determine the interpretation that is simultaneously compatible with the constraints originating from many levels. ... The theory proposes that all the processes of reading deposit their partial and final results in a common workspace, called working memory. ... By operating in parallel on shared information in working memory, the component processes in reading coordinate the simultaneous constraints they impose on an interpretation." (Just & Carpenter, 1987, S. 19).

Entscheidend für den Zustand der Textrepräsentation ist der Aktivierungsgrad bestimmter Propositionen. Mit dem Begriff der Aktivierung soll deutlich gemacht werden, warum der Zugriff bzw. die Verfügbarkeit einer mentalen Struktur für den Leser zu verschiedenen Zeiten unterschiedlich sein kann. Jede Proposition ist mit einem bestimmten Aktivierungslevel verbunden, der als Funktion des Wissens- bzw. Informationsstadiums der Textverarbeitung zu- oder abnehmen kann. Wenn eine Proposition eine bestimmte kritische Aktivierungsschwelle erreicht hat, dann wird sie als wahr akzeptiert und wird Teil der Textrepräsentation.

Die *immediacy assumption* und die *eye-mind assumption* von Just und Carpenter (1980,1987) und die damit verbundenen theoretischen Annahmen haben generell einen großen Einfluß auf die Theorie und Empirie der Textverstehensforschung gehabt. Ob sie in dieser Form aufrechterhalten werden können, ist allerdings strittig. Es gibt sowohl Studien, die diese Annahmen klar bestätigen (z.B. Carpenter & Just, 1981, 1983; Dee-Lucas, Just, Carpenter & Danemann, 1982), als auch Studien, die eher gegen eine Eins-zu-eins-Relation von Lesezeit und Verarbeitungszeit eines Wortes argumentieren (z.B. Pollatsek, Rayner & Balota, 1986; Rayner & McConkie, 1976; O'Regan, 1979, 1980; Inhoff & Rayner, 1986; Haberlandt, Graesser, Schneider & Kiely, 1986; Pollatsek & Rayner, 1990; Rayner & Pollatsek, 1989).

Auf der Grundlage der momentanen Forschung hat man davon auszugehen, daß die Verarbeitungsprozesse mit der Enkodierung eines Wortes zwar unmittelbar beginnen, daß sie dabei aber nicht auf allen Ebenen der Textverarbeitung abgeschlossen werden müssen. Die Verarbeitung auf höheren Ebenen, der Satz- und Diskursebene, kann durchaus erst verzögert stattfinden, d.h. solange verschoben werden, bis ein sprachlicher Kontext aufgebaut ist, der die Verarbeitung eines Wortes auf einer höheren Textverarbeitungsebene ermöglicht.

Zusammenfassend sei angemerkt, daß Just und Carpenter (1980,1987) zufolge ein Rezipient sowohl über prozedurales Wissen, d.h. Wissen über die Reihenfolge der Verarbeitungsschritte beim Textverstehen als auch über deklaratives Wissen verfügt, d.h. orthographisches, phonologisches, syntaktisches, semantisches und pragmatisches Wissen. Dieses Wissen ist netzwerkartig in Schemata repräsentiert. Ein Rezipient liest einen Text Wort für Wort. Jedes Wort wird soweit wie möglich verarbeitet, d.h., das Wort wird parallel sowohl lexikalisch, syntaktisch, semantisch und pragmatisch auf allen Ebenen der Textverarbeitung analysiert. Das Ergebnis der Analyseprozesse wird im Arbeitsspeicher koordiniert. Die grundlegenden Repräsentationsformen sind Propositionen. Wenn eine Proposition eine gewisse Aktivierungsschwelle überschritten hat, wird sie in die Textrepräsentation integriert. Die Dauer der Aktivierung einzelner Propositionen im Arbeitsspeicher ist begrenzt. Dabei ist die Dauer und Stärke der Aktivierung abhängig von der Menge der zur Verfügung stehenden Informationen und deren Verbindungsstärken. Kann eine kohärente Integration von Propositionen in die referentielle Textrepräsentation nicht mit der Rezeption eines Wortes abgeschlossen werden, besteht die Möglichkeit, die Integration zu verschieben, bis genügend weitere Informationen wahrgenommen und im Arbeitsspeicher aktiviert worden sind.

Die strukturellen und prozeduralen Bedingungen der pronominalen Koreferenzherstellung beim Textverstehen werden in diese grundlegenden Annahmen integriert. Anaphorische Pronomen haben nach Just und Carpenter (1980, 1987) eine Zeigefunktion. Sie zeigen auf ein Konzept in der referentiellen Repräsentation des Lesers. Diese Annahme ähnelt den Überlegungen bei van Dijk und Kintsch (1983). Ein Pronomen kann linguistische Hinweise zur Identifizierung eines Referenten liefern, da es über Genus-, Numerus- und Kasusinformationen verfügt. Wenn es nur einen möglichen Antezedenten für ein Pronomen gibt oder Genus, Numerus und Kasus jede Ambiguität ausschließen, ist der referentielle Verweis eines Pronomens auf einen Antezedenten völlig eindeutig. Manchmal sind diese Informationen aber unzureichend, um ein Pronomen auflösen zu können. Dann werden andere sprach- als auch wissensbasierte Informationen nötig, um einen Referenten zu identifizieren. Just und Carpenter (1980, 1987) stellen eine Liste von Hinweisen zusammen, die über diese linguistischen Informationen hinaus die Suche nach einem Referenten für ein anaphorisches Pronomen beeinflussen:

- Suche nach einem Referenten mit gleichem Genus und Numerus, der zuletzt Topik des Diskurses war.
- Falls ein alternativer Referent vorliegt, favorisiere den, der die gleiche grammatische Rolle hat.
- Falls ein alternativer Referent vorliegt, favorisiere den, der thematisch prominenter ist.
- Favorisiere den Referenten im zuletzt genannten Satzabschnitt.
- Referiert ein Pronomen auf die Ursache einer bekannten Aktion, favorisiere den Referenten, der typischerweise als Verursacher der Aktion angenommen wird.
- Gebrauche allgemeines Wissen bei der Festlegung des Referenten.

Ähnlich wie van Dijk und Kintsch (1983) sowie Sanford und Garrod (1981) nehmen auch Just und Carpenter (1987) an, daß Informationen im Vordergrund oder Topik einen besonderen Einfluß auf die pronominale Koreferenzherstellung haben. Auch Just und Carpenter beziehen sich auf Chafe (1972), der darauf aufmerksam gemacht hat, daß sich ein Text ähnlich entfaltet wie ein Schauspiel. Zu einem bestimmten Zeitpunkt können nicht immer alle Akteure gleichzeitg auf der Bühne sein, sondern nur einige wenige bestimmen das aktuelle Geschehen; auf sie ist das Scheinwerferlicht gerichtet. Nach Just und Carpenter (1980,1987) kann die thematische Struktur eines Textes und das thematisch zentrale Element eines Satzes im Vordergrund der Verarbeitung und der pronominalen Koreferenzherstellung stehen. "Thus, the thematic structure of a sentence, focusing on one referent or another, provides a language based cue that readers use in computing subsequent coreference. The focus is not at the syntactic, semantic or lexical levels, nor is it on a phrase or a noun or even on a linguistic object. Rather, the entity that is focused is a particular element in the referential representation. ... The greater the focus on an element, the easier it is to refer to it anaphorically." (Just & Carpenter, 1987, S. 210 f.).

Der Verarbeitungsprozeß der pronominalen Koreferenzherstellung läßt sich nach Just und Carpenter (1980, 1987) folgendermaßen beschreiben. Mit der Enkodierung des Pronomens beginnt der Leser die Suche nach einem Referenten in seiner bereits aufgebauten referentiellen Textrepräsentation. Wie für die Verarbeitung von Wörtern generell trifft auch für die Verarbeitung von Pronomen die *immediacy assumption* zu. Das heißt, mit der Enkodierung des Pronomens beginnt die Verarbeitung sofort parallel auf allen Verarbeitungsebenen, d.h. der Wort-, Satz- und Diskursebene. Der Leser versucht, das Pronomen unmittelbar mit seiner Rezeption in die Diskursrepräsentation zu integrieren. Bei der Suche werden die oben genannten Hinweise benutzt, um einen potentiellen Referenten zu identifizieren. Die Identifikation und Integration ist von der Aktivierungsstärke eines potentiellen Referenten abhängig. Die Aktivierungsstärke wird durch folgende Faktoren beeinflußt: "(1) the number of cues that support its candidacy; (2) the relative importance of each of the cues (e.g. a gender cue has more weight than a recency cue); and (3) the strength of the supporting evidence accompanying the cue in the current context." (Just & Carpenter, 1987, S.208). Als Kandidat für die Auflösung eines Pronomens wird derjenige ausgewählt, dessen Aktivierungswert zuerst eine kritische Aktivierungsschwelle überschreitet und als wahr akzeptiert wird. Überschreitet kein Aktivierungswert eines Konzeptes die kritische Aktivierungsschwelle, dann wird die Suche nach dem Referenten ans Ende des Satzes verschoben. Damit ergibt sich die Möglichkeit, weitere Informationen in den Suchprozeß einzubeziehen.

Als Kernpunkt des Modells von Just und Carpenter (1980,1987) läßt sich festhalten, daß mit der Rezeption des Pronomens sofort versucht wird, eine Verbindung zu der bereits aufgebauten Diskursrepräsentation herzustellen. Der Prozeß ist, wie bei van Dijk und Kintsch (1983), ein gerichteter Suchprozeß, d.h. fokussierte Referenten spielen bei der Feststellung der Koreferenzbeziehung eine wichtige Rolle. Im Gegensatz zu van Dijk und Kintsch (1983) und auch Sanford und Garrod (1981) gehen Just und Carpenter (1980, 1987) jedoch davon aus, daß die relevanten syntaktischen, semantischen und pragmatischen Hinweise parallel aktiviert werden und im Arbeitsspeicher koordiniert werden. Ob der Leser einen Referenten in der kognitiven Repräsentation bestimmen kann, hängt von der Menge und Stärke der Hinweise ab, die zur Aktivierung eines bestimmten Referenten beitragen. Als Hinweise dienen dabei Genus, Numerus und Kasus des Pronomens und eines vorausgegangenen Antezedenten, die Topikalisierung eines Antezedenten, die thematische Prominenz eines Antezedenten, die grammatische Rolle des Pronomens und eines potentiellen Antezedenten, die Satzposition eines Antezedenten, die Handlungsverursachung und allgemeines Wissen. Wenn ein Konzept aufgrund der ausgewerteten Hinweise eine gewisse Aktivierungsschwelle überschreitet, stellt der Leser eine koreferentielle Beziehung zwischen diesem und dem Pronomen her.

2.5 Die interaktive Theorie von Marslen-Wilson und Tyler

Ähnliche Annahmen wie Just und Carpenter (1980,1987) für das Verstehen schriftlicher Texte machen, haben Marslen-Wilson und Tyler (1980a, 1980b) und MarslenWilson, Levy und Tyler (1982) für die Rezeption von gesprochenen Texten entwickelt. Sie bezeichnen ihren Zugang zu den Textverstehensprozessen als einen *on-line interaktiven* Zugang. *On-line* bezieht sich einerseits auf die Annahme, daß mentale Textverarbeitungsprozesse Wort für Wort, Millisekunde für Millisekunde stattfinden, und andererseits auf die Konsequenzen, die dies für die experimentellen Methoden hat, die zur Untersuchung der Verstehensprozesse herangezogen werden. Typischerweise sind dies nach Marslen-Wilson und Tyler (1980a, 1980b) Reaktionszeitaufgaben, bei denen die Versuchspersonen während des Wahrnehmungsprozesses auf experimentell kontrollierte Eigenschaften des Diskurses reagieren müssen. *Interaktiv* bezieht sich auf eine wechselseitige Kommunikation zwischen verschiedenen Wissensquellen, die der Leser während des Verarbeitungsprozesses koordiniert. Marslen-Wilson und Tyler (1980a, 1980b) unterscheiden lexikalische, syntaktische, semantische und pragmatische Wissensquellen, die beim Verstehensprozeß beteiligt sind.

Eine Basisannahme des Modells von Marslen-Wilson und Tyler (1980a, 1980b) ist, daß die Verarbeitung einer Äußerung immer unter sofortiger Berücksichtigung des Diskurskontextes erfolgt. Vom ersten Wort an, das ein Hörer wahrnimmt, konstruiert er eine interpretative Repräsentation dieser Äußerung. Diese interpretative Repräsentation ist das Ergebnis der on-line-Interaktion zwischen der sprachlichen und der nichtsprachlichen Wissensquelle des Rezipienten, d.h. der Hörer verbindet spezifische Diskursinformationen mit seinem allgemeinen Weltwissen über den beschriebenen Sachverhalt.

Im Gegensatz zu den Vorstellungen anderer Textverstehensforscher, die häufig von Wortwahrnehmungsproblemen abstrahieren, werden die on-line interaktiven Verarbeitungsprinzipien nach Marslen-Wilson und Tyler (1980a, 1980b) bereits wirksam, wenn der Rezipient die ersten Vokal-Konsonant Kombinationen wahrnimmt.

Der Prozeß der Sprachverarbeitung beginnt mit der Festlegung einer akustisch-phonetischen Analyse des Sprachsignals im mentalen Lexikon. Dabei aktiviert die erste Konsonant-Vokalgruppe ein Set von Wortkandidaten, das mit dem akustisch-phonetischen Input kompatibel ist. Die

Menge dieser aktivierten Wörter nennen Marslen-Wilson und Tyler (1980b) Kohorte. Durch jedes zusätzlich wahrgenommene Phonem wird die Kohorte reduziert, da immer weniger Wörter mit dem akustisch-phonetischen Input kompatibel sind. Weiterhin wird die Kohorte durch die semantischen Kohärenzbedingungen des Kontextes eingeschränkt, die sich bei der Integration der Informationen in den Satz- und Diskurskontext ergeben. Die Auswahl eines Wortkandidaten hängt also einerseits vom akustisch-phonetischen Input ab, und andererseits davon, ob er mit den kontextuellen Anforderungen vereinbar ist. Dies impliziert, daß bereits zum Zeitpunkt der Wortwahrnehmung die aktuellen relevanten, syntaktischen und semantischen Eigenschaften Konsequenzen für die Entwicklung der interpretativen Repräsentation des Inputs haben.

Das Modell von Marslen-Wilson, Tyler und deren Mitarbeitern erlaubt also eine kooperative Interaktion verschiedener Wissensbereiche. Akustisch-phonetisches, lexikalisches, syntaktisches, semantisches und pragmatisches Wissen werden parallel aktiviert und beim Aufbau der Diskursrepräsentation integriert. "Thus, the system operates on-line by continuously generating multiple partial lexical and structural readings of the input, and simultaneously assessing this in terms of their compatibility with, and implications for, a discourse-level interpretation." (Marslen-Wilson, Levy & Tyler, 1982, S. 340).

Marslen-Wilson, Tyler und deren Mitarbeiter legen Wert auf die Feststellung, daß in ihrem Modell syntaktische und semantische Eigenschaften einer Äußerung, wie sie linguistisch definiert sind, während der Verarbeitung nicht als unterscheidbare, distinkte, syntaktische und semantische Analyseebenen zu verstehen sind. Das syntaktische Wissen kann zwar als separater Wissenstyp innerhalb des Verarbeitungssystems konzipiert sein, aber es wird während der Verarbeitung nicht auf einer distinkten Ebene der syntaktischen Analyse des Inputs realisiert. Es ist vielmehr so, daß syntaktisches Wissen während der Verarbeitung die Funktion hat, strukturelle Relationen bei der Entwicklung einer interpretativen Repräsentation festzulegen. Ebenfalls sieht das Modell auch keinen semantischen Interpreter im Sinne von z.B. Fodor, Bever und Garrett (1974) vor, da die semantischen Eigenschaften eines Wortes nach Auffassung von Marslen-Wilson und Tyler (1980a, 1980b) nicht unabhängig vom kontextuellen Gebrauch analysiert werden.

Ähnlich wie Just und Carpenter (1980, 1987) vermuten Marslen-Wilson und Tyler (1980), daß ein Rezipient bei der Wortwahrnehmung die Informationen der verschiedenen Informationsbereiche parallel aktiviert und gemeinsam zur Integration eines Konzeptes in das bereits vorhandene Diskursmodell nutzt. Lexikalische, syntaktisch strukturelle und semantisch interpretative Analysen finden nicht unabhängig voneinander auf autonomen Analyseebenen statt. Die Ergebnisse der Analysen werden nicht seriell in eine Richtung auf die jeweils nächste Ebene weitergeben, sondern mit dem Beginn der Wahrnehmung werden die Analyseergebnisse wechselseitig ausgetauscht.

Marslen-Wilson und Tyler (1980a, 1980b) gehen nicht explizit auf die Form der Gedächtnisrepräsentation eines Rezipienten ein. Ihrer Ansicht nach wird mit Beginn des Rezeptionsprozesses ein Diskursmodell in der kognitiven Repräsentation konstruiert. Dabei wird nicht zwischen einer propositionalen Form und einem Situationsmodell wie bei van Dijk und Kintsch (1983) oder eine propositionalen Repräsentationsform und einem mentalen Modell wie bei (Johnson-Laird, 1983) unterschieden.

Marslen-Wilson, Levy und Tyler (1982) (vgl. auch Marslen-Wilson & Tyler 1980a, 1980b; Marslen-Wilson & Tyler, 1981) nehmen an, daß bei der pronominalen Auflösung die verschiedenen Typen von Informationen (lexikalische, syntaktische, semantische und pragmatische) auf potentielle Referenten projiziert werden, die von der bis dahin aufgebauten Diskursrepräsentation bereitgestellt werden. Die relative Akzeptabilität der verschiedenen Referenten wird parallel auf allen Informationsebenen gegeneinander abgewogen, bis eine kohärente Diskursrelation zwischen dem Pronomen und dem Äußerungskontext hergestellt werden kann.

Marslen-Wilson und Tyler (1980a, 1980b) sowie Marslen-Wilson, Levy und Tyler (1982) werten durch ihre interaktiven Annahmen die Bedeutung von Inferenzprozessen für die pronominale Auflösung auf. Andere Forscher (siehe z.B. die Annahmen von van Dijk & Kintsch, 1983) gehen davon aus, daß Inferenzprozesse erst dann wirksam werden, wenn aufgrund lexikalischer und syntaktischer Informationen keine eindeutige referentielle Verbindung aufgebaut werden konnte. Inferenzprozesse sind aber nach Marslen-Wilson und Tyler gleichwertige Prozesse zu lexikalischen und syntaktischen Analyseprozessen.

Zusammenfassend sieht das Prozeßmodell von Marslen-Wilson und Tyler (1980 a,b) eine simultane Analyse verschiedener Informationen vor. Die mentale Diskursrepräsentation des Lesers ist so organisiert, daß verschiedene mentale Wissensstrukturen für die Verarbeitung aufeinanderfolgender Äußerungen parallel zur Verfügung stehen. Mit Beginn der Verarbeitung einer Äußerung werden die verschiedenen Typen von Informationen, die durch die Äußerung geliefert werden, auf potentielle Referenten projiziert. Die relative Akzeptabilitätsprüfung verschiedener Referenten wird parallel durchgeführt und solange fortgesetzt, bis eine kohärente Diskursrelation zwischen dem Pronomen und seinem Äußerungskontext hergestellt ist. Die lexikalischen Informationen von Pronomen haben dabei keine Alles-oder-Nichts-Funktion für die Vorauswahl von Referenzkandidaten, sondern fließen in die on-line interaktive Äußerungsauflösungsprozedur ein. Entscheidend für das sprachverarbeitende System ist es, eine pragmatisch kohärente Relation zwischen einem Pronomen und einem Diskursreferenten aufzubauen.

2.6 Der systemtheoretische Ansatz der Textverarbeitung von Strohner

Strohner (1990) konzipiert die Grundlagen des Textverstehens systemtheoretisch und unterscheidet sich daher in der Herangehensweise von den anderen in dieser Untersuchung bisher referierten Textverstehenstheorien. Es ist deshalb notwendig, einige der grundlegenden Annahmen, die sich aus dem systemtheoretischen Zugang ergeben, etwas ausführlicher darzustellen.

Nach Strohner (1990) sind der Text und der Textrezipient die grundlegenden Komponenten eines Textverstehenssystems. Sie bilden eine systemische Einheit, wobei der Text als Umwelt des Textrezipienten definiert ist. Dieses Textverstehenssystem wird wiederum als Komponente eines übergeordneten Kommunikationssystems verstanden. Die Umwelt des Textverstehenssystems innerhalb des Kommunikationssystems ist die kommunikative Situation. Zwischen den Komponenten des Textverstehenssystems bestehen Relationen, die die Struktur und die Funktion der Komponenten festlegen.

Der strukturelle Aspekt des Textverstehenssystems umfaßt die Relationen zwischen den Komponenten des Systems. Der funktionale Aspekt des Textverstehenssystems beschreibt die Relationen zwischen den Komponenten des Systems und ihrer Umwelt.

Aus einer systemtheoretischen Perspektive müssen Strohner (1990) zufolge bei einer vollständigen Analyse des Textverstehens drei Fragen beantwortet werden:

1. Wie ist das System aufgebaut?

Bei der Beantwortung dieser Frage ist eine detaillierte Darstellung der Komponenten des Systems erforderlich. Diese Komponenten betreffen sowohl Eigenschaften des Rezipienten als auch Eigenschaften des Textes. Ferner ist eine Beschreibung der Relationen zwischen den Komponenten, d.h. den strukturellen und funktionalen Relationen zwischen den Eigenschaften des Rezipienten und des Textes zu leisten. Der Aufbau des Systems wird *Tektonik* des Systems genannt.

2. Welche Prozesse laufen im System ab?

Die Beantwortung dieser Frage erfordert eine Beschreibung der Prozesse, die eine Veränderung im System von einem Zeitpunkt t_1 zu einem Zeitpunkt t_2 bewirken. Die Prozesse betreffen die *Dynamik* des Textverarbeitungssystems.

3. Wie ist das System entstanden?

Die Antwort auf diese Frage erfordert eine detaillierte Beschreibung der ontogenetischen als auch aktualgenetischen Entwicklung des Textverstehenssystems. Dieser Aspekt des Textverarbeitungssystems wird *Genetik* genannt.

Die Darstellung des systemtheoretischen Ansatzes von Strohner (1990) konzentriert sich hier in dieser Arbeit vor allem auf die Aspekte, die es ermöglichen, Strohners Überlegungen mit denen der anderen hier referierten Ansätze in Beziehung zu setzen.

Die erste Komponente des Textverstehenssystems ist Strohner (1990) zufolge der Text, d.h. die Information, die als sprachliche Nachricht im Rahmen einer kommunikativen Handlung übermittelt wird. Wie auch z.B. van Dijk und Kintsch (1983) oder Just und Carpenter (1987) unterscheidet Strohner zwischen einer Wortebene, einer Satzebene und einer Diskursebene innerhalb der Verarbeitung des Textes. Wörter sind nach Strohner (1990) grundlegende Einheiten beim Textverstehen. Sätze sind Systeme, die aus Wörtern zusammengesetzt sind, und Diskurse entstehen aus der Verbindung von mindestens zwei Sätzen. Ein Text enthält syntaktische, semantische und pragmatische Teilinformationen auf der Wort-, der Satz- und der Diskursebene. Zwischen diesen Komponenten des Textverstehenssystems bestehen Relationen, Strohner (1990) unterscheidet strukturelle und funktionale. Strukturelle Relationen zwischen Komponenten, z.B.

Wörtern oder Sätzen, werden durch syntaktische Informationen hergestellt. Funktionale Relationen zwischen den Komponenten werden durch semantische und pragmatische Teilinformationen hergestellt, die eine Verbindung zwischen Text und Textwelt schaffen, die ihrerseits als eine Menge von Systemen definiert wird, über die der Text informiert. Die unmittelbare Informationsquelle eines Textes ist der Textproduzent. Die pragmatische Teilinformation ist derjenige Teil der Semantik, der die Verbindung zwischen dem Text, dem Textrezipienten und dem Textproduzenten herstellt.

Die zweite Komponente des Textverstehenssystems ist der Rezipient, auch Textprozessor genannt. Der Rezipient verarbeitet den Text auf der Basis seines Wissens und seiner kognitiven Ausstattung. Strohner (1990) unterscheidet im zentralen Nervensystem des Rezipienten eine Eingabekomponente, eine Ausgabekomponente und einen zentralen Prozessor. Die Eingabekomponente wirkt als Textsensor, der den Textinput in den zentralen Prozessor des Rezipienten transformiert. Ein Texteffektor überträgt das interne textrelevante Wissen in externe Information, die sprachlicher, motorischer oder vegetativer Natur sein kann. Diese Unterscheidung verschiedener Verarbeitungsbereiche im Gedächtnis des Rezipienten ist vergleichbar mit denen von van Dijk und Kintsch (1983) oder auch Just und Carpenter (1980, 1987).

Wie andere Textverstehensforscher geht auch Strohner (1990) davon aus, daß beim Verstehen eines Textes eine kognitive Repräsentation aufgebaut wird. Diese kognitive Repräsentation wird häufig formal durch Propositionen symbolisiert oder auch als mentales Modell, Situationsmodell oder Szenario beschrieben (z.B. van Dijk & Kintsch, 1983; Just & Carpenter, 1980, 1987; Johnson-Laird 1983; Marslen-Wilson & Tyler, 1980; Sanford & Garrod, 1981). Strohner macht darauf aufmerksam, daß es sich bei diesen Begriffen immer um mentale Konstrukte handelt. Die Definition mentaler Konstrukte sollte nach Strohner (1990) an die Einheiten des Nervensystems gebunden werden. Er spricht daher von kognitiven Modellen. Kognitive Modelle sind nach Strohner (1990) mentale Einheiten des Nervensystems, die durch die Interaktion neuronaler Einheiten aufgebaut werden. Kognitive Modelle repräsentieren, ganz allgemein formuliert, externe Weltsysteme und deren Mengen, Eigenschaften, Werte, Relationen und Funktionen. Strohner unterscheidet drei komplexe kognitive Modelle, die beim Textverstehen relevant sind: das Textmodell, das Textweltmodell und das Kommunikationsmodell.

Diese komplexen Modelle setzen sich jeweils aus Teilmodellen zusammen, die auf der Wort-, der Satz- und der Diskursebene aufgebaut werden. Das Textmodell ist dasjenige Modell, das sich auf den situierten Text als Objekt des Textverstehens bezieht. Das Textweltmodell ist die Repräsentation der Textwelt, d.h. die Repräsentation der Sachverhalte, Ereignisse, Personen etc., auf die der Text referiert. Das Kommunikationsmodell repräsentiert die aktuell ablaufende Kommunikation vor dem Hintergrund des allgemeinen kommunikativen Wissens des Rezipienten. Es ermöglicht die Verbindung zwischen der kognitiven und der kommunikativen Ebene des Textverstehens.

Diese Unterscheidung verschiedener kognitiver Modelle läßt sich ansatzweise z.B. bei van Dijk und Kintsch (1983) in deren Unterscheidung von Textbasis und Situationsmodell wiedererkennen, ebenso auch bei Just und Carpenter (1980, 1987) in der Gegenüberstellung von propositionaler Textbasis und referentieller Textrepräsentation.

Das Wissen des Rezipienten über die Struktur und die Funktion des Textverstehenssystems wird von Strohner (1990) als kognitive Grammatik bezeichnet. Die kognitive Grammatik umfaßt die kognitive Texterkennung, die kognitive Textsyntax und die kognitive Textsemantik. Die kognitive Textsemantik wird von ihm wiederum in den kognitiven Textcode, die kognitive Textreferenz, den kognitiven Textsinn und die kognitive Textpragmatik unterteilt.

Dem systemtheoretischen Ansatz der Textverarbeitungsforschung von Strohner (1990) zufolge werden beim Textverstehen nicht nur vorhandene Strukturen aktiviert, sondern aufgrund des Textinputs neue Systeme aus vorhandenen Komponenten zu neuen Strukturen reorganisiert. Für diese Reorganisation ist wichtig, daß die einzelnen Komponenten des Textverstehenssystems sowohl strukturell als auch funktional möglichst gut miteinander verbunden werden können. Diese Bedingung gilt sowohl für die tektonische, die dynamische als auch die genetische Dimension des Textverstehens. Diese Verbindungsmöglichkeit der Komponenten und Relationen des Textverarbeitungssystems auf den verschiedenen Systemebenen macht die Kohärenz des Textverstehens aus. Die Kohärenz auf der tektonischen Analyseebene des Textverarbeitungssystems wird als *Integrität* des Systems bezeichnet. Die Kohärenz auf der dynamischen Ebene bezeichnet Strohner (1990) als *Stabilität* des Systems. Die Kohärenz auf der genetischen Ebene nennt Strohner (1990) *Kreativität* (vgl. dazu auch Strohner & Rickheit, 1990).

Strohner unterscheidet folgende Prozesse der Textverarbeitung:
- die Prozesse des erkennenden Textverstehens,
- die Prozesse des syntaktischen Textverstehens, die zu Textmodellen führen,
- die Prozesse des dekodierenden Textverstehens,
- die Prozesse des referentiellen Textverstehens,
- die Prozesse des sinnsemantischen Textverstehens, die zu Textweltmodellen führen
- die Prozesse des pragmatischen Textverstehens, die zu Kommunikationsmodellen führen.

Im zentralen Nervensystem des Rezipienten werden durch die Prozesse der Texterkennung, des syntaktischen Textverstehens, des dekodierenden, des referentiellen, des semantischen und des pragmatischen Textverstehens auf der Wort-, der Satz- und der Diskursebene unterschiedlich komplexe kognitive Modelle gebildet. Dabei wird jeweils in einer Konstruktionsphase das strukturelle Wissen aktiviert, und in einer Integrationsphase erfolgt die funktionale Einbettung dieses Wissens in die jeweilige kontextuelle Umwelt.

Beispielsweise wird in der Phase der Texterkennung mit Hilfe der auditiven oder visuellen Eingabeprozessoren eine Verbindung zwischen dem kognitiven System des Textrezipienten und dem Text hergestellt. In der Konstruktionsphase erfolgt auf der Wortebene zunächst die Konstruktion eines Wortperzeptes unabhängig vom Kontext. In der Phase der Integration wird bei der Entscheidung, ob ein Wort vorliegt oder nicht, der Kontext berücksichtigt.

Nach der Worterkennung wird das unmittelbar mit dem Wortperzept verbundene syntaktische und semantische Wissen aktiviert. Auch hier ist der Prozeß durch eine Konstruktions- und eine Integrationsphase gekennzeichnet. Strukturelle Prozesse des syntaktischen Wortverstehens aktivieren z.B. auf der Wortebene die syntaktischen Eigenschaften des Wortmodells, d.h. Wissen über Wortarten und über potentielle Relationen zu anderen Wortarten. Durch die Aktivierung aller mit dem Wortperzept verbundenen syntaktischen Informationen kann eine Struktur eines Wortmodells oder es können auch mehrere Strukturen von Wortmodellen aufgebaut werden. In der Integrationsphase stellen funktionale Prozesse eine Verbindung zwischen Wortmodellen und ihrer syntaktischen und semantischen Umwelt her. Den Wettbewerb zwischen verschiedenen Wortmodellen, die der Leser möglicherweise gleichzeitg in der Konstruktionsphase aktiviert, gewinnt dasjenige Wortmodell, das in Zusammenarbeit mit dem Kontext über das größte Aktivierungspotential verfügt (vgl. Strohner, 1990, S.166).

Nach dem Aufbau von Wortmodellen werden Wortkonzepte gebildet. Dabei wird zunächst mit Hilfe konstruktiver Prozesse in relativer Unabhängigkeit von der Umwelt der interne Aufbau der Wortkonzepte hergestellt. Durch referentielle Prozesse des Textverstehens wird dabei zwischen einem Wortkonzept und einem Weltobjekt eine Relation aufgebaut. In der Integrationsphase werden dann die Wortweltkonzepte um das mit ihnen verbundene Weltwissen ergänzt und zu einem Wortweltkonzept ausgebaut. Die strukturellen Prozesse des referentiellen Textverstehens regeln den internen Aufbau der Wortweltkonzepte in der Konstruktionsphase. Die funktionalen Prozesse zielen auf die Verknüpfung des Wortweltkonzeptes mit dem bereits durch den Text aufgebauten bzw. vorhandenen referentiellen Wissen in der Integrationsphase. Bei den referentiellen Prozessen wird die Frage verfolgt, ob sich ein Wortweltkonzept auf ein Weltobjekt bezieht, auf das bereits ein anderes Wortweltkonzept innerhalb des Textes referiert. Ist dies der Fall, wird von Koreferenz gesprochen. Das erstgenannte Konzept wird Referent, das zweitgenannte Konzept wird Koreferent genannt.

Auf den durch die dekodierenden und referentiellen Prozesse bereits semantisch vorverarbeiteten Wortweltkonzepten bauen die sinnsemantischen Textverstehensprozesse auf. Sie ermöglichen die Verknüpfung der Wortweltkonzepte mit ihren Umwelten im Weltwissen und führen zur Konstruktion von Wortweltmodellen. Diese verbinden sich unter der Aktivierung weiterer Weltwissens zu Satzweltmodellen und Diskursweltmodellen. Strohner (1990) geht davon aus, daß bereits während der Konstruktion von Wortweltmodellen erste Informationen auf die Satz- und Diskursebene weitergegeben werden und erste Verarbeitungsprozesse im Satzwelt- und im Diskursweltmodell stattfinden. Darüber hinaus ermöglicht der Prozeß des pragmatischen Textverstehens die Integration des Diskursweltmodells in das Kommunikationssystem.

Zusammengefaßt ist Strohner (1990) zufolge Textverstehen also ein Teil einer kommunikativen Handlung und wird sowohl durch den Text, das Wissen des Rezipienten als auch die Bedingungen der kommunikativen Situation bestimmt. Das Wissen des Rezipienten ist an seine neurologische Basis gebunden. In Konstruktions- und Integrationsphasen auf der Wort-, der Satz- und der Diskursebene baut der Rezipient eine kohärente Repräsentation des Textes auf. Wie in allen anderen vorher referierten Theorien geht auch Strohner (1990) davon aus, daß ein Rezipient diese Repräsentation konstruiert, indem er Textinformationen mit seinem Wissen abstimmt. Eine Diskursrepräsentation ist dann kohärent, wenn sich die einzelnen Wissenskomponenten auf den jeweiligen Ebenen mit ihren strukturellen und funktionalen Relationen gut verbinden lassen und durch die Prozesse des Textverstehens ein stabiler Zustand im zentralen Prozessor des Rezipienten erreicht wird.

Strohner (1990) fordert in seinem Textverstehensmodell theoretisch die Auseinandersetzung auch mit der Entwicklung der Textverstehensfähigkeit. Gleichzeitig wird am Ende seiner Arbeit deutlich, daß es bisher sehr wenig empirische Hinweise auf die ontogenetische Entwicklung der Textverstehensfähigkeit gibt. Im Sinne seiner theoretischen Forderungen stellt dies ein Defizit dar, das es zu beheben gilt, er selbst aber noch nicht in Angriff genommen hat.

Die Verarbeitung von Pronomen wird nach Strohner auf der Ebene des referentiellen Textverstehens relevant. Er führt an, daß zunächst aufgrund von strukturellen Prozessen des referentiellen Textverstehens ein Wortweltkonzept aufgebaut wird, d.h. ein durch die Prozesse der Dekodierung aktiviertes Wortkonzept wird mit Weltwissen verbunden. Funktionale Prozesse des referentiellen Textverstehens ermöglichen dann einem Rezipienten, eine Verbindung herzustellen zwischen einem gerade gelesenen oder gehörten Wort und bereits vorhandenem referentiellen Wissen, das durch den Diskurskontext aufgebaut wurde. Dabei stellt sich die Frage, ob ein aktuelles Wortweltkonzept auf ein bereits im Diskursmodell aufgebautes Konzept referiert. Die Überprüfung solcher koreferentiellen Beziehungen ist eine grundlegende Voraussetzung für den Aufbau der Sinnstruktur eines Diskurses und die Verarbeitung von Pronomen.

Auch Strohner (1990) geht wie die meisten anderen Textverstehensforscher davon aus, daß bestimmte Positionen und Informationen beim anaphorischen Auflösungsprozeß bevorzugt berücksichtigt werden:
- Das Nomen im vorausgegangenen Satz hat gegenüber anderen Nomen Vorteile bei der Koreferenzbildung.
- Koreferenzrelationen können zu Referenten im Vordergrund des Satzweltmodells leichter hergestellt werden als zu solchen im Hintergrund.

- Bei mehrdeutiger pronominaler Koreferenz reicht das referentielle Wissen, das mit der Rezeption des Pronomens zur Verfügung steht, nicht aus, und es werden weitere Komponenten des Referenzsatzes bei der Verbindung der beiden Sätze wichtig. Das Verb des Referenzsatzes spielt dabei eine besondere Rolle, damit der Leser eine kohärente Beziehung aufbauen kann.

Die Verarbeitung von Pronomen erfolgt durch koreferentielle Prozesse. Bei koreferentiellen Prozessen geht es immer darum, eine Beziehung zwischen zwei kognitiven Systemen herzustellen, d.h. zum Beispiel zwischen zwei Wortweltkonzepten. Dies läßt sich laut Strohner (1990) nur als Regelungsprozeß denken, bei dem beide kognitiven Systeme, nämlich sowohl das Pronomen als auch der Antezedent mit seinem Kontext, Informationen zur Überprüfung der koreferentiellen Beziehung beitragen. Strohner (1990) unterscheidet dabei zwischen autonomen und interaktiven Regelungsprozessen. Bei autonomen Prozessen fällt auf das gerade erst gelesene oder gehörte Wort die Hauptlast der Verarbeitung, bei der pronominalen Verarbeitung also auf das Pronomen. Die Informationen, die das Pronomen liefert, bestimmen den Aufbau der referentiellen Beziehung. Bei interaktiven Prozessen tragen dagegen der Referent und das Pronomen mit ihren syntaktischen und semantischen Umgebungen gleichermaßen zur Herstellung der Koreferenz bei.

Die Möglichkeit einer Verbindung von autonomen und interaktiven Prozessen ergibt sich nach Strohner (1990) daraus, daß auch bei der pronominalen Verarbeitung zwischen zwei Prozeßphasen, der Konstruktionsphase und der Integrationsphase, unterschieden werden muß. In der Konstruktionsphase wird die Herstellung anaphorischer Relationen vor allem auf der Grundlage syntaktischen Wissens realisiert. In der Integrationsphase dienen die in der Konstruktionsphase der Koreferenzbildung hergestellten Verbindungen als Ausgangspunkte für den Integrationsversuch der Textweltkonzepte in Diskursweltmodelle.

Ein Rezipient nutzt also nach der Rezeption eines Pronomens zunächst syntaktische Informationen des Pronomens als Ausgangsbasis für den referentiellen Textverstehensprozeß (Konstruktionsphase). Dabei nimmt Strohner (1990) an, daß das erstgenannte Nomen des vorausgegangenen Satzes und die Informationen im Vordergrund bevorzugt für die Herstellung der koreferentiellen Beziehung genutzt werden. Übereinstimmungen von Konzepten in der Konstruktionsphase der Koreferenzbildung dienen dann als Ausgangspunkte für die Integration der Textweltkonzepte (Integrationsphase) in Diskursweltmodelle. Bei mehrdeutiger pronominaler Koreferenz reicht das referentielle Wissen zum Zeitpunkt der Enkodierung des Pronomens nicht aus, um ein eindeutiges koreferentielles Konzept im Diskursweltmodell zu identifizieren. Es werden zusätzliche Textinformationen notwendig, z.B. Verbinformationen, oder es muß allgemeines Wissen aktiviert werden.

2.7 Zusammenfassung der theoretischen Annahmen zur pronominalen Koreferenzherstellung beim Textverstehen

Mit der Darstellung verschiedener Textverstehenstheorien wurde das Ziel verfolgt, die grundlegenden Aspekte der Textverarbeitung in den verschiedenen Modellen herauszustellen und auf Gemeinsamkeiten und Unterschiede aufmerksam zu machen. Die grundlegenden Aspekte betreffen die Struktur des Textes, die Struktur des Gedächtnisses eines Rezipienten, die Repräsentationsformen, die Festlegung der Bedeutung eines Textes, die Unterscheidung verschiedener Verarbeitungsebenen und die Dynamik des Textverarbeitungsprozesses. Die Annahmen zur Auflösung pronominaler Anaphern wurden dabei jeweils im Zusammenhang mit den grundlegenden Annahmen der Textverstehensmodelle betrachtet.

Allgemeine Annahmen zum Textverstehen

Alle in den vorigen Abschnitten dargestellten Textverstehensmodelle gehen explizit oder implizit davon aus, daß Textverstehen eine kommunikative Handlung ist, bei der ein Produzent einem Rezipienten eine sprachliche Nachricht übermittelt. Wörter sind die grundlegenden Verarbeitungseinheiten beim Textverstehen. Der Text wird in unterschiedliche Ebenen geteilt, und zwar jeweils in eine Wort-, eine Phrasen-, eine Satz- und eine Textebene mit wiederum lexikalischen, syntaktischen, semantischen und pragmatischen Teilinformationen.

Darüber hinaus unterscheiden alle Modelle verschiedene Wissensbereiche, über die ein Rezipient verfügt: graphemisches Wissen, phonologisches, lexikalisches, syntaktisches, semantisches, pragmatisches, diskursstrukturelles, allgemeines episodisches Wissen und auch Wissen über Erkennungsprozesse sowie lexikalische, syntaktische, semantische und pragmatische Analyseprozesse. Van Dijk und Kintsch (1983) sowie Just und Carpenter (1980, 1987) gehen davon aus, daß das Wissen des Rezipienten im Gedächtnis in Form von Schemata, Scripts oder Frames gespeichert ist. Ähnliche Annahmen machen auch Sanford und Garrod (1981). Strohner (1990) betont die neuronale Basis, auf der Textmodelle, Textweltmodelle und Kommunikationsmodelle aufgebaut sind.

Alle Modelle formulieren als Ziel des Textverstehens eine integrierte kognitive Repräsentation, die in Interaktion der Textinformationen mit dem Wissen des Rezipienten konstruiert wird. Diese kognitive Repräsentation kann Situationsmodell (van Dijk & Kintsch, 1983), Szenario (Sanford & Garrod, 1981), referentielle Textrepräsentation (Just & Carpenter, 1987), Diskursmodell (Marslen-Wilson & Tyler, 1980) oder Diskursweltmodell (Strohner, 1990) heißen. Der Vorteil dieser integrierten Diskursmodelle besteht darin, daß sie Inferenzprozessen Raum geben. Mit Hilfe von Inferenzprozessen kann ein Leser aufgrund seines Wissens Kohärenzlücken zwischen Informationen im Text schließen. Dieses Wissen kann durch die Repräsentation eines Szenarios oder Situationsmodells etc. während der Verarbeitung bereitgestellt werden.

Unterschiede zwischen den beschriebenen Modellen des Textverstehens betreffen Details, die sich auf die Architektur der Wissensrepräsentation des Rezipienten beziehen, auf die Form der Repräsentation sowie den Zeitpunkt der Integration von Textinformationen auf verschiedenen Textverarbeitungsebenen, d.h. der Wort-, der Phrasen-, der Satz- und der Textebene.

Kintsch und van Dijk (1978) sowie van Dijk und Kintsch (1983) unterscheiden zwischen einem Langzeitgedächtnis und einem Arbeitsgedächtnis (Kurzzeitspeicher) und einem sensorischen Register. Ähnliche Aufteilungen lassen sich auch bei Just und Carpenter (1980, 1987) finden. Strohner (1990) sieht eine Eingabekomponente, eine Ausgabekomponente und einen zentralen Prozessor vor. Sanford und Garrod (1981) sprechen von vier Gedächtnisbereichen, dem expliziten und dem impliziten Fokus, dem Langzeitgedächtnis für den Text und dem Langzeitgedächtnis für das allgemeine Wissen. Grundsätzlich ist jedoch ihre Unterscheidung von Fokus und Langzeitspeicher direkt vergleichbar mit der des Arbeitsspeichers oder Langzeitgedächtnisses in den anderen Modellen. Marslen-Wilson und Tyler (1980a,b) konzentrieren sich in ihren theoretischen Annahmen vor allem auf die Koordination der verschiedenen Wissensbereiche im Gedächtnis, die grundlegend für den Aufbau eines Diskursmodells sind. Die Architektur des Gedächtnisses bleibt implizit.

In den einzelnen Textverstehensmodellen gibt es unterschiedliche Annahmen darüber, welche Form die Diskursrepräsentation hat. Van Dijk und Kintsch (1983) sowie Just und Carpenter (1980,1987) gehen im Gegensatz zu den Modellen von Sanford und Garrod (1981), Marslen-Wilson und Tyler (1980 a,b) und Strohner (1990) davon aus, daß die Diskursrepräsentation, die während des Diskursverstehens aufgebaut wird, eine propositionale Form besitzt. Propositionale Repräsentationen sind Ketten von Symbolen, korrespondierend zu einer natürlichen Sprache. Strohner (1990), Sanford und Garrod (1981) und Marslen-Wilson und Tyler (1980a, 1980b) nehmen keine propositionale Repräsentation an. An deren Stelle rücken bei ihnen Repräsentationsformen, die vergleichbar sind mit mentalen Modellen im Sinne Johnson-Lairds (1983). Mentale Modelle sind Repräsentationen, die analog zur Welt sind, d.h., sie bilden die zu repräsentierenden Sachverhalte strukturell und funktional analog ab.

Die Frage nach der adäquatesten Form der Repräsentation läßt sich mit den heutigen empirischen Möglichkeiten nicht eindeutig beantworten (vgl. Schnotz, 1988, 1993). Aus einer prozeduralen Perspektive sind jedoch gewisse theoretische Probleme mit den propositionalen Annahmen verbunden. Just und Carpenter (1980, 1987) gehen einerseits davon aus, daß ein Text wortweise verarbeitet wird. Andererseits wird die Bildung einer propositionalen Diskursrepräsentation aber an Phrasen- und Satzgrenzen gebunden. Just und Carpenter (1980, 1987) müssen erklären, wie diese beiden Annahmen miteinander zu vereinbaren sind. Um die propositionale Konzeption beibehalten zu können, haben van Dijk und Kintsch (1983) beispielsweise Propositionen in atomare und komplexe Propositionen differenziert. Komplexe Propositionen repräsentieren Phrasen oder Sätze und atomare Propositionen einzelne Wörter. Wenn letzteres der Fall ist bilden Propositionen also einzelne Wortkonzepte ab und keine Relationen zwischen Prädikaten und Argumenten. Wenn darüber hinaus Propositionen mit Knoten in einem assoziativen Netzwerk im Gedächtnis des Rezipienten korrespondieren wie bei Kintsch (1988), dann haben Propositionen und mentale Modelle dieselbe Funktion, da Propositionen dann nicht mehr an die Textbasis gebunden werden, sondern der Leser sofort aufgrund seines Wissens eine integrierte Repräsentation der mitgeteilten Sachverhalte aufbaut. Der Propositionsbegriff wird faktisch aufgegeben. Die zunehmend als psychologisch realer anzusehenden analogen Repräsentationsformen ermöglichen es, theoretische Verbindungen zwischen der neuronalen Basis des Rezipienten und diesen Repräsentationsformen herzustellen. Vielversprechende Ansätze sind hier gerade in neueren konnektionistischen Arbeiten zu sehen (z.B. Rumelhart & McClelland, 1986; McClelland, 1988; McClelland & Seidenberg, 1989; Seidenberg, 1990).

Ein weiterer Unterschied zwischen den referierten Textverarbeitungstheorien besteht darin, wann und wie die einzelnen Informationen verarbeitet werden. Sanford und Garrod (1981) sowie van Dijk und Kintsch (1983) abstrahieren in ihren Überlegungen von Wahrnehmungs- und Wortverarbeitungsprozessen. Marslen-Wilson und Tyler (1980a, 1980b) und Strohner (1990) dagegen gehen in ihren Modellen auch explizit auf Wortwahrnehmungs- und Wortverarbeitungsprozesse ein.

Van Dijk und Kintsch (1983) gehen davon aus, daß während der Textverarbeitung aufgrund von lexikalischen und syntaktischen Informationen zunächst eine propositionale Repräsentation im Arbeitsspeicher erstellt wird. Diese propositionale Repräsentation steht in enger Verbindung mit der Textoberfläche. Über die propositionale Repräsentationsform hinaus wird ein Situationsmodell konstruiert, in dem weitere semantische und pragmatische Informationen integriert sind. Der Rezipient setzt beim Aufbau der Diskursrepräsentation sein Wissen entsprechend seinen kognitiven Fähigkeiten strategisch ein. Verschiedene Strategien (propositionale Strategien, lokale Kohärenzstrategien, schemageleitete Strategien, stilistische Strategien, rhetorische Strategien und Produktionsstrategien) ermöglichen es, Textinformationen und Weltwissen mit dem optimalen Verarbeitungsaufwand zu integrieren.

Nach Sanford und Garrod (1981) operiert ein Rezipient bei der Textverarbeitung auf den oben beschriebenen vier Gedächtnisbereichen, dem expliziten Fokus, dem impliziten Fokus, dem Langzeitgedächtnis für den Text und dem Langzeitgedächtnis für das allgemeine Wissen. Dabei greift der Rezipient im expliziten Fokus vor allem auf repräsentationale Informationen zurück, die direkt im Text genannt wurden. Im impliziten Fokus greift er auf Informationen zurück, die das aktivierte Szenario zur Verfügung stellt. Verarbeitungsprozesse verlaufen sehr schnell und ohne großen kognitiven Aufwand, wenn neue Informationen im Text direkt mit Informationen im expliziten Fokus koreferieren. Der Verarbeitungsaufwand wird größer, wenn auf Leerstellen zurückgegriffen werden muß, die das Szenario eröffnet. Er wird ebenfalls größer, wenn Informationen aus dem Langzeitgedächtnis aktiviert werden müssen. In letzterem Fall sind aufwendigere Inferenzprozesse nötig, um Kohärenzlücken zwischen den neuen Textinformationen und dem bereits aufgebauten Szenario zu schließen.

Strohner (1990) unterscheidet auf der Wort-, der Satz- und der Textebene strukturelle und funktionale Aspekte der Verarbeitung, die in unterschiedlichen Phasen wirksam werden. Strukturelle Prozesse beziehen sich auf interne Relationen zwischen den Komponenten von Wörtern, Sätzen oder Texten und führen in einer Konstruktionsphase zum Aufbau von Wort-, Satz- oder Textmodellen. Funktionale Prozesse ermöglichen in einer Integrationsphase die Integration der Komponenten in ihre jeweilige kontextuelle Umwelt. Dabei sind Steuerungs-, Regelungs- und Aushandlungsprozesse zu unterscheiden.

In den Annahmen von van Dijk und Kintsch (1983), Sanford und Garrod (1981) und Strohner (1990) ist eine sequentielle Abfolge der Informationsverarbeitung zu erkennen. Die Verarbeitung lexikalischer und syntaktischer Informationen geht der Verarbeitung semantischer und pragmatischer Informationen voraus.

Im Gegensatz zu diesen Annahmen sind sowohl Just und Carpenter (1980, 1987) als auch Marslen-Wilson und Tyler (1980) der Ansicht, daß lexikalische, syntaktische, semantische und pragmatische Informationen parallel im Arbeitsspeicher koordiniert werden und daß dabei sofort versucht wird, eine integrierte Diskursrepräsentation aufzubauen. Die Frage, ob die Verarbeitung sequentiell oder parallel erfolgt, ist allerdings bisher theoretisch und empirisch nicht abschließend geklärt. Siehe dazu z.B. die Forschungsüberblicke zur Satzverarbeitung in den Sammelbänden von Altmann (1990), Coltheart (1987) und Garfield (1987)

In einigen Textverstehensmodellen wie z.B. bei Just und Carpenter (1987) versucht man, die Bedeutsamkeit eines Konzeptes in der Diskursrepräsentation durch Aktivierungswerte anzuzeigen. Just und Carpenter (1987) gehen davon aus, daß Propositionen mit Aktivierungswerten ausgestattet sind. Die Integration einer Proposition in die Diskursrepräsentation wird durch die Menge der Informationen und die Größe der Aktivierungswerte bestimmt. Ähnliche Annahmen werden auch von Marslen-Wilson und Tyler (1980a, 1980b) und von Strohner (1990) gemacht. Siehe neuerdings hierzu auch die Ausführungen von Gernsbacher (1991) zum Aufbau der Diskursrepräsentation. Gernsbacher (1991) unterscheidet drei Subprozesse des Diskursaufbaus: "laying foundation, mapping coherent or relevant information onto that foundation and shifing to initiate a new substructure." (Gernsbacher, 1991, S. 218). Sie unterscheidet ferner zwei Mechanismen, die diese Prozesse kontrollieren: "... enhancement, which increases activation and suppression, which dampens it." (Gernsbacher, 1991, S. 218). Die grundlegenden Bausteine der mentalen Struktur sind Gedächtnisknoten.

Annahmen zur Verarbeitung anaphorischer Pronomen beim Textverstehen

In allen hier referierten Textverstehensmodellen wird die Verarbeitung anaphorischer Pronomen als ein spezifisches Problem des referentiellen Textverstehens angesehen. Ein Pronomen ist eine sprachliche Form, die dem Rezipienten signalisiert, daß in der Diskursrepräsentation bereits ein Konzept existiert, das mit dem Pronomen koreferiert. An der Textoberfläche ist in der Regel bereits vor dem Pronomen ein Antezedent genannt worden. Mit der Rezeption des Pronomens beginnt der Rezipient, in seiner Diskursrepräsentation nach einem koreferierenden Konzept zu suchen. Unterschiede in den Annahmen zur pronominalen Verarbeitung beim Textverstehen sind direkt auf die grundlegenden allgemeinen Annahmen der Textverstehensmodelle zurückzuführen.

Zwischen den Modellen der pronominalen Verarbeitung bei Sanford und Garrod (1981) und van Dijk und Kintsch (1983) gibt es Parallelen. In den von ihnen vertretenen Modellen werden verschiedene Gedächtnisbereiche angenommen, in denen unterschiedliche Informationen für die pronominale Verarbeitung zur Verfügung stehen. Die pronominale Verarbeitung beginnt, wenn das Pronomen rezipiert wird. Dabei erfolgt ein unmittelbarer Zugriff auf Informationen, die in der propositionalen Textbasis im Arbeitsspeicher (van Dijk und Kintsch, 1983) oder im expliziten Fokus (Sanford und Garrod, 1981) zur Verfügung stehen. Die wichtigsten Informationen sind dabei Genus, Numerus und Kasus. Darüber hinaus kann die Auflösung von Pronomen durch den Topik beeinflußt werden, d.h. bei der Suche nach einem Referenten werden zuerst die Konzepte überprüft, die durch kontextuelle Hinweise im Topik oder Vordergrund stehen. Wenn mit der Rezeption des Pronomens keine eindeutige referentielle Verbindung aufgebaut werden kann, dann muß auf weitere Informationen zurückgegriffen werden, die nach der Rezeption des Pronomens bereitgestellt werden. Inferenzprozesse ermöglichen die Überprüfung der potentiellen referentiellen Verbindungen und können letztendlich zu einer eindeutigen Identifizierung eines koreferierenden Konzeptes führen. Die Verarbeitungsprozesse der pronominalen Koreferenzherstellung sind verarbeitungsintensiver, wenn Inferenzprozesse zur Bestimmung eines koreferierenden Konzeptes notwendig werden.

Sehr ähnlich zu diesen Überlegungen ist die Unterscheidung zwischen einer Konstruktions- und einer Integrationsphase bei Strohner (1990). In der Konstruktionsphase wird eine anaphorische Relation zwischen einem Pronomen und seinem Koreferenten im wesentlichen auf der Grundlage autonomer Prozesse geregelt, die vom Pronomen ausgehen, d.h. vor allem aufgrund lexikalischer und syntaktischer Hinweise. Das erste im vorausgegangenen Satz stehende Nomen und die im Vordergrund des Satzweltmodells stehenden potentiellen Referenten werden beim Aufbau von Koreferenzrelationen zuerst analysiert. Anschließend finden in der Integrationsphase interaktive Regelungsprozesse zwischen dem Pronomen und seiner kontextuellen Umgebung statt. Bei mehrdeutigen koreferentiellen Beziehungen werden nach der Rezeption des Pronomens weitere Informationen im Satz und das allgemeine Weltwissen benötigt, um eine eindeutige referentielle Verbindung aufzubauen. Inferenzprozesse treten auf, um ein Pronomen im Diskursweltmodell zu integrieren. Auch bei Strohner (1991) kann man wie bei Sanford und Garrod (1981) sowie van Dijk und Kintsch (1983) die pronominale Auflösung als einen gerichteten Suchprozeß bezeichnen.

Die Annahmen von Just und Carpenter (1980, 1987) sowie Marslen-Wilson und Tyler (1980 a, b) unterscheiden sich von den Annahmen von van Dijk und Kintsch (1983), Sanford und Garrod (1981) und Strohner (1990) in den Details des Verarbeitungsprozesses. Konsequent der Logik ihres allgemeinen Textverstehensmodells folgend, steht für Just und Carpenter (1980, 1987) und Marslen-Wilson und Tyler (1980a, 1980b) fest, daß der Rezipient mit der Rezeption eines Pronomens im Arbeitsspeicher gleichzeitig Zugriff zu allen Informationstypen hat, d.h. zu lexikalischen, syntaktischen, semantischen und pragmatischen Informationen. Der Rezipient versucht, sobald wie möglich eine kohärente Verbindung zwischen Referent und Koreferent herzustellen. Dabei sind Genus-, Numerus- und Kasusinformationen, die Satzposition des Antezedenten und des Pronomens, Topikhinweise und Inferenzen gleichermaßen für die Auswahl eines Referenten relevant. Marslen-Wilson und Tyler (1980a, 1980b) weisen vor allem auf die Bedeutung von Inferenzen hin, die neben lexikalischen und syntaktischen Informationen eine gleichberechtigte Rolle spielen. Die verschiedenen lexikalischen, syntaktischen, semantischen und pragmatischen Informationen tragen parallel zur Auswahl eines Referenzkandidaten bei. Die Auswahl eines Konzeptes hängt von der Menge und Stärke der Hinweise ab, die dieses Konzept aktivieren. Die referentielle Verbindung zwischen dem Referenten und seinem Koreferenten wird aufgebaut, wenn die Aktivierungswerte eine kritische Aktivierungsschwelle überschreiten.

Trotz dieser Unterschiede im Detail lassen sich jedoch folgende grundlegenden gemeinsamen Annahmen in den theoretischen Modellen herausstellen:

1. Die Verarbeitung anaphorischer Pronomina ist ein spezifisches Problem des referentiellen Textverstehens.

2. Ein anaphorisches Pronomen ist eine sprachliche Form, die einem Rezipienten signalisiert, daß er in seiner Diskursrepräsentation nach einem koreferierenden Konzept suchen muß.

3. Die Zugänglichkeit von koreferierenden Konzepten für die pronominale Auflösung ist abhängig von lexikalischen, syntaktischen, semantischen und pragmatischen Informationen.

4. Die Informationen im Topik können die Zugänglichkeit von Referenten im Arbeitsspeicher bei der Überprüfung referentieller Verbindungen zwischen einem Pronomen und potentiellen Referenten erleichtern.

3. Die pronominale Koreferenzherstellung bei Erwachsenen

Kennzeichnend für die psycholinguistische Textverstehensforschung ist, daß theoretische Modelle in enger Interaktion mit der empirischen Forschung entwickelt werden. Die Annahmen zur pronominalen Koreferenzherstellung beim Textverstehen müssen daher im Rahmen experimenteller Untersuchungen verifizierbar oder falsifizierbar sein.

Nachdem im vorherigen Kapitel die grundlegenden Bedingungen der pronominalen Verarbeitung im Rahmen psycholinguistischer Textverstehenstheorien erläutert wurden, soll in diesem Kapitel die Vielzahl der empirischen Studien zur pronominalen Verarbeitung daraufhin analysiert werden, inwieweit deren Ergebnisse die in Kapitel 2.7 zusammengefaßten Annahmen zur Verarbeitung von Pronomen stützen können.

Bei der Betrachtung der empirischen Studien geht es sowohl um strukturelle als auch prozedurale Bedingungen der pronominalen Koreferenzherstellung. Die strukturellen Bedingungen beziehen sich darauf, welche Faktoren im Text, die Zugänglichkeit von Konzepten in der aktuellen referentiellen Repräsentation des Rezipienten für die pronominale Auflösung beeinflussen. Solche Faktoren betreffen den Einfluß der Distanz zwischen einem Antezedenten und einem Pronomen im Text auf die Koreferenzherstellung, den Einfluß der Position des Antezedenten im Satz und seine syntaktische Einbettung, den Einfluß semantischer und pragmatischer Diskursinformationen sowie den Einfluß des Topiks. Bei den prozeduralen Bedingungen geht es um die Dynamik des Verarbeitungsprozesses, d.h. den Verlauf der pronominalen Auflösung und die Koordination lexikalischer, syntaktischer, semantischer und pragmatischer Informationen während des Aufbaus der referentiellen Verbindung zwischen einem Pronomen und seinem Koreferenten. Bei der Darstellung der empirischen Ergebnisse zur Dynamik der pronominalen Koreferenzherstellung steht vor allem die Frage im Vordergrund, ob der Prozeß der pronominalen Auflösung mit der Rezeption des Pronomens beginnt und auch abgeschlossen wird oder ob der Abschluß der pronominalen Verarbeitung erst mit der Rezeption der dem Pronomen nachfolgenden Informationen erfolgen kann. Am Ende dieses Kapitels werden mit Hilfe der präsentierten Forschungsergebnisse verschiedene kognitive Strategien bei der pronominalen Auflösung abgeleitet.

Diese Strategien der pronominalen Auflösung werden in Abhängigkeit von den kontextuellen Informationen bestimmt, die vor, während und nach der Rezeption des Pronomens die Zugänglichkeit, Identifikation und Integration eines Koreferenten in der Diskursrepräsentation beeinflussen.

Da die Reichweite der Antworten auf die genannten Fragestellungen an die in den experimentellen Studien verwendeten Methoden geknüpft werden müssen, wird im folgenden Abschnitt zunächst ein kurzer Überblick über empirische Methoden zur Untersuchung der pronominalen Verarbeitung gegeben.

3.1 Empirische Methoden

Als Zugang zur Analyse der pronominalen Verarbeitung können folgende methodische Herangehensweisen unterschieden werden, mit Hilfe derer auf die, die pronominale Auflösung beeinflussenden, strukturellen Bedingung und die Dynamik des pronominalen Auflösungsprozesses zurückgeschlossen wird:

- die Analyse selbstbestimmter Lesezeiten bei computergestützter wort-, phrasen- oder satzweiser Textpräsentation,
- die Analyse von Häufigkeiten und Geschwindigkeiten bei der Nennung von Antezedenten in expliziten Entscheidungs- oder Benennungsaufgaben,
- die Analyse von Reaktionszeiten auf ein Target in Priming-Experimenten,
- die Analyse von Häufigkeiten und Geschwindigkeiten bei der Entdeckung von Aussprache- oder Schreibfehlern,
- die Analyse der Fixationsdauer und von Regressionen in Blickbewegungsuntersuchungen.

Die Analyse von selbstbestimmten Lesezeiten

Am weitesten verbreitet ist die Analyse selbstbestimmter Lesezeiten, die im Rahmen computergestützter Textpräsentationen erhoben werden. Bei dieser Vorgehensweise haben Versuchspersonen die Aufgabe, systematisch variiertes Textmaterial entweder wort-, phrasen-, satz- oder textweise selbstbestimmt auf einem Computerbildschirm zu lesen (z.B. Anderson, Garrod & Sanford, 1983; Crawley, 1986; Hudson, Tanenhaus & Dell, 1986; Sanford, Moar & Garrod, 1988). Nach dem Lesen eines Textteils auf dem Computerbildschirm drückt die Versuchsperson eine Reaktionstaste, der gerade gelesene Textteil verschwindet, und der nächste Textteil erscheint auf dem Bildschirm. Die Versuchsperson bestimmt dabei selbst ihr Lesetempo. Grundlegend für diese Methode ist die Annahme, daß die Zeit zwischen zwei Reaktionen die Verstehenszeit für den jeweiligen Textteil darstellt. Die Zeitspanne zwischen den Reaktionen spiegelt den kognitiven Verarbeitungsaufwand wider und ermöglicht es, darauf zurückzuschließen, wie sich die variierten kontextuellen Faktoren auf den Verarbeitungsprozeß auswirken. Mit einer wortweisen Textpräsentation, bei der die einzelnen Wörter sequentiell auf dem Bildschirm dargestellt werden, kann man dabei relativ direkte Beziehungen zwischen dem gerade rezipierten Wort und dem aktuellen Verstehensprozeß herstellen. Sequentielle wortweise Lesemethoden sind daher besonders gut geeignet, um den Verlauf der pronominalen Verarbeitung und den Aufbau der Diskursrepräsentation von einem Zeitpunkt t_1 bis zu einem Zeitpunkt t_n zu untersuchen. Aus der Analyse der Reaktionszeiten läßt sich relativ sicher schließen, welche Informationen wann und wo während der pronominalen Koreferenzherstellung wirksam werden. Bei einer satz- oder textweisen Darbietung kann man nur weniger präzise angeben, wann welche Textinformationen auf der Wort- oder der Phrasenebene die Dynamik der Verarbeitung beeinflussen. Der Zeitpunkt der pronominalen Auflösung kann nur indirekt inferiert werden. Häufig werden daher derartige Leseexperimente mit Entscheidungs- und Benennungsaufgaben oder Priming-Methoden kombiniert, um zusätzlich Hinweise auf den Zustand der aktuellen Diskursrepräsentation der Versuchspersonen und die Zugänglichkeit von Konzepten während bzw. nach dem Verarbeitungsprozeß zu erhalten (z.B. Chang, 1980; Corbett & Chang, 1983; Garnham & Oakhill, 1985; Gernsbacher, 1989; O'Brien, Duffy & Myers, 1986; Stevenson, 1986).

Die Analyse von expliziten Benennungsaufgaben

Explizite Benennungsaufgaben werden vor allem in Kombination mit satzweisen Textdarbietungsmethoden angewendet. Wenn z.B. ein Pronomen aufgrund von Genus- und Numerusinformationen mehr als einen möglichen Antezedenten hat und andere syntaktische, semantische und pragmatische Informationen zur Identifizierung und Integration eines Koreferenten herangezogen werden müssen, dann werden häufig Benennungsaufgaben eingesetzt, um festzustellen wie sich die systematisch variierten Texthinweise bei der Auflösung des ambigen Pronomens auswirken. Den Versuchspersonen wird der Text z.B. auf einem Bildschirm computergesteuert dargeboten. Die Versuchspersonen müssen nach der Präsentation des Textes so schnell wie möglich eine Taste drücken, um anzuzeigen, welche Zuordnung sie zwischen einem Pronomen und einem potentiellen Antezedenten gemacht haben. Unterschiedliche Tasten werden dazu jeweils mit den verschiedenen Antezedenten belegt. Eine Variante dieser Methode ist das explizite Benennen des ausgewählten Antezedenten (z.B. Caramazza, Grober, Garvey & Yates, 1977; Ehrlich, 1980; Hirst & Brill, 1980; Stevenson & Vitkovitch, 1986). Bei expliziten Benennungsaufgaben kann durch die Geschwindigkeit und die Richtigkeit, mit der eine Zuordnung getroffen wird geschlossen werden, welche Faktoren sich auf den pronominalen Verarbeitungsprozeß auswirken.

Die Analyse von Priming-Aufgaben

Der Grundgedanke beim Priming ist, daß mit der Rezeption eines Wortes auch implizite Wissenskonzepte aktiviert werden. Im Text werden an kritischen Stellen Testwörter dargeboten, die mit dem bereits Gelesenen konzeptuell verbunden sind oder nicht. Die Aufgabe der Versuchspersonen besteht darin, ein dargebotenes Testwort so schnell wie möglich laut zu lesen oder zu entscheiden, ob ein dargebotenes Target ein sinnvolles Wort ist oder eine sinnlose Buchstabenfolge (z.B. Glucksberg, Kreuz & Rho, 1986). Je stärker das Testwort mit der bereits aufgebauten Repräsentation verbunden ist, um so schneller sollte die Reaktion der Versuchspersonen erfolgen. Es wird angenommen, daß die Reaktionszeit auf das Testwort abhängig ist vom aktuellen Verarbeitungsprozeß und somit Rückschlüsse auf die Diskursrepräsentation ermöglicht.

Eine spezifische Variante des Priming ist die *cross-modale Primingtechnik* (Swinney, 1979). Dies ist eine Methode, die vor allem bei der Untersuchung gesprochener Sprache angewendet wird (z.B. Shillcock, 1982; Tyler & Marslen-Wilson, 1982). Die Versuchspersonen sitzen vor einem Computerbildschirm und hören gleichzeitig von einem Tonband einen Text. Während des Lautstroms wird den Versuchspersonen an einigen kritischen Textstellen ein Testwort auf dem Bildschirm dargeboten. Die Versuchspersonen müssen so schnell wie möglich auf dieses Wort reagieren und entscheiden, ob es mit dem zuvor gehörten Text kompatibel ist. Die gemessenen Reaktionszeiten erlauben Rückschlüsse auf die zugrundeliegenden Verarbeitungsprozesse und die kognitive Repräsentation zum Zeitpunkt der Textdarbietung.

Die Analyse von Aussprache- oder Schreibfehlerentdeckungsaufgaben

Die Versuchspersonen hören oder lesen einen Text, und an kritischen Stellen treten systematisch Aussprachefehler (Tyler & Marslen-Wilson, 1982) oder Schreibfehler (Garrod & Sanford, 1985) auf. Werden solche Methoden zur Untersuchung der pronominalen Koreferenzherstellung verwendet, dann werden die Fehler in einem auf eine Anapher folgenden Verb dargeboten. Die Versuchspersonen haben die Aufgabe, Fehler so schnell wie möglich zu entdecken. Dies ist eine sehr aufschlußreiche Methode, um zu überprüfen, zu welchem Zeitpunkt eine eindeutige koreferentielle Beziehung zwischen einem Pronomen und einem Koreferenten hergestellt wird. Unterschiede in den Latenzzeiten bei der Fehlerentdeckung in Wörtern, die entweder mit der bisherigen kontextuellen Interpretation vereinbar sind oder nicht, geben Aufschlüsse darüber, ob die koreferentielle Beziehung bereits mit der Rezeption des Pronomens oder erst mit der dem Pronomen folgenden Informationen hergestellt werden kann.

Die Analyse von Blickbewegungsmessungen

Mit der Messung von Blickbewegungen hat man eine Methode entwickelt, mit der man während des Lesens Einflüsse des Textes auf seine Verarbeitung untersuchen kann. Dabei wird mit Hilfe eines speziell entwickelten Blickbewegungsmeßinstrumentariums festgestellt, wie lange eine Versuchsperson einzelne Wörter beim Lesen fixiert (Fixationsdauer) und wie häufig die Versuchsperson im Text auf bereits gelesene Wörter zurückspringt (Regressionen). Die Fixationsdauer sowie die Anzahl und Länge der Regressionen geben Aufschluß über die aktuellen Verstehensprozesse des Rezipienten während des Lesens (z.B. Just & Carpenter, 1980, 1987; Carpenter & Just, 1977; Ehrlich & Rayner, 1983; Rayner, 1978; Carroll & Slowiaczek, 1987; Duffy & Rayner, 1990).

Die verschiedenen experimentellen Methoden sind hier dargestellt worden, um deutlich zu machen, auf welcher Datengrundlage man in der Textrezeptionsforschung versucht, die Strukturen und Prozesse der Textverar-

64

beitung zu rekonstruieren. Die Analyse von Blickbewegungen ist neben der sequentiellen wortweisen computergestützten Darbietung, die aufschlußreichste Möglichkeit on-line, d.h. direkt beim Lesen auf die kognitiven Verarbeitungsprozesse zu schließen (vgl. dazu den Überblick zum Lesen im Experiment bei Günther, 1989). Diese Methoden eignen sich daher besonders zur Beantwortung der Frage, wann lexikalische, syntaktische sowie semantische und pragmatische Hinweise bei der Konstruktion einer kohärenten Diskursrepräsentation wirksam werden. Die anderen beschriebenen Methoden, bei denen die Beobachtungsdaten erst mit einer gewissen zeitlichen Verzögerung zum Hören oder Lesen der kritischen Textstellen gewonnen werden, sogenannte off-line Methoden, ermöglichen nur indirektere Rückschlüsse auf die zugrundeliegenden strukturellen und prozeduralen Bedingungen der Verarbeitung.

3.2 Strukturelle Aspekte der pronominalen Koreferenzherstellung

In den meisten experimentellen Studien zur pronominalen Verarbeitung hat man sich vor allem mit der Frage beschäftigt, *welche* Informationen im Text neben Genus, Numerus und Kasus für die pronominale Verarbeitung relevant sind. Dabei wurden im überwiegenden Teil der Studien Texte verwendet, in denen zwei Antezedenten mit gleichen Genus-, Numerus- und Kasusinformationen vor dem Pronomen vorkamen, so daß zur eindeutigen Koreferenzherstellung in der Diskursrepräsentation neben den lexikalischen Hinweisen andere Informationen herangezogen werden mußten. Experimentell untersucht wurde unter diesen Bedingungen der Einfluß folgender Faktoren auf die pronominale Verarbeitung:

- der Einfluß der *Distanz* zwischen einem Antezedenten und einem Pronomen,
- der Einfluß der *Position* des Antezedenten im Satz,
- der Einfluß *semantischer und pragmatischer Informationen* sowie
- der Einfluß des *Topiks* auf die pronominale Verarbeitung.

Im folgenden werden einige der Studien referiert, die den Einfluß dieser Merkmale auf die pronominale Verarbeitung untersucht haben.

3.2.1 Der Einfluß der Distanz zwischen Antezedent und Pronomen

Clark und Sengul (1979) gehörten zu den ersten Forschern, die den Einfluß der Distanz zwischen Pronomen und Antezedenten in aufeinanderfolgenden Teilsätzen auf die pronominale Verarbeitung untersucht haben (vgl. auch Carpenter & Daneman, 1981; Garrod & Sanford, 1977). Um ein Pronomen zu verstehen, muß der Rezipient in irgendeiner Form auf den Koreferenten bzw. die Bedeutung des Antezedenten in der bereits aufgebauten Diskursrepräsentation zurückgreifen. Die Zugänglichkeit von koreferierenden Konzepten in der aktuellen Diskursrepräsentation spielt dabei eine große Rolle. Im Mittelpunkt des Interesses stand für Clark und Sengul (1979) die Frage, ob der Antezedent im zuletzt dargebotenen Teilsatz einen privilegierten Status in der Diskursrepräsentation des Rezipienten hat. Sie überprüften deshalb, ob Antezedenten im letzten Teilsatz vor dem Pronomen besser für die pronominale Verarbeitung zugänglich sind als Antezedenten, die in vom Pronomen weiter entfernten Teilsätzen genannt wurden. Darüber hinaus verglichen sie die Auswirkungen von anaphorischen Pronomen und Nomen beim Aufbau einer zusammenhängenden Diskursrepräsentation miteinander.

Clark und Sengul (1979) boten ihren Versuchspersonen auf einem Tachistoskop drei Kontextsätze und anschließend einen Testsatz dar. Im Testsatz wurde mit einem Pronomen oder Nomen auf einen vorher eingeführten Antezedenten referiert. Potentielle Koreferenten wurden ein oder zwei Sätze vor dem Testsatz im Text genannt. Die Versuchspersonen hatten die Aufgabe, am Ende des Testsatzes zu entscheiden, ob der Testsatz mit dem vorherigen Text kohärent ist oder nicht. Vor dem Lesen des Testsatzes setzten die Versuchspersonen durch Tastendruck eine Uhr in Gang, die sie durch einen weiteren Tastendruck mit ihrer Entscheidung stoppten. Die Ergebnisse zeigten folgendes. Wenn sich eine Verbindung zwischen einem Pronomen und einem Antezedenten im letzten Teilsatz herstellen ließ, waren die Entscheidungszeiten schneller, als wenn eine Verbindung zwischen einem Pronomen und einem früher im Text genannten Antezedenten geknüpft werden mußte. Clark und Sengul (1979) sahen in diesen Ergebnissen einen Hinweis dafür, daß die pronominale Verarbeitung ein Suchprozeß ist, bei dem Antezedenten im letzten Teilsatz schneller in der aktuellen Diskursrepräsentation zugänglich sind als weiter entfernte Antezedenten im Text. Darüber hinaus konnten Clark und Sengul (1979) feststellen, daß die Versuchspersonen bei der Verwendung von Pronomen oder Nomen gleich schnell den adäquaten Antezedenten nennen können. Anaphorische Pronomen sind nach Ansicht von Clark und Sengul

(1979) genauso effektiv beim Aufbau referentieller Verbindungen wie anaphorische Nomen.

Chang (1980) hat ebenfalls überprüft, welchen Einfluß die Darbietung eines Antezedenten in einem vorangegangenen Teilsatz auf die kognitive Verarbeitung von Nomen und Pronomen hat. Er verwendete eine wortweise selbstbestimmte Lesemethode mit anschließender Entscheidungsaufgabe. In einem ersten Experiment ging es zunächst darum zu überprüfen, ob Satzgrenzen bei der Auflösung anaphorischer Nomen einen Einfluß auf die Zugänglichkeit von Konzepten in der Diskursrepräsentation haben. Die Ergebnisse bestätigten diese Vermutung. Rezipienten können bei der Auflösung anaphorischer Nomen besser auf Antezedenten zurückgreifen, die im letzten Teilsatz dargeboten wurden als auf früher im Text genannte Antezedenten.

Im zweiten Experiment ging es dann darum, auch die referentielle Funktion von Pronomen nachzuweisen. Chang hat folgende Testsätze verwendet, die aus zwei Teilsätzen bestanden. Der Slash / deutet die Teilsatzgrenzen an.

John and Mary went to the grocery store/
a) and John bought a quart of milk.
b) and he bought a quart of milk.

In Teilsatz (a) referiert *John* eindeutig auf John im ersten Teilsatz. In Teilsatz (b) referiert *he* ebenfalls eindeutig auf John. Es sollte getestet werden, ob das Pronomen beim Lesen von den Rezipienten genauso wie das Nomen dazu genutzt werden kann, das Konzept *John* im Arbeitsspeicher zu reaktivieren. *John* wurde als Testwort am Ende des Satzes dargeboten. Die Versuchspersonen mußten entscheiden, ob das Testwort direkt vorher im Text vorkam oder nicht. In Satz (a) konnte die Entscheidung allein aufgrund von Oberflächeninformationen des Wortes *John* erfolgen. In Satz (b) mußten die Versuchspersonen ihre Entscheidung unter Berücksichtigung der aktivierten Informationen im Gedächtnis treffen. Nur wenn sie die referentielle Verbindung zwischen *he* und *John* in ihrer Diskursrepräsentation hergestellt haben, können sie ihre Entscheidung problemlos aufgrund der Informationen des zweiten Teilsatzes fällen. Ansonsten müssen sie auf den ersten Teilsatz zurückgreifen. Es wurde darüber hinaus eine Kontrollbedingung eingeführt, in der die Entscheidung, ob das Testwort *John* im Satz auftauchte, nur aufgrund der Informationen des ersten Teilsatzes erfolgen konnte.

John and Mary went to the grocery store/
c) and Mary bought a quart of milk.
d) and she bought a quart of milk.

Auch in diesen Bedingungen wurde immer *John* als Testwort dargeboten. In diesem Fall konnten die Versuchspersonen nur Informationen des ersten Teilsatzes zu ihrer Entscheidungsfindung nutzen. Falls diese Informationen des ersten Teilsatzes weniger gut im Arbeitsspeicher zugänglich sind als Informationen des zweiten Teilsatzes, dann sollten die Entscheidungen nach der Rezeption von Satz (a) schneller erfolgen als nach Satz (c) oder (d). Falls das Pronomen in Satz (b) genauso effektiv wie das Nomen in Satz (a) ist, um die Bedeutung von John zu reaktivieren, sollten die Entscheidungen in Satz (b) ähnlich schnell sein wie in (a). Wenn beim Lesen eines Satzes das Pronomen *he* die Bedeutung von John nicht reaktiviert, sollte die Entscheidung der Versuchspersonen in Satz (b) ähnlich lang dauern wie in Satz (c) oder (d).

Die Ergebnisse zeigten, daß auf das Testwort in der Bedingung (a) und (b) schneller reagiert werden kann als in den Bedingungen (c) und (d). Dies zeigt, daß Pronomen eine referentielle Funktion haben und die Bedeutung des Antezedenten im zweiten Teilsatz reaktiviert wird. Auch bei Chang (1980) stellte sich also heraus, daß Antezedenten im letzten Teilsatz vor dem Pronomen einen besonderen Status für die pronominale Auflösung und die Zugänglichkeit von Koreferenten haben. Darüber hinaus hat Chang (1980) die Entscheidungszeiten zwischen den Fällen (a) und (b) verglichen. Die Entscheidungszeiten waren im Fall (a) signifikant kürzer als im Fall (b). Nach Ansicht von Chang (1980) zeigt dies, daß anaphorische Nomen besser zur Reaktivierung zuvor genannter Konzepte genutzt werden können als anaphorische Pronomen.

Dieses Ergebnis steht im Gegensatz zu dem Ergebnis von Clark und Sengul (1979), die keinen Unterschied zwischen Entscheidungszeiten bei anaphorischen Pronomen und anaphorischen Nomen feststellen konnten. Folgt man neuesten Untersuchungen zur Verarbeitung pluraler anaphorischer Pronomen (vgl. Hielscher & Müsseler, 1990), dann läßt sich jedoch der Vorteil der anaphorischen Nomen gegenüber den anaphorischen Pronomen in der Untersuchung von Chang (1980) auf das von ihm verwendete Textmaterial zurückführen. Nach Hielscher und Müsseler (1990) wird durch *John and Mary* im ersten Satz ein pluraler Komplex in der Diskursrepräsentation gebildet, aus dem mit der Nennung eines singularen Nomens oder singularen Pronomens im zweiten Teilsatz ein Referent herausgelöst werden muß. Nach Hielscher und Müsseler (1990) ist diese

Aufgabe kognitiv aufwendiger, als wenn auf den gesamten Komplex mit einem pluralen Pronomen referiert würde. Hielscher und Müsseler (1990) beobachteten schnellere Verarbeitungszeiten, wenn statt singularen anaphorischen Pronomen singulare anaphorische Nomen verwendet wurden, um aus einem Komplex einen Antezedenten herauszulösen. Die Identifizierung und Herauslösung eines singularen koreferierenden Konzeptes aus pluralen Komplexen wird durch die Oberflächeninformationen der anaphorischen Nomen erleichtert. Aufgrund dieser Ergebnisse muß die Schlußfolgerung von Chang (1980), daß anaphorische Pronomen generell zu aufwendigeren referentiellen Verarbeitungsprozessen führen als anaphorische Nomen relativiert werden. Die von Chang (1980) beobachteten verzögerten Entscheidungszeiten nach der Rezeption von Texten mit Pronomen sind darauf zurückzuführen, daß singulare Pronomen weniger gut als singulare Nomen geeignet sind, die Bedeutung von *John* aus dem pluralen Komplex *John und Mary* herauszulösen. Hielscher und Müsseler (1990) zufolge wäre bei der Verwendung eines pluralen Pronomens, die Auflösung der anaphorischen Referenz genauso schnell oder sogar schneller erfolgt als bei einem singularen Nomen oder Pronomen. Dies deshalb, da keine Herauslösung einzelner Personen aus einem pluralen Komplex nötig ist, und in diesem Falle der bereits aktivierte plurale Komplex in der Diskursrepräsentation weiter aktiviert bleibt.

Ungeachtet dieser speziellen Unterschiede zwischen Nomen und Pronomen ist in den zuvor referierten Studien deutlich geworden, daß beide sprachlichen Formen zur Herstellung referentieller Verbindungen zwischen Informationen in aufeinanderfolgenden Sätzen geeignet sind. Pronomen ermöglichen den Zugriff auf die konzeptuelle Repräsentation des Antezedenten. Antezedenten im letzten Teilsatz werden bei der Suche nach einem Koreferenten und bei seiner Identifizierung bevorzugt behandelt. Ergebnisse von Cloître und Bever (1988), die hier im einzelnen nicht referiert werden, deuten ebenfalls darauf hin, daß Pronomen einen direkten Zugriff auf die konzeptuelle Repräsentation ermöglichen.

Die bis hierher referierten Studien haben die referentielle Wirkung von Nomen und Pronomen bei Kurztexten mit nur zwei Sätzen untersucht. O'Brien (1987) sowie O'Brien, Plewes und Albrecht (1990) richteten dagegen ihr Forschungsinteresse auf die pronominale Koreferenzherstellung in längeren Texten. Antezedenten und Pronomen folgten nicht direkt aufeinander, sondern waren im Text soweit voneinander entfernt, daß die Versuchspersonen die vorausgegangenen Informationen aus dem Langzeitgedächtnis reaktivieren mußten, um eine referentielle Beziehung zwischen dem Pronomen und seinem Koreferenten aufzubauen. O'Brien (1987) wollte mit seiner Untersuchung die von Kintsch und van Dijk (1978) angenommenen Mechanismen der Textverarbeitung für die pronominale Verarbeitung überprüfen. Dem Textverarbeitungsmodell von Kintsch und van Dijk (1978) zufolge, spielen Argumentüberlappung und Argumentwiederholung sowie die Hierarchiehöhe einer Proposition in der propositionalen Textbasis eine entscheidende Rolle im Textverarbeitungsprozeß. Wenn diese Überlegungen auch für die pronominale Auflösung relevant wären, sollte nach O'Brien (1987) ein Pronomen dann gut aufgelöst werden, wenn der entsprechende Antezedent aufgrund der oben genannten Kohärenzkriterien in der aktuellen Textbasis zugänglich ist. Wenn im Kurzzeitspeicher kein angemessener Koreferent aktiviert ist, dann muß der Rezipient nach einem Referenten im Langzeitspeicher suchen.

O'Brien (1987) verwendete Texte, in denen zwei Antezedenten aufgrund ihrer Hierarchiehöhe gleichermaßen gut in der Textrepräsentation zugänglich waren. Der eine Antezedent war jedoch früher im Text genannt worden als der andere. Die beiden Antezedenten stimmten in Genus und Numerus mit dem Pronomen im Testsatz überein.

Lesezeitunterschiede ergaben, daß zuletzt im Text genannte Antezedenten schneller reaktiviert werden konnten als früh im Text genannte. Dieses Ergebnis deutet darauf hin, daß die Zugänglichkeit eines Referenten in der Diskursrepräsentation nicht alleine durch seine Hierarchiehöhe in der propositionalen Textbasis bestimmt wird, sondern auch durch die Distanz zwischen dem Antezedenten und dem Pronomen im Text. Diese Beobachtung traf jedoch nicht auf alle verwendeten Texte zu. In unabhängigen posthoc Ratings der Texte zeigte sich, daß weit entfernte Antezedenten, die von Ratern aber als thematisch wichtig eingestuft wurden, unabhängig von ihrer Distanz zum Pronomen schneller reaktiviert wurden als unwichtige Antezedenten.

O'Brien, Plewes und Albrecht (1990) haben diese Beobachtung systematisch in einer weiteren Untersuchung überprüft. Sie variierten sowohl die Distanz als auch die thematisch elaborierte Beschreibung eines Antezedenten, indem sie entweder relevante Kontextinformationen für den Antezedenten darboten oder nicht. Die Ergebnisse zeigten, daß sowohl die Distanz zwischen dem Antezedenten und dem Pronomen als auch die Elaboriertheit des Antezedenten die Zugänglichkeit eines Konzeptes die Koreferenzherstellung in der Diskursrepräsentation beeinflussen.

Die von Kintsch und van Dijk (1978) entwickelten mechanistischen Vorstellungen und repräsentationalen Bedingungen bilden die pronominale Verarbeitung nach O'Brien, Plewes und Albrecht (1990) nur unzureichend ab. Eine integrierte Diskursrepräsentation, im Sinne des Situationsmodells in der Strategietheorie von Kintsch und van Dijk (1983), scheint die Bedingungen für die Herstellung der referentiellen Beziehung zwischen Antezedenten und Pronomen besser abzubilden. In längeren Texten spielt nicht allein die Distanz zwischen dem Antezedenten und dem Pronomen eine Rolle, sondern auch die Wichtigkeit bzw. Elaboriertheit des Antezedenten im Text.

Insgesamt zeigen die in diesem Abschnitt referierten Ergebnisse, daß die Distanz zwischen Pronomen und Antezedenten die Zugänglichkeit koreferierender Konzepte beeinflußt. Vor allem in kurzen Texten mit nur zwei oder drei aufeinanderfolgenden Sätzen ist das Konzept des zuletzt genannten Antezedenten besonders aktiv in der Diskursrepräsentation und daher das bevorzugte Konzept bei der pronominalen Koreferenzherstellung. Die zuletzt dargestellten Studien mit längeren Texten bestätigen ebenfalls den Einfluß der Distanz zwischen Antezedent und Pronomen bei der Koreferenzherstellung, machen aber auch deutlich, daß neben der Distanz sich auch die Wichtigkeit eines Konzeptes auf die Zugänglichkeit in der Diskursrepräsentation auswirken kann. Die im folgenden referierten Untersuchungen werden weitere Hinweise dafür liefern, daß die Distanz zwischen Pronomen und Antezedenten nur ein Faktor ist, der die Zugänglichkeit koreferierender Konzepte in der Diskursrepräsentation für die pronominale Auflösung beeinflußt.

3.2.2 Die Position des Antezedenten im Satz und seine grammatische Rolle

Die Annahme, daß die Position im Satz eine wichtige Rolle bei der pronominalen Verarbeitung spielt, wurde z.B. in Untersuchungen von Grober, Beardsley & Caramazza, 1978; Cowan, 1980; und Crawley, Stevenson & Kleinman, 1990 überprüft. In diesen Studien ging es vor allem um die Relevanz der Subjektposition des Antezedenten im Satz. Es wurde versucht, den Vorteil der Antezedenten in Subjektposition beim Aufbau einer referentiellen Verbindung zwischen einem Pronomen und vorher genannten Antezedenten auf spezifische Auflösungsstrategien des Rezipienten zurückzuführen.

Grober, Beardsley und Caramazza (1978) gingen davon aus, daß ein anaphorisches Pronomen aufgrund seiner grammatischen Rolle einer vorausgegangenen Nominalphrase zugeordnet wird. Wird also z.B. ein Pronomen als Subjekt in einem Satz verwendet, dann referiert das Pronomen auf das Subjekt des vorausgegangenen Satzes. Diese sogenannte *parallele Funktionsstrategie* wurde das erstemal von Sheldon (1974) erwähnt. Grober, Beardsley und Caramazza (1978) überprüften, ob diese Strategie bei der pronominalen Verarbeitung genutzt wird. Versuchspersonen hatten die Aufgabe, Satzfragmente der folgenden Art zu vervollständigen:

John may scold Bill because he....

Das Pronomen am Ende des Satzfragments war lexikalisch ambig. Die verwendete generelle Form der Satzfragmente lautete immer: NP$_1$ Modalverb NP$_2$ Konjunktion/ Pronomen.

Die Vervollständigungen dienten der Bestimmung, welche der Nominalphrasen als Antezedenten ausgewählt wurden. In 70% aller Versuchstexte nannten die Versuchspersonen die Nominalphrase in Subjektposition als Antezedent. Obwohl in machen Fällen auch der Einfluß anderer semantischer Faktoren, wie der der Verbkausalität, beobachtet wurden, wurde dieses Ergebnis generell als Bestätigung für eine parallele Funktionsstrategie angesehen. Weitere Bestätigung fand die parallele Funktionsstrategie durch Cowan (1980), der die Ergebnisse seiner Untersuchung ebenfalls als Hinweise für eine parallele Funktionsstrategie interpretierte. Er argumentierte wie auch Grober, Beardsley und Caramazza (1978), daß die parallele Funktionsstrategie neben anderen Wissensbereichen eine Rolle bei der pronominalen Verarbeitung spielt. Cowan (1980) unterscheidet sich jedoch von Grober, Beardsley und Caramazza (1978) darin, daß er grammatischen Funktionen auch tiefenstrukturelle Funktionen zuweist.

Durch eine Untersuchung von Crawley, Stevenson und Kleinman (1990) wurden die Ergebnisse von Grober, Beardsley und Caramazza (1978) und Cowan (1980) in Frage gestellt. Crawley, Stevenson und Kleimann (1990) zeigten auf, daß die Ergebnisse von Grober, Beardsley und Caramazza (1978) und Cowan (1980) nicht zwingend auf eine parallele Funktionsstrategie hindeuten, sondern eher im Sinne einer Subjektzuweisungsstrategie interpretiert werden müssen. Die Subjektzuweisungsstrategie besagt, daß ein Pronomen der vorhergehenden Nominalphrase zugewiesen wird, die in Subjektposition des Satzes steht. Crawley, Stevenson und Kleinman (1990) stellen fest, daß die meisten Hinweise auf eine parallele Funktionsstrategie bei der Untersuchung von Texten gefunden wurden, in denen nur Pronomen in Subjektposition verwendet wurden. Ihrer Ansicht nach muß, um die parallele Funktionsstrategie und die Subjektstrategie gegeneinander abzuwägen, jedoch auch die Zuweisung von Pronomen in Objektposition untersucht werden. Crawley, Stevenson und Kleinman (1990) konstruierten deshalb Sätze, bei denen im zweiten Teilsatz eines Testsatzes ein Pronomen in Objektposition verwendet wurde. Im ersten Teilsatz wurden zwei potentielle Antezedenten in Subjekt- und Objektposition dargeboten. Der Einfluß anderer Faktoren wurde weitesgehend eliminiert.

Textbeispiel:
Brenda and Harriet were staring in the local musical. Bill was in it too and none of them were very sure of their lines or the dance steps. Brenda copied Harriet and Bill watched her.

Crawley, Stevenson und Kleinman (1990) erhoben bei ihren Versuchspersonen sowohl Satzlesezeiten als auch Zuweisungsentscheidungen. Die Ergebnisse zeigten, daß die Versuchspersonen Pronomen in Objektposition von der Tendenz her häufiger der vorhergehenden Nominalphrase in Subjektposition zugewiesen haben als der vorausgehenden Objekt-Nominalphrase. Das heißt, die Versuchspersonen verwendeten eher eine Subjektzuweisungsstrategie als eine parallele Funktionsstrategie. Die Effekte für die Subjektzuweisung wurden jedoch nur zwischen Versuchspersonen, aber nicht zwischen Texten nachgewiesen. Dies deutet darauf hin, daß der Einfluß einer Subjektzuweisungsstrategie durch das allgemeine Wissen des Rezipienten überlagert werden kann.

Insgesamt machen die Ergebnisse der referierten Untersuchungen zum Einfluß der Position des Antezedenten im Satz deutlich, das eher eine Subjektzuweisungsstrategie verfolgt wird, bei der eine Verbindung zwischen dem Pronomen in Subjektposition und dem vorausgegangenen Nomen in Subjektposition hergestellt wird. Gleichzeitig deuten die Ergebnisse an, daß auch semantische und pragmatische Hinweise im Text (z.B. die Verbkausalität) zur pronominalen Koreferenzherstellung herangezogen werden. Welchen Einfluß diese Faktoren bei der pronominalen Auflösung haben, wurde in den im folgenden dargestellten Studien genauer untersucht.

3.2.3   Der Einfluß semantischer und pragmatischer Diskurs-
informationen

Cowan (1980) und Grober et al. (1978) hatten bereits, wie im vorigen Kapitel berichtet, in ihren Untersuchungen zur grammatischen Parallelität die
Beobachtung gemacht, daß die parallele Funktionsstrategie durch die
implizite Kausalität der Verben überlagert werden kann. Caramazza,
Grober, Garvey und Yates (1977) haben überprüft, ob die implizite Kausalität eines Verbs ein Faktor sein kann, um den Koreferenten eines lexikalisch ambigen anaphorischen Pronomens zu bestimmen. Nach ihrer Ansicht es, um einen Satz oder aufeinanderfolgende Sätze zu verstehen,
notwendig, die kausale Beziehung zwischen den zugrundeliegenden Konzepten zu erkennen. Aus dieser kausalen Beziehung läßt sich schließen,
welcher von mehreren potentiellen Aktanten der angemessene Koreferent
für das Pronomen ist. Die von Caramazza, Grober, Garvey und Yates
(1977) durchgeführte Untersuchung basiert auf folgenden Annahmen.
Wenn wie in dem folgenden Beispiel, *John telephoned Bill because he*
withheld some information, (Kongruenz) im untergeordneten Satz eine
kausale Beziehung aufgebaut wird, die konsistent ist mit der kausalen Beziehung, die durch das Verb des vorausgegangenen Teilsatz nahegelegt
wird, dann sollten die Versuchspersonen den angemessenen Antezedenten
schnell auswählen können. Wenn die Kausalität des untergeordneten
Teilsatzes inkonsistent ist mit der Kausalität des Verbs im ersten Teilsatz
wie in *John telephoned Bill because he wanted some information* (In-
kongruenz), dann sollte die Auswahl des angemessenen Referenten langsamer erfolgen. Die Versuchspersonen hatten die Aufgabe, den Referenten
nach dem Lesen des Testsatzes so schnell wie möglich zu benennen.
   Caramazza, Grober, Garvey und Yates (1977) stellten fest, daß die Reaktionszeiten bei kongruenter Verbkausalität schneller waren als bei in-
kongruenter. Dies traf auch in solchen Fällen zu, in denen durch Genusinformationen alle potentiellen Ambiguitäten ausgeschlossen waren. Die
Ergebnisse weisen nach Auffassung von Caramazza, Grober, Garvey und
Yates (1977) darauf hin, daß die implizite Kausalität von Verben ein entscheidender Faktor für die Bestimmung der referentiellen Beziehung
zwischen einem Antezedenten und einem Pronomen ist.
   In einer Untersuchung von Ehrlich (1980) konnte dieses Ergebnis be-
stätigt werden, allerdings nur für den Konnektor *because*, nicht für die
Konnektoren *and* und *but*. Darüber hinaus fand Ehrlich (1980) heraus, daß

die Identifizierung eines Referenten schneller vonstatten geht, wenn die Identifikation aufgrund von Genus- und Numerusinformationen eindeutig war. Die Zuweisung erfolgte signifikant langsamer, wenn die Genus- und Numerusinformationen nicht eindeutig waren und nur die Verbkausalität eine Identifizierung ermöglichte.

Den Einfluß pragmatischer Diskursinformation bei der pronominalen Auflösung überprüften Hirst und Brill (1980). Sie variierten dazu die pragmatische Plausibilität von aufeinanderfolgenden Äußerungen, indem sie in den verwendeten Textmaterialien die Plausibilität der referentiellen Verbindungen zwischen einem Antezedenten und einem Pronomen graduell unterschieden. Folgende Beispiele verdeutlichen ihr Vorgehen.

Henry spoke at a meeting while John drove to the beach.
(a) He brought along a surfboard. (hohe positive Plausibilität in bezug auf John)
(b) He stopped at a store. (geringe positive Plausibilität in bezug auf John)
(c) He looked toward a friend. (neutral)
(d) He knocked over the water. (geringe negative Plausibilität in bezug auf Henry)
(e) He lectured on the administration. (hohe negative Plausibilität in bezug auf Henry)

Die Plausibilitätsraten der Texte waren in einem Vorexperiment überprüft worden. Hirst und Brill (1980) gingen in ihrer Untersuchung von folgender Annahme aus: Wenn bei der Auflösung von Pronomen neben lexikalischen und syntaktischen Informationen auch pragmatische Informationen eine Rolle spielen, dann sollte sich die Plausibilität der referentiellen Verbindungen zwischen den aufeinanderfolgenden Sätzen auf die Auswahl eines Antezedenten auswirken. Die Wahrscheinlichkeit, mit der ein Antezedent als Koreferent aufgewählt wird, nimmt mit der Plausibilität der referentiellen Verbindung zu. In der neutralen Bedingung sollte bei den Versuchspersonen keine klare Präferenz für den einen oder anderen Antezedenten zu erkennen sein.

Es wurde eine satzweise Lesemethode mit Entscheidungsaufgabe verwendet. Die Ergebnisse bestätigten die Annahmen von Hirst und Brill (1980). Je plausibler die referentiellen Beziehungen zwischen einem der Antezedenten und dem Pronomen waren, um so schneller wurden die richtigen Referenten genannt. In der pragmatisch neutralen Bedingung gab es keinen bevorzugten Referenten. Die Entscheidungszeiten waren in dieser Bedingung deutlich langsamer als in den anderen Bedingungen. Darüber hinaus stellte sich heraus, daß die Distanz zwischen einem Antezedenten und dem Pronomen keinen Einfluß auf die Entscheidungszeiten bei der Auswahl der Antezedenten hatte. D.h., es wurde deutlich, daß Distanzeffekte durch den Einfluß der pragmatischen Plausibilität überlagert werden.

In einem zweiten Experiment überprüften Hirst und Brill (1980), ob auch bei lexikalisch und syntaktisch eindeutigen Verbindungen zwischen einem Pronomen und einem Antezedenten die pragmatische Plausibilität eine Rolle spielt. Es wurden Texte der folgenden Art verwendet:

John stood watching.
He ran for a doctor after Henry fell down some stairs.

Auch hier wurden am Ende des zweiten Satzes die Referenten schneller genannt, wenn eine hohe pragmatische Plausibilität zwischen den aufeinanderfolgenden Sätzen bestand. Diese Ergebnisse deuten nach Hirst und Brill (1980) darauf hin, daß lexikalische, syntaktische, semantische und pragmatische Informationen bei der pronominalen Auflösung gemeinsam zum Aufbau referentieller Verbindungen zwischen dem Pronomen und seinem Koreferenten beitragen.

Auch Tyler und Marslen-Wilson (1982) haben versucht zu zeigen, daß lexikalische, syntaktische, semantische und pragmatische Informationen gleichermaßen Einfluß auf die anaphorische Verarbeitung haben. Ihre Annahmen können an folgendem Textmaterial deutlich gemacht werden:

(1)   As Philip was walking back from the shop, he saw an old woman trip and fall flat on her face.
(2a)   He only hesitated for a moment.
(2b)   She seemed unalbe to get up again.
(3a)   Philip ran towards .... (nominale Anaphernbedingung)
(3b)   He ran towards .... (pronominale Anaphernbedingung)
(3c)   Running towards .... (implizite Anaphernbedingung)

Bei der von Tyler und Marslen-Wilson (1982) verwendeten Untersuchungsmethode hörten Versuchspersonen jeweils eine mögliche Sequenz dieser Sätze, und direkt nach dem Satzfragment (3a, 3b, 3c) wurde visuell ein Testwort, *him* oder *her*, auf einem Computerbildschirm dargeboten. Die Versuchspersonen mußten dieses Testwort so schnell wie möglich nennen. In allen Bedingungen war *him* unangemessen und *her* korrekt. Die Hauptvariablen in diesem Experiment waren die anaphorischen Hinweise des Satzfragments (nominale Anaphern, pronominale Anaphern, implizite Anaphern). Die koreferentielle Beziehung zum vorherigen Diskurs konnte entweder aufgrund der *einfachen Wortwiederholung* (3a), der Überprüfung von heuristischen Merkmalen wie *männlich, singular, belebt* (3b), oder aufgrund *pragmatischer Inferenzen* (3c) hergestellt werden. Marslen-Wilson und Tyler (1982) testeten folgende Hypothesen: Gesetzt den Fall, daß Inferenzprozesse bei der Identifizierung eines Koreferenten zeitaufwendiger sind als die Überprüfung lexikalischer Informationen, dann sollten sich die Benennungszeiten für das adäquate und inadäquate Testwort im Satzfragment (3c) weniger stark voneinander unterscheiden als in den Satzfragmenten (3a) und (3b).

Es zeigte sich in den Ergebnissen, daß der Unterschied in den Benennungszeiten zwischen angemessenen und unangemessenem Testwörtern in allen drei Bedingungen gleich groß war. Alle drei Arten von Informationen können nach diesem Ergebnis ähnlich gut zur pronominalen Verarbeitung genutzt werden. Anaphorische Auflösungsprozesse, die wie in (3c) nur aufgrund von Inferenzen erfolgen können, kosten den Zuhörer nicht mehr Verarbeitungszeit als Auflösungsprozesse, die wie in (3a) und (3b) aufgrund anderer Hinweise erfolgen. Die drei Fortsetzungsvarianten (nominale Anaphern, pronominale Anaphern, implizite Anaphern) sind funktional äquivalent, wenn man den Aufbau der referentiellen Verbindung direkt am Ende der Verbalphrase mißt, die der Anapher folgt. In jedem Fall haben die Versuchspersonen bei dieser Methode die Möglichkeit, die pragmatischen Relationen zwischen den aufeinanderfolgenden Äußerungen zu überprüfen. Die Ergebnisse machen nach Ansicht von Tyler und Marslen-Wilson (1982) folgendes deutlich: Auch wenn andere Informationsquellen (lexikalische und syntaktische) zur Verfügung stehen, erfolgt die pronominale Auflösung nicht ohne die Überprüfung pragmatischer Relationen. Sogar in Fällen wie (3b), in denen die Auflösung über Genus- und Numerusinformationen erfolgen konnte, sind Inferenzprozesse nicht auszuschließen, da die Zuweisung erst nach der Präsentation der Verbalphrase überprüft wurde, so daß weitere Informationen, die das Verb enthält, genutzt werden konnten, um die pragmatische Plausibilität des Antezedenten zu überprüfen. Dies gilt auch für den Fall (3a). In allen drei Fällen können also Inferenzprozesse am pronominalen Auflösungsprozeß beteiligt sein.

In einer Folgeuntersuchung (Tyler, Marslen-Wilson und Koster zitiert nach Tyler & Marslen-Wilson, 1982) wurde der Einfluß von Diskursinformationen, der Einfluß lexikalischer Bedingungen des Pronomens und der Einfluß von Inferenzen auf anaphorische Auflösungsprozesse nochmals nachgewiesen. Die Ergebnisse bestätigten die Annahme, daß jeder dieser Faktoren Einfluß auf den anaphorischen Verarbeitungsprozeß hat und pragmatische Inferenzen bei der Auswahl des Antezedenten sowie bei der Überprüfung der referentiellen Verbindung zwischen einem Pronomen und einem Antezedenten eine Rolle spielen.

Insgesamt zeigen die in diesem Abschnitt referierten Studien, daß bei der pronominalen Auflösung immer auch Inferenzprozesse beteiligt sind (vgl. dazu auch die Studien von Garnham & Oakhill, 1985 und Stevenson & Vitkovich, 1986).

3.2.4 Der Einfluß des Topiks auf die pronominale Auflösung

Beim Lesen oder Hören von Texten sind nicht alle Informationen gleichermaßen wichtig, sondern bestimmte Personen, Sachverhalte oder Objekte sind besonders relevant für den Aufbau der Diskursrepräsentation. Zur Beschreibung dieses Phänomens werden Begriffe wie Topik, Thema oder Vordergrund benutzt (z.B. Chafe, 1979; Garrod & Sanford, 1983; 1988; Halliday, 1970; Lesgold, Roth & Curtis, 1979; vgl. auch Schnotz, 1988, 1993; Gernsbacher, 1991). Der Satztopik oder Diskurstopik ist sowohl von psychologischen Kriterien als auch von linguistischen Kriterien abhängig. "The notion of Thematic Subject (TS), like that of Sentence Topic, is a relational and pragmatic one. Whereas a Sentence Topic can be described as 'what sentence is about' (see Reinhart (1981) for an excellent discussion) so the TS can be described as 'who the discourse is about'. Furthermore, as a sentence can contain only one topic, so a discourse segment can have only one TS at a time (though conjoined TSs are possible). In fact, as will become apparent in our discussion, the notion of a TS is in many ways analogous to that of a Sentence Topic except that its domain is a segment of discourse rather than an isloated sentence. It also share with Sentence Topic the inherent problems of 'objective' linguistic definition which arise from such a pragmatic description, but this does not mean that it cannot be adequately characterised. Rather, its characterisation depends as much upon psychological criteria as it does on linguistic ones." (Garrod & Sanford, 1988, S. 520).

Die sich stellende Frage ist, wie ein Leser den Satztopik oder den Diskurstopik (das thematische Subjekt) in einem Text bestimmt und ob diese Bestimmung mit spezifischen linguistischen Markierungen verbunden ist. Es gibt eine Reihe von Untersuchungen, die überprüft haben, durch welche Faktoren der Topik oder das Thema eines Satzes oder Diskurses angezeigt werden und wie sich der Topik oder das Thema auf die pronominale Auflösung auswirken.

Fredriksen (1981) beispielsweise definiert den Topik des Satzes sowohl durch die Erstnennung einer Person oder eines Objektes im Satz, die Subjektposition als auch semantische und pragmatische Relationen. Fredriksen (1981) konnte feststellen, daß Sätze mit ambigen Pronomen schneller gelesen wurden, wenn das ambige Pronomen mit dem topikalisierten Referenten koreferierte.

Hudson, Tanenhaus und Dell (1986) bezeichnen den Topik in Anlehnung an Grosz und Sidner (1986) als *discourse center*. Defintionskriterium für den *discourse center* ist das verwendete Verb, und zwar insofern, als es Auskunft darüber gibt, ob das Subjekt des Kernsatzes Verursacher eines Ereignisses ist oder nicht. Sätze mit ambigen Pronomen werden schneller gelesen, wenn das Pronomen mit dem *discourse center* koreferiert.

Crawley (1986) untersuchte, welche Faktoren auf der globalen Textebene die pronominale Verarbeitung beeinflussen. Der globale Topik eines Textes wurde durch die Nennung des Antezedenten im Titel, seine sofortige Einführung im ersten Satz und die Häufigkeit der Nennung insgesamt definiert. Wenn Pronomen mit dem globalen Topik koreferierten, waren die Lesezeiten der Testsätze sowohl bei ambigen Pronomen als auch bei eindeutigen Pronomen schneller, als wenn eine koreferentielle Verbindung zwischen dem Pronomen und dem "Nicht-Topik" bestand. Wenn die potentiellen Antezedenten gleich häufig im Text genannt wurden, hatte der globale Topik keine Auswirkungen mehr auf die Zuweisung eines Antezedenten bei ambigen Pronomen, allerdings immer noch auf die Satzlesezeiten. Sätze mit ambigen Pronomen, die auf den Topik referierten, wurden immer noch schneller gelesen als die Sätze, die nicht auf den Topik referierten. Bei gleich häufiger Nennung der Antezedenten zeigt sich bei Crawley (1986) ein Subjekteffekt. Sätze mit Antezedenten in Subjektposition werden schneller gelesen.

Nach Anderson, Garrod und Sanford (1983) und Sanford, Moar und Garrod (1988) wird der globale Diskurstopik oder das thematische Subjekt sowohl durch die Subjektposition eines Antezedenten im Satz, die Erstnennung eine Antezedenten mit Namen und seine Szenarioabhängigkeit definiert.

Topikalisierung scheint aufgrund dieser Ergebnisse ein Kontinuum zu sein, das nicht allein durch ein linguistisches Merkmal zu beschreiben ist, sondern durch die Kombination verschiedener Hinweise. Sowohl die Subjektposition eines Antezedenten im Satz, die Erstnennung eines Antezedenten mit Namen im Text als auch die semantische und pragmatische Wichtigkeit des Referenten im Diskurs spielen eine Rolle bei der Festlegung des Satz- oder Diskurstopiks. Wenn im Text oder Satz ein Antezedent Topik ist, hat dies Auswirkungen auf die weitere kognitive Verarbeitung. Insgesamt wird aus den Untersuchungen zum Einfluß des Topiks bei der pronominalen Auflösung geschlossen, daß die Aktanten, die im Satz- oder Diskurstopik stehen, für einen Rezipienten besonders gut in der Diskursrepräsentation zugänglich sind. Mit der Rezeption ambiger Pronomen wird der Suchprozeß auf den topikalisierten Antezedenten im Arbeitsgedächtnis gerichtet. Topikalisierte Informationen sind im Arbeitsgedächtnis hoch fokussiert, d.h. besonders stark aktiviert. Sie haben einen bevorzugten Status für die Verarbeitung der nachfolgenden Informationen in der Diskursrepräsentation und deren Integration (vgl. z.B. Sanford und Garrod, 1981, 1989; Grosz und Sidner, 1985).

3.2.5 Zusammenfassung

In den in den vorigen Kapiteln referierten Studien ging es darum, zu bestimmen, welche Faktoren neben Genus-, Kasus- und Numerus die pronominale Koreferenzherstellung beeinflussen. Aus diesem Grunde wurden in den Studien in der Regel Versuchstexte mit mehreren potentiellen Antezedenten verwendet, d.h., lexikalische Informationen reichten zur eindeutigen Identifizierung eines Koreferenten in der Diskursrepräsentation nicht aus. Durch diese Vorgehensweise konnte gezeigt werden, daß bei der pronominalen Verarbeitung die Distanz zwischen einem Pronomen und dem zuletzt genannten Antezedenten, die grammatische Rolle des Antezedenten, die Subjektposition, die Verbkausalität und die pragmatische Plausibilität der aufeinanderfolgenden Sätze eine Rolle spielen. Dabei scheinen diese Faktoren nicht unabhängig voneinander wirksam zu werden, sondern sich gegenseitig zu überlagern. Bestimmte Kombinationen von Informationen wie die Erstnennung eines Antezedenten im Text, seine namentliche Nennung, die Subjektposition des Antezedenten, die Diskursrolle des Antezedenten als Verursacher von Ereignissen und seine Szenarioabhängigkeit führen dazu, daß ein Antezedent zum Topik oder Thema eines Satzes oder Diskurses wird. Solche Antezedenten im Topik

stehen im Vordergrund oder Fokus der Verarbeitung, d.h., sie sind besonders gut zugänglich für die Identifizierung eines Koreferenten.
Die referierten Ergebnisse, lassen sich als Regeln formulieren, die ein Rezipient bei der pronominalen Auflösung berücksichtigen kann. Sie sind in folgender Liste zusammengefaßt:

- Favorisiere den nächstliegenden Antezedenten, der vor dem Pronomen genannt wurde (z.B. Chang, 1980).
- Falls ein alternativer Antezedentkandidat vorliegt, favorisiere den, der in Subjektposition des vorausgegangenen Satzes stand (Grober, Beardsley, Caramazza, 1978; Cowan, 1980; Crawley, Stevenson & Kleinman, 1990).
- Falls ein alternativer Antezedentkandidat vorliegt, beachte die implizite Kausalität des Verbs und die Verbsemantik (z.B. Caramazza, Grober, Garvey, Yates, 1977; Grober, Beardsley & Caramazza, 1978; Ehrlich, 1980).
- Referiert ein Pronomen auf die Ursache einer bekannten Aktion, favorisiere den Antezedenten, der typischerweise als Verursacher der Aktion angenommen wird (Garvey & Caramazza, 1979).
- Falls ein alternativer Antezedentkandidat vorliegt, überprüfe die pragmatische Plausibilität der konzeptuellen Überlappung des Satzes mit dem vorhergehenden Diskurs (Hirst & Brill, 1980; Garnham & Oakhill, 1985; Stevenson & Vitkovitch, 1986).
- Falls ein alternativer Antezedentkandidat vorliegt, favorisiere den, der zuletzt Topik, thematisches Subjekt des Diskurses oder discourse center war (z.B. Corbett & Chang, 1983; Fredriksen, 1981; Crawley, 1986, Hudson, Tanenhaus, Dell, 1986; Grosz, 1977; Sanford & Garrod, 1981; Anderson, Garrod & Sanford, 1983; Garrod & Sanford, 1985; 1988; Sanford, Moar & Garrod, 1988).

Bei den dargestellten Studien ging es weniger darum, wann welche Faktoren bei der pronominalen Auflösung eine Rolle spielen. Diese dynamischen Aspekte der pronominalen Verarbeitung sind Gegenstand der im folgenden Kapitel präsentierten Studien.

3.3 Dynamische Aspekte der pronominalen Auflösung

In den in Kapitel zwei dargestellten Textverstehensmodellen wurde nicht nur versucht, die Frage zu beantworten, welche Faktoren die pronominale Verarbeitung beeinflussen, sondern auch die Frage, wann der Prozeß der pronominalen Auflösung beginnt und wann er abgeschlossen wird, sowie die Frage, welche Informationen den pronominalen Auflösungsprozeß zu welchem Zeitpunkt beeinflussen. Insbesondere geht es darum, ob das koreferierende Konzept des Pronomens bereits mit der Rezeption des Pronomens eindeutig identifiziert werden kann oder erst nachdem weitere Informationen verarbeitet wurden. Wenn die eindeutige Identifizierung eines Koreferenten bereits mit dem Pronomen erfolgt, wäre damit der Aufbau der referentiellen Verbindung zwischen dem Pronomen und seinem Koreferenten bereits beim Pronomen abgeschlossen. Wenn mit der Rezeption des Pronomens keine eindeutige Identifizierung eines Antezedenten möglich ist, kann die Identifizierung des Koreferenten und der Abschluß der pronominalen Auflösung erst mit der Integration der nachfolgenden Informationen erfolgen. In diesem Zusammenhang wird versucht zu klären, zu welchem Zeitpunkt Genus- und Numerusinformationen, die Distanz zwischen Pronomen und Antezedent, syntaktische Bedingungen sowie semantische und pragmatische Hinweise bei der Identifizierung und Integration eines koreferentiellen Konzeptes in der Diskursrepräsentation wirksam werden.

Die Frage, wann der Prozeß der pronominalen Verarbeitung begonnen und abgeschlossen werden kann, ist eng mit der *immediacy assumption* von Just und Carpenter (1980, 1987) verbunden (vgl. Abschnitt 2.4). Die immediacy assumption besagt, daß ein Wort mit seiner Rezeption sofort auf allen Ebenen der Sprachverarbeitung interpretiert und in das Diskursmodell integriert wird. Für die immediacy assumption bei der kognitiven Verarbeitung sprechen unter anderem ökonomische Überlegungen. Es scheint für das Gedächtnis eines Rezipienten zu belastend, die Integration eines mit einem Wort verbundenen Konzeptes in die Diskursrepräsentation solange aufzuschieben, bis genügend Informationen für eine eindeutige referentielle Zuordnung gesammelt sind. Der kontextuelle Gewinn, der sich aus der Integration vorheriger Ausdrücke in die Diskursrepräsentation ergibt, wäre dann nicht mehr für die Interpretation folgender Ausdrücke verfügbar. Idealerweise sollte der Interpretationszeitpunkt eines Wortes direkt an dieses Wort selbst gebunden sein, da der Leser oder Hörer sonst riskiert, nicht alle Informationen des Sprechers oder Schreibers verarbeiten zu können. Beim Lesen ist dieses Risiko nicht ganz so groß, da der Leser Pausen machen kann, um bei Verarbeitungsproblemen im Text zurückzuspringen. Beim Hören eines Textes ist dies jedoch unmöglich.

Ein zweites Argument, durch das die immediacy assumption ihre Rechtfertigung erfährt, ist das Ziel der Diskursverarbeitung, die Signifikanz des Gesagten oder Geschriebenen festzustellen. Der Textverstehensprozeß ist darauf ausgerichtet, Textinformationen und das Wissen des Rezipienten gegeneinander abzuwägen und in einen Zusammenhang zu bringen. Das heißt, ein Rezipient baut eine Diskursrepräsentation auf, die eine Verbindung von lexikalischen, syntaktischen, semantischen, diskursstrukturellen und pragmatischen Informationen auf der Wort-, der Satz- und der Textebene mit dem Wissen des Rezipienten erfordert. Die Effektivität der Textverarbeitung während der Rezeption scheint nur dann gewährleistet zu sein, wenn, der immediacy assumption entsprechend, so früh wie möglich mit der Integration eines Wortes auf allen Verarbeitungsebenen begonnen wird. Zwei Versionen der immediacy assumption können unterschieden werden: eine strikte Version und eine weiche Version (vgl. Sanford & Garrod, 1989).

Die strikte Version der immediacy assumption besagt, daß die Verarbeitung eines Wortes und seine Integration in die Diskursrepräsentation vollständig während der Rezeption des Wortes erfolgt. Überträgt man die strikte Version der immediacy assumption auf den pronominalen Auflösungsprozeß, dann muß abgeleitet werden, daß die Zuordnung eines Pronomens zu seinem Koreferenten und seine Integration in das Diskursmodell unmittelbar und vollständig während der Rezeption des Pronomens stattfindet.

Für die weiche Version der immediacy assumption ist charakteristisch, daß der Verarbeitungs- und Integrationsprozeß in jedem Fall mit der Rezeption eines Wortes gestartet wird. Der Abschluß des Integrationsprozesses kann jedoch verschoben werden, bis genügend Informationen gesammelt worden sind, um eine eindeutige und richtige Integration des Wortes in die Diskursrepräsentation vornehmen zu können. Diese weiche Version der immediacy assumption bedeutet, übertragen auf den pronominalen Auflösungsprozeß, daß der Prozeß der Zuordnung eines Pronomens zu einem Koreferenten mit der Rezeption des Pronomens beginnt, jedoch nicht abgeschlossen werden muß. Dabei ist es durchaus möglich, daß die letztendliche Identifizierung des Koreferenten und seine Integration in die Diskursrepräsentation erst aufgrund weiterer Informationen im Text erfolgt.

Bei den im folgenden präsentierten Studien geht es genau darum, zu überprüfen, ob bei der pronominalen Koreferenzherstellung die weiche oder strikte Version zutrifft, oder beide Versionen in Abhängigkeit von den kontextuellen Voraussetzungen der pronominalen Verarbeitung zu beschreiben sind.

3.3.1 Beginn und Abschluß der pronominalen Auslösung

Für die Überprüfung des Prozesses der pronominalen Verarbeitung sind besonders solche experimentellen Methoden geeignet, die möglichst online eine Analyse des Verstehensprozesses erlauben, so daß ein unmittelbarer Zusammenhang zwischen Rezeptionsprozeß und Verarbeitungsprozeß herstellbar ist. Um die Wirksamkeit einer strikten Version der immediacy assumption für die pronominale Verarbeitung zu bestätigen, müßte zum Zeitpunkt der Rezeption eines Pronomens eine korrekte Identifizierung eines Koreferenten und seine vollständige Integration nachgewiesen werden. Es dürften keine weiteren Bedeutungszuweisungen zu einem Pronomen nach der Rezeption des Pronomens feststellbar sein. In den im folgenden referierten Studien wurde der pronominale Verarbeitungsprozeß mit Blickbewegungsmessungen, mit wort- oder phrasenweisen Lesemethoden sowie Schreib- oder Sprechfehlerentdeckungsmethoden untersucht.

Carpenter und Just (1977) stellten in einer Blickbewegungsstudie fest, daß Leser bei der Enkodierung eines Pronomens in 50 % der Fälle Augenbewegungsregressionen auf den Antezedenten durchführen, der in der vorherigen Zeile auf einem Computerbildschirm dargeboten wurde. Die Versuchspersonen hatten dabei die Aufgabe, in jeder Zeile zu entscheiden, ob die gelesenen Textteile jeweils konsistent oder inkonsistent mit dem vorherigen Diskurs waren. Die Regressionen fanden direkt beim Pronomen und am Ende einer Zeile statt. Diese Ergebnisse sind nach Ansicht von Carpenter und Just (1977) einerseits Hinweise für Suchprozesse nach einem Koreferenten in der Diskursrepräsentation, andererseits liefern sie gleichzeitig empirische Evidenz dafür, daß Integrationsprozesse bereits beim Pronomen stattfinden.

Kerr und Underwood (1984) konnten ebenfalls mit einer Blickbewegungsmeßmethodik bei einem Vergleich von eindeutigen und ambigen Pronomen eine Verlängerung der Fixationsdauer für ambige Pronomen feststellen. Auch dieses Ergebnis deutet darauf hin, daß beim Pronomen Integrationsprozesse stattfinden.

Sowohl die Ergebnisse von Kerr und Underwood (1984) als auch die von Carpenter und Just (1977) können jedoch nicht zwingend zeigen, daß die Integration in jedem Falle beim Pronomen auch abgeschlossen wird.

Bei Just und Carpenter (1977) deuten die Regressionen, die sie zusätzlich am Satzende beobachten konnten, darauf hin, daß Integrationsprozesse bisweilen auch erst dort stattfinden können. Ebenso beweist die Verlängerung der Fixationsdauer bei ambigen Pronomen in der Studie von Kerr und Underwood (1984) nicht zweifelsfrei, daß die Integration direkt beim Pronomen abgeschlossen wird. Diese Interpretation wäre nur dann zwingend, wenn im folgenden Text keine weiteren Bedeutungszuweisungen für das Pronomen mehr nachweisbar wären. Verlängerte Fixationen bei ambigen Pronomen können zwar den Beginn von aufwendigeren Integrationsprozessen anzeigen, müssen aber nicht zwingend auch deren Abschluß kennzeichnen. Nur eine Überprüfung der Verarbeitung nachfolgender Informationen könnte diese Problem klären. Das haben Kerr und Underwood (1984) jedoch in ihrer Untersuchung versäumt.

Ehrlich und Rayner (1983) wollten in ihrer Studie mit einer Blickbewegungsmeßmehtodik ebenfalls überprüfen, ob die pronominale Auflösung notwendigerweise mit der Enkodierung des Pronomens beendet werden muß, oder ob es eine kognitive Verzögerung zwischen der Initiierung des Auflösungsprozesses und seinem Abschluß geben kann. Ehrlich und Rayner (1983) variierten in dem von ihnen verwendeten Textmaterial die Distanz zwischen dem Pronomen und seinem Antezedenten. In allen Fällen gab es keine Ambiguitäten und genügend Informationen vor dem Pronomen, um die Zuordnung eines Referenten mit der Rezeption des Pronomens beenden zu können. Entsprechend der eye-mind assumption und der strikten Version der immediacy assumption von Just und Carpenter (1980) sollte ein Pronomen solange fixiert werden, bis die Auflösung vollständig abgeschlossen ist. Aufgrund der weicheren Version der immediacy assumption können Verarbeitungsprozesse auch noch bei späteren Fixationen fortgesetzt werden. Ehrlich und Rayner (1983) setzen in ihrer Untersuchung voraus, daß die pronominale Auflösung länger dauert, wenn ein Pronomen und sein Antezedent weit von einander entfernt sind. Wenn diese Annahme zutrifft, dann sollte die Fixationsdauer beim Pronomen bei einer großen Distanz zwischen einem Pronomen und einem Antezedenten länger dauern als bei geringer Distanz zwischen dem Pronomen und seinem Antezedenten. Wenn darüber hinaus auch nach dem Pronomen keine verlängerten Fixationen festzustellen sind, sind die Ergebnisse im Sinne einer strikten Version der immediacy assumption zu interpretieren. Ehrlich und Rayner (1983) erhoben die Fixationsdauer vor, während und nach der Rezeption des Pronomens. Die Ergebnisse zeigten bei erhöhter Distanz zwischen dem Pronomen und dem Antezedenten keine Zunahme der Fixationsdauer *beim* Pronomen. Bei größerer Distanz zwischen dem Antezedenten und dem Pronomen wurden aber *nach* dem Pronomen verlän-

gerte Fixationen gemessen. Die Versuchspersonen benötigen bei einer großen Distanz zwischen Pronomen und Antezedenten mehr Zeit beim Lesen
der folgenden Informationen als bei geringerer Distanz zwischen Pronomen und Antezedenten. Ehrlich und Rayner (1983) nehmen aufgrund ihrer
Beobachtungsdaten an, daß die Auflösung des Pronomens auf jeden Fall
mit der Rezeption des Pronomens beginnt aber nicht abgeschlossen wird.
Wenn der Antezedent weit vom Pronomen entfernt ist, dann wird die pronominale Auflösung beim Pronomen nicht abgeschlossen. Für diesen Fall
muß also die weiche Version der immediacy assumption angenommen
werden.

Ehrlich und Rayner (1983) unterstreichen mit ihrer Untersuchung auch
die Ergebnisse von Clark und Sengul (1979, vgl. Abschnitt 3.2.1), die mit
einer satzweisen Textdarbietungsmethode gearbeitet hatten. Der Distanz-
effekt zwischen einem Pronomen und einem Antezedenten wird von Clark
und Sengul (1979) durch einen seriellen Suchprozeß erklärt, bei dem potentielle Antezedenten entsprechend ihrer Distanz zum Pronomen überprüft wurden. In Anlehnung an die Diskussion des Topiks (vgl. Abschnitt
3.2.4) und die theoretische Diskussion in Abschnitt 2.7 ist hier jedoch auch
eine alternative Erklärung denkbar. Weiter entfernte Antezedenten sind
nicht im Topik und somit nicht mehr so gut in der Diskursrepräsentation
zugänglich wie weniger weit entfernte Antezedenten. Der Leser muß
koreferierende Konzepte in seiner Diskursrepräsentation reaktivieren. Die
zum Zeitpunkt der Rezeption des Pronomens zur Verfügung stehenden
Informationen reichen in dem Falle nicht dazu aus, um den Aufbau der referentiellen Verbindung zwischen dem Pronomen und seinem koreferierenden Konzept abzuschließen. Die Auflösung wird verzögert, bis dem Leser durch die Integration dem Pronomen folgender Informationen die eindeutige Identifizierung und Integration des Pronomens möglich ist.

Ein ähnliches Problem stellt sich, wenn zwei Antezedenten im Text genannt wurden, die in Genus und Numerus übereinstimmen. Auch wenn einer der beiden Antezedenten bereits durch die Subjektposition und seine
Diskursrolle als Agens besser in der Diskursrepräsentation zugänglich ist
als ein anderer Antezedent, kann unmittelbar mit der Rezeption des Pronomens keine eindeutige referentielle Verbindung zwischen dem Pronomen und seinem Koreferenten hergestellt werden. Erst durch die Integration der nachfolgenden Informationen kann eine eindeutige Identifizierung
stattfinden.

Vonk (1984) (vgl. auch Vonk, 1985) hat die pronominale Auflösung
ebenfalls mit einer Blickbewegungsmeßmethodik untersucht. Ferner hat
sie, um verschiedene experimentelle Methoden zu vergleichen, auch Zu-
weisungsaufgaben verwendet und Satzlesezeiten überprüft. Vonk (1984)

benutzte in ihrer Untersuchung vergleichbares Textmaterial wie Ehrlich (1980) oder Caramazza et al. (1977). Verwendete Texte waren zum Beispiel:

Alex lied to Andy because he smelled trouble. oder
Alex lied to Mary because she smelled trouble.

Abhängige Variablen waren die Zuweisungszeiten bei eindeutigen und ambigen Pronomen, die Gesamtlesezeit für den zweiten Teilsatz und die Fixationsdauer an verschiedenen Positionen im Satz. Die Fixationsdauer wurde an drei Stellen gemessen: nach der Konjunktion, nach dem Pronomen und nach der zweiten Verbphrase.

Die Zuweisung eines Antezedenten dauerte bei ambigen Pronomen länger als bei eindeutigen Pronomen. Dies entspricht den Ergebnissen von Ehrlich (1980). Für die Gesamtlesezeit des zweiten Teilsatzes konnte Vonk (1984) allerdings keine Unterschiede zwischen der eindeutigen und der ambigen Bedingung feststellen. Unterschiedliche Verarbeitungsprozesse sind in der Gesamtlesezeit nicht zu erkennen. Die Überprüfung der Fixationsdauer in der eindeutigen und in der ambigen Bedingung ergab jedoch folgendes Bild: Pronomen mit eindeutiger Genusinformation werden häufiger fixiert als ambige Pronomen. In der eindeutigen Bedingungen werden Pronomen 47 Millisekunden länger fixiert als in ambigen Bedingungen. Die folgende Verbphrase wird dagegen in der eindeutigen Bedingung 57 Millisekunden schneller gelesen als in der ambigen Bedingung. Die Ergebnisse stützen nach Vonk (1984) folgende Annahme: Die pronominale Verarbeitung beginnt auf jeden Fall sofort mit der Rezeption des Pronomens, kann aber nicht in jedem Fall mit der ersten Fixation des Pronomens abgeschlossen werden. Bei eindeutigen Pronomen deuten die Ergebnisse nach Vonk auf eine sofortige Verarbeitung hin. Zumindestens erfolgt eine sofortige Überprüfung der lexikalischen Eigenschaften. Ob auch andere Informationen berücksichtigt werden, kann experimentell nicht nachgewiesen werden. Weiterhin zeigen die Resultate, daß ein Leser relativ früh im Satz entscheiden kann, welche folgenden Teile des Satzes kritisch sind für die Identifizierung und Integration koreferierender Konzepte. Der Rezipient scheint bereits mit der Rezeption des ambigen Pronomens zu wissen, daß er die Interpretation beim Pronomen nicht eindeutig abschließen kann und fixiert daher die folgende Verbphrase länger.

Insgesamt zeigen die Ergebnisse der angeführten Blickbewegungsstudien, daß bei einer großen Distanz zwischen Pronomen und Antezedenten und bei lexikalisch uneindeutigen Pronomen auch noch nach dem Pronomen längere Fixationen festzustellen sind (Ehrlich & Rayner, 1983; Just & Carpenter, 1977; Kerr & Underwood, 1984; Vonk, 1984; 1985). Somit muß man davon ausgehen, daß ein Rezipient in diesen Fällen die Auflösung des Pronomens zwar startet, aber mit der Rezeption des Pronomens nicht beendet, sondern sie verschieben muß. Gleichzeitig kann aufgrund der referierten Studien auch nicht ausgeschlossen werden, daß bei einer kurzen Distanz zwischen einem Pronomen und einem Antezedenten sowie eindeutigen lexikalischen Informationen (d.h. es gibt nur einen Antezedenten, der in Genus und Numerus mit einem Pronomen übereinstimmt) die pronominale Auflösung mit der Rezeption des Pronomens auch abgeschlossen werden kann. Ungeklärt und methodisch schwierig ist in diesem Falle die Beantwortung der Frage, ob die Identifizierung des Koreferenten zum Zeitpunkt der Rezeption im wesentlichen aufgrund lexikalischer und syntaktischer Analyseprozesse stattgefunden hat, oder ob parallel dazu tiefere Verarbeitungsprozesse erfolgen, die die semantische und pragmatische Integration der Konzepte in der mentalen Diskursrepräsentation betreffen. Berücksichtigt man jedoch die Bedeutung des Topiks für die Zugänglichkeit von Konzepten im aktuellen Verarbeitungsprozeß (vgl. Abschnitt 3.2.4) dann ist davon auszugehen, daß im Fall der Fokussierung eines eindeutigen Koreferenten eine vollständige Auflösung des Pronomens bereits mit der Rezeption des Pronomens zumindestens möglich ist (vgl. dazu die Diskussion der pronominalen Besetzung in Abschnitt 3.3.2).

In einer Reihe weiterer Studien wurde der Verlauf der pronominalen Verarbeitung mit wort- und phrasenweisen Textdarbietungen sowie Fehlerentdeckungsmethoden untersucht.

Matthews und Chodorow (1988) haben mit einer wortweisen selbstbestimmten Darbietungsmethode Prinzipien der pronominalen Auflösung untersucht. Sie verwendeten dazu Sätze in denen ein Pronomen und sein Koreferent gemeinsam vorkamen. Das Forschungsinteresse von Matthews und Chodorow (1988) konzentrierte sich auf einzelne Sätze, da sie im Gegensatz zu den anderen hier referierten Studien besonders syntaktische Aspekte bei der pronominalen Koreferenzherstellung untersuchen wollten. Dabei konnten sie zur Hypothesenbildung auf für die Analyse einzelner Sätze entwickelte syntaktische Theorien zurückgreifen. Sie beschäftigten sich mit Phänomenen, die durch folgendes Textmaterial illustriert werden kann:

(1) After the bartender served the woman,

(a) he got a big tip.

(b) she left a big tip.

(2) After the bartender served the patron,
(a) he got a big tip.
(b) he left a big tip.

(3) After the bartender served the patron's drink,
(a) he got a big tip.
(b) he left a big tip.

In Satz (1) kann die Auswahl des angemessenen Antezedenten durch die Überprüfung von Genushinweisen zwischen *she* und *woman* bzw. *he* und *bartender* erfolgen. In Satz (2) kann aufgrund von Genushinweisen keine Auswahl zwischen *the bartender* und *the patron* getroffen werden, trotzdem kann aber diese ambige Referenz durch das Wissen über *bartender, patron,* und *tipping* aufgelöst werden. Es liegt nach Ansicht von Matthews und Chodorow (1988) eine syntaktisch ambige Struktur vor, die nicht allein aufgrund von Genushinweisen aufgelöst werden kann. Zusätzlich illustrieren die a und b Versionen in den Sätzen eins bis drei Unterschiede in der linearen Position der Antezedenten. Die a Version repräsentiert einen früheren Antezedenten, die b Version einen späten. Die Sätze zwei und drei zeigen außerdem einen Unterschied in der Ebene der syntaktischen Einbettung. *The patron* ist im zweiten Satz flach eingebettet, in Satz drei tief eingebettet. Es ging Matthews und Chodorow (1988) also darum zu prüfen, wie sich die lexikalische Ambiguität, die lineare Position der Antezedenten und ihre syntaktische Einbettung auf die pronominale Auflösung auswirken. Dabei Stand neben der Frage nach dem Wo und Wann der pronominalen Koreferenzherstellung auch die Frage nach dem Wie der syntaktischen Auflösung im Vordergrund des Forschungsinteresses. Es ging ihnen darum drei verschiedene Möglichkeit zu testen, eine lineare Strategie, eine hierarchische Strategie und eine serielle Strategie.

Die Untersuchung von Matthews und Chodorow (1988) ergab die folgenden Ergebnisse. Sätze mit eindeutigen Genushinweisen wurden schneller verarbeitet als solche mit ambigen. Die Verarbeitung von Sätzen mit ambigen Genusinformationen war schneller, wenn der Antezedent an erster Position im Satz genannt wurde als an zweiter Position im Satz. Matthews und Chodorow (1988) stellten ferner eine Interaktion zwischen der Position des Antezedenten im Satz und der Tiefe seiner syntaktischen Einbettung fest. Sätze, in denen der Antezedent früh genannt wurde, aber syntaktisch tief eingebettet war, wurden langsamer gelesen als Sätze, in denen der Antezedent spät genannt wurde, aber syntaktisch weniger tief eingebettet war. Matthews und Chodorow (1988) nehmen daher eine sogenannte *left-to-right top-down breadth-first* syntaktische Suchstrategie an. Die Ergebnisse deuten nach Ansicht von Matthews und Chodorow (1988) darauf hin, daß die Verarbeitungszeit eines Pronomens sehr stark durch die Oberflächenstruktur eines Satzes bestimmt wird. Die grammatische Struktur eines Satzes scheint die Reihenfolge zu bestimmen, mit der potentielle Antezedenten vom Rezipienten analysiert werden. Die Suche nach einem Antezedenten wird durch seine Position im vorausgegangen Teilsatz und seine syntaktische Einbettung gelenkt, d.h. die grammatische Struktur bestimmt die Reihenfolge in der Nominalphrasen als potentielle Antezedenten überprüft werden, die Überprüfung selbst basiert jedoch auf der semantischen Analyse und dem generellen Wissen des Rezipienten.

Garnham und Oakhill (1985) haben mit einer clause-weisen selbstbestimmten Leseaufgabe Lesezeiten erhoben und den Einfluß von eindeutigen Genusinformationen, den Einfluß der Verbsemantik und den Einfluß von Inferenzen bei der pronominalen Auflösung überprüft. Sie stellten fest, daß einige Pronomen allein aufgrund eindeutiger Genus- und Numerusinformationen aufgelöst werden konnten, andere jedoch nicht. Die Versuchspersonen haben den Satz länger gelesen, wenn die Auflösung des Pronomens wissensbasierte Inferenzen erforderte. Dies deutet nach Garnham und Oakhill darauf hin, daß die pronominale Auflösung on-line erfolgt, zumindest wurde die Auflösung nicht verzögert, bis die am Ende des Satzes gestellte Frage beantwortet werden mußte. Der Einfluß der Verbsemantik erleichterte nur bei eindeutigen Genusinformationen die Verarbeitung.

Stevenson (1986) präsentierte ihren Versuchspersonen Sätze phrasenweise auf einem Computerbildschirm. Während der Präsentation der Phrasen wurde entweder vor oder nach dem Pronomen ein Testwort (Antezedent oder Nicht-Antezedent) dargeboten. Die Versuchspersonen mußten entscheiden, ob das Testwort bereits im Satz vorgekommen war oder nicht. Wurde das Testwort nach der Rezeption eines eindeutigen Pronomens dargeboten, waren die Entscheidungszeiten bei der Identifizierung des korrekten Antezedenten schneller als nach der Rezeption ambiger Pronomen. Stevenson (1986) leitet daraus ab, daß der Aufbau der referentiellen Verbindung zwischen einem eindeutigen Pronomen und dem Antezedenten bereits mit dem Pronomen abgeschlossen ist. Bei ambigen Pronomen wird dagegen die Interpretation ans Ende der folgenden Phrase verschoben. Wenn Genus- und Numerusinformationen nicht zur Verfügung stehen, werden komplexere Inferenzprozesse notwendig, um einen Referenten eindeutig in der Diskursrepräsentation zu identifizieren. Die Verarbeitung von Pronomen wird während der Rezeption folgender Wörter fortgesetzt. Die Interpretation eindeutiger Pronomen erfolgt dagegen unmittelbar.

Betrachtet man die experimentellen Bedingungen in der Untersuchung von Garnham und Oakhill (1985) und Stevenson (1986) genauer, so fällt auf, daß die Versuchspersonen zum Zeitpunkt der Lesezeitmessungen bzw. zum Zeitpunkt der Entscheidungsaufgabe nicht nur das Pronomen gelesen hatten, sondern bereits das folgende Verb. Daß heißt, auch bei der Auflösung eindeutiger Pronomen konnten die Versuchspersonen die Informationen nach dem Pronomen zum Aufbau einer eindeutigen referentiellen Verbindung zwischen dem Pronomen und dem Antezedenten nutzen. Es bleibt damit unklar, ob die Integration bei eindeutigen Genusinformationen nur aufgrund lexikalischer Informationen erfolgte, oder ob auch semantische und pragmatische Faktoren, die mit der Rezeption der folgenden Verbphrase bereitgestellt wurden, eine Rolle spielten. Bei genauer Betrachtung der experimentellen Methodik bei Garnham und Oakhill (1985) und Stevenson (1986) kann mit deren Ergebnissen nur die Schlußfolgerung gezogen werden, daß die Verarbeitung der folgenden Verbphrase bei eindeutigen und ambigen Pronomen unterschiedlich zeitintensiv ist. Übereinstimmend ist in den Ergebnissen von Garnham und Oakhill (1985) und Stevenson (1986), daß bei der Auflösung ambiger Pronomen die Verarbeitung der folgenden Verbinformationen zu zeitintensiveren und damit kognitiv aufwendigeren Verarbeitungsprozessen führt als bei der Auflösung eindeutiger Pronomen, die in Genus und Numerus mit dem Antezedenten übereinstimmen.

Garrod und Sanford (1985) haben mit einer Schreibfehler-Entdeckungsmethode überprüft, inwieweit in schriftlichen Texten anaphorische Pronomen und Nomen sofort in den Diskurskontext integriert werden. Ihre Überlegungen können anhand des folgenden Versuchsmaterials verdeutlicht werden:

Elizabeth was a very inexperienced swimmer and wouldn't have gone into the pool if the lifeguard hadn't been nearby. But as soon as she was out of her depth she started to panic and wave her hands about in a frency.
a. Within seconds Elisabeth jumped into the pool.
b. Within seconds the lifeguard jumped into the pool.
c. Within seconds Elisabeth sank beneath the surface.
d. Within seconds the lifeguard sank beneath the surface.

Misspellings: jumped-jimped, sank-senk.

In den letzten Zeilen (a,b,c,d) wurde entweder die Hauptperson *Elisabeth* oder die Nebenperson *the lifeguard* eingeführt. Die Versuchspersonen hatten die Aufgabe, den Text zeilenweise zu lesen und eine Reaktionstaste zu drücken, sobald sie den Schreibfehler entdeckt hatten. Garrod und Sanford (1985) gehen bei dieser Vorgehensweise davon aus, daß der Schreibfehler schneller entdeckt werden kann, wenn beim anaphorischen Nomen eine referentielle Verbindung zwischen dem Nomen im Testsatz und seinem Antezedenten im vorherigen Kontext hergestellt werden kann. Wenn die referentielle Verbindung aufgebaut wurde, ist das folgende Verb für einen der Aktanten aufgrund seiner Rolle im vorherigen Text eher erwartbar als für den anderen Aktanten. Das heißt, der Fehler im Verb *jumped* ist in Satz b schneller zu entdecken als in Satz a, da *jumped* in Verbindung mit dem Konzept *lifeguard* eher zu erwarten ist als in Verbindung mit dem Konzept *Elisabeth*. In den Sätzen c und d ist es umgekehrt, d.h., der Fehler im Verb *sank* ist in Verbindung mit dem Konzept *Elisabeth* schneller zu entdecken als mit dem Konzept *lifeguard*.

Die Fehlerentdeckungszeiten waren für beide Aktanten bei erwartbaren Relationen zwischen den Verbkonzepten und den Aktanten signifikant kürzer als bei weniger erwartbaren Relationen. Dieses Ergebnis legt nach Garrod und Sanford (1985) die Vermutung nahe, daß mit der Enkodierung der nominalen Anapher ein Bias für die lexikalische Analyse der erwartbaren Verbkonzepte aufgebaut wird.

In einem zweiten Experiment wurden die nominalen Anaphern durch Pronomen ausgetauscht. Die Ergebnisse waren vergleichbar mit denen für nominale Anaphern. Wenn das Pronomen auf die Hauptperson referierte, wurden Fehler in erwartbaren Verben schneller erkannt als in nicht erwartbaren. Für die Nebenperson war dies jedoch nicht zu beobachten. Fehler in erwartbaren Verben wurden signifikant langsamer entdeckt, wenn das Pronomen auf den Nebenaktanten referierte. "The suggestion is that subject pronouns are only given a full interpretation when the evidence is exceptionally strong at the point when they are encountered, and this evidence includes not only antecedent gender agreement but also focus information where thematic subjecthood plays a major role. In the absence of an immediate referential interpretation readers might be expected to wait at least until the main verb has been encountered and use pragmatic constraints to guide interpretation." (Garrod & Sanford, 1985, S. 57)."

Garrod und Sanford (1985) gehen davon aus, daß nur dann eine sofortige Bindung zwischen einem eindeutigen Pronomen und einem Antezedenten aufgebaut wird, wenn dieser Antezedent die Hauptperson bzw. das thematische Subjekt des Diskurses ist. Ansonsten wird die Herstellung der referentiellen Verbindung in der Diskursrepräsentation bis zur Rezeption und Integration der folgenden Verbphrase verschoben.

Insgesamt zeigen auch die in diesem Abschnitt referierten Studien, daß die Auflösung von Pronomen über Genus und Numerus hinaus von einer Reihe weiterer Faktoren vor und nach der Rezeption des Pronomens abhängig sind. Vor allem die Distanz zwischen dem Antezedenten und dem Pronomen, die Position des Pronomens und des Antezedenten im Satz und ihre syntaktische Einbettung, der Einfluß fokussierter Konzepte in der bereits aufgebauten Diskursrepräsentation und die Übereinstimmung der Diskursrepräsentation mit der folgenden Verbphrase sind relevant für die Frage, wann die pronominale Auflösung beginnt und wann sie abgeschlossen werden kann. In jedem Fall legen die Ergebnisse die Richtigkeit einer *weichen* Version der immediacy assumption nahe, d.h., die Auflösung eines Pronomens wird mit der Rezeption des Pronomens gestartet, muß aber mit der Rezeption des Pronomens noch nicht abgeschlossen sein. In den experimentellen Daten kann jedoch unter bestimmten kontextuellen Bedingungen, d.h. bei geringer Distanz zwischen dem Pronomen und seinem Antezedenten, eindeutigen Genus- und Numerusinformationen und bei der Fokussierung eines Hauptaktanten nicht ausgeschlossen werden, daß die Identifizierung eines Koreferenten auch mit der Rezeption des Pronomens abgeschlossen wird. Gerade bei fokussierten Konzepten und eindeutigen Genus- und Numerusinformationen gibt es einen starken top-down Effekt, d.h., bereits mit der Rezeption des Pronomens ist ein koreferierendes Konzept in der aktuellen Diskursrepräsentation hoch aktiviert. Die Bedeutung dieses top-down Effekts wird im folgenden Abschnitt diskutiert.

3.3.2 *Pronominale Besetzung versus gerichtete Auflösung?*

Im Rahmen der in den Abschnitten 2.2 - 2.5 beschriebenen Modelle der pronominalen Verarbeitung und im Rahmen der Erklärungsansätze in den referierten experimentellen Studien wird häufig davon ausgegangen, daß mit der Rezeption des Pronomens eine Suche nach der konzeptuellen Repräsentation eines Antezedenten beginnt. Müsseler und Terhorst (1990) haben ergänzend zu einem solchen Suchprozeß einen Verarbeitungsmechanismus für Pronomen diskutiert, der wirksam wird, wenn die konzeptuelle Repräsentation eines Antezedenten im Gedächtnis sehr stark fokussiert ist. Die Begründung für diesen alternativen Mechanismus ergibt sich vor allem durch eine Überprüfung der Plausibilität verschiedener empirischer Ergebnisse, die bisher als Hinweise für Suchprozesse interpretiert worden sind. Diese Überlegungen sind theoretisch mit neueren konnektionistischen Verarbeitungsmodellen in Verbindung zu bringen (z.B. Rumelhart & McClelland, 1986, McClelland & Seidenberg, 1989; Kintsch, 1988; Gernsbacher, 1991).

Daß es sich beim pronominalen Verstehen um einen Suchprozeß handelt, wird hauptsächlich aus Blickbewegungsuntersuchungen, Lesezeit- oder Reaktionszeitunterschieden geschlossen. Nach Carpenter und Just (1977) folgen dem Lesen von Pronomen zu 50% Blickbewegungsregressionen auf den Antezedenten. Derartige Regressionen sind bisher als eindeutige Indikatoren für Suchprozesse interpretiert worden. Dabei muß man jedoch berücksichtigen, unter welchen kontextuellen Bedingungen diese Beobachtungen gemacht wurden und welche Instruktionen die Versuchspersonen bei den Versuchsaufgaben verfolgten. Ehrlich (1983) und auch Murray und Kennedy (1988) stellten beispielsweise bei anderen Texten und anderen Versuchsaufgaben eine deutlich geringere Anzahl (ca. 10% bzw. ca. 30%) pronominaler Regressionen fest, so daß die Befunde zu Blickbewegungsregressionen in dieser Hinsicht als Hinweise für Suchprozesse uneindeutig sind. Vonk (1984,1985) konnte zeigen, daß Leser sogar bisweilen lexikalisch eindeutige Pronomen überspringen.

Außerdem wurde nachgewiesen, daß auch unter experimentellen Lesebedingungen, in denen Regressionen ausgeschlossen sind (z.B. durch die "moving-window" Technik), ein Textverstehen und damit die Referenzherstellung innerhalb eines Textes möglich ist (z.B. Just, Carpenter & Wooley, 1982; Ward & Juola, 1982; Müsseler & Nattkemper, 1986).

Das Auftreten von Blickbewegungsregressionen kann lediglich als Hinweis gewertet werden, daß bisweilen rekursive Mechanismen bei der pronominalen Auflösung beteiligt sind. Ob sich die pronominale Auflösung jedoch in jedem Fall als Suchprozeß nach einem Antezedenten darstellt, bei dem Vergleichsoperationen zwischen Pronomen und Antezedenten stattfinden, ist daraus nicht zu schließen. Kennzeichnend für einen Suchprozeß wäre ohnehin nicht nur die Regression auf einen einzigen Antezedenten im Text, sondern die Regressionen auf verschiedene potentielle Antezedenten. Suchprozesse und Vergleichsprozesse sind nur plausibel, wenn mehrere potentielle Antezedenten in der Diskursrepräsentation gleichermaßen aktiviert sind bzw., anders formuliert, die konzeptuelle Repräsentation keines Antezedenten einen besonderen Status in der Diskursrepräsentation hat. Dies tritt vor allem dann auf, wenn entweder mehrere alternative Antezedenten genannt wurden, die in Genus und Numerus übereinstimmen (z.b. Grober, Beardsley & Caramazza, 1978; Cowan, 1980; Crawley, Stevenson & Kleinman, 1990; vgl. Abschnitt 3.2.2), oder wenn die Distanz zwischen Pronomen und Antezedent im Text so groß ist, daß der Antezedent in der aktuellen Diskursrepräsentation nicht mehr aktiviert ist und reaktiviert werden muß (z.b. Clark & Sengul, 1979; Daneman & Carpenter, 1980; Ehrlich & Rayner, 1983). Es ist klar, daß in diesen Fällen Suchprozesse nötig sind, da einerseits bei zu großer Distanz die relevanten Konzepte nicht mehr im Arbeitsgedächtnis zur Verfügung stehen oder aber andererseits alternative Konzepte im Arbeitsgedächtnis repräsentiert sind, zwischen denen ausgewählt werden muß.

Ein alternativer Mechanismus, der die pronominale Verarbeitung erklären kann, ist die *pronominale Besetzung*. Die pronominale Besetzung wird sowohl durch psychologische als auch linguistische Kriterien definiert. Das heißt, die pronominale Besetzung ist einerseits an den aktuellen Zustand des Arbeitsgedächtnisses oder auch Fokus gebunden und andererseits an ganz spezifische Eigenschaften des Diskurses vor der Enkodierung des Pronomens. Bei der pronominalen Besetzung wird davon ausgegangen, daß der pronominale Verstehensprozeß nicht erst mit der Enkodierung des Pronomens beginnt, sondern schon vorher, durch den vorangegangenen Sprachverstehensprozeß bestimmt wird. Der Fall der pronominalen Besetzung liegt dann vor, wenn bereits vor der Enkodierung des Pronomens durch Topik, Subjektposition und pragmatische Hinweise ein Konzept in der Diskursrepräsentation sehr hoch aktiv ist und ein Verbindungsknoten zwischen dem hochaktivierten Konzept und dem nachfolgenden Pronomen aktiviert wird. Zum Zeitpunkt der Rezeption des Pronomens besteht somit bei übereinstimmenden lexikalischen Informationen zwischen dem Pronomen und dem Antezedenten bereits eine referentielle Verbindung. Das Pronomen zeigt hier die Erhaltung des Aktivierungswertes des hoch aktivierten Konzeptes an. Unter diesen kontextuellen Bedingungen erübrigt sich die Frage nach der Auflösung des Pronomens. Die These der pronominalen Besetzung betont, daß der pronominale Verstehensprozeß nicht erst mit der Enkodierung des Pronomens beginnt, sondern daß er abhängig ist von den vorangegangenen Verarbeitungsprozessen und dem aktuellen Zustand der Diskursrepräsentation.

Die Annahme der pronominalen Besetzung wird vor allem aus einer Sprachproduktionsperspektive plausibel. Es scheint unwahrscheinlich, daß ein Produzent bei der Produktion eines Pronomens zunächst einen Suchprozeß nach dem koreferierenden Konzept initiiert. Pronomen werden vor allem dann verwendet, wenn ein Konzept in der Diskursrepräsentation eines Autors hoch aktiviert ist und dieses Konzept weiter im Fokus seiner Aufmerksamkeit bleibt. Marslen-Wilson, Tyler und Levy (1982) konnten zeigen, daß die Verwendung von Pronomen bei der Sprachproduktion auf hochfokussierte Konzepte beschränkt ist.

Mit der These der pronominalen Besetzung sind Überlegungen anderer Autoren aufgegriffen und weiterentwickelt worden. So sind z.B. Anmerkungen von van Dijk und Kintsch (1983) aufgenommen worden, wonach es bei der pronominalen Verarbeitung auch den Fall gibt, bei dem das Pronomen quasi zu erwarten ist. Auch Boschs These (1988), daß es nicht grundsätzlich bei der Verarbeitung von Pronomen zu Suchprozessen kommen muß, ist mit der pronominalen Besetzung zu verbinden. Darüber hinaus schließen die Ergebnisse z.B. von Vonk (1984) oder Garrod und Sanford (1985) eine sofortige Interpretation beim Pronomen bei eindeutigen Genus- und Numerusinformationen zwischen einem topikalisierten Antezedenten und einem Pronomen nicht zwingend aus (vgl. auch Abschnitt 3.3.1). Sie lassen sich auch im Sinne der pronominalen Besetzung interpretieren. Die pronominale Besetzungshypothese ist mit einer strikten Version der immediacy assumption kompatibel, d.h. die Verarbeitung des Pronomens und seine Integration in die Diskursrepräsentation kann während der Rezeption des Pronomens erfolgen.

Es ist durch die Präsentation der empirischen Studien deutlich geworden, daß die pronominale Verarbeitung nicht nur auf die Rezeption des Pronomens selbst beschränkt werden kann, sondern die pronominale Verarbeitung muß als Teil des allgemeinen Textverstehensprozesses angesehen werden, der aus der Integration von Konzepten vor, während und nach der Rezeption des anaphorischen Pronomens besteht. Aus dieser Perspektive beginnt die pronominale Verarbeitung bereits mit den ersten relevanten Informationen vor dem Pronomen und kann erst abgeschlossen werden, wenn eine eindeutige konzeptuelle Verbindung zwischen dem Pronomen und einem Referenten in der Diskursrepräsentation hergestellt werden konnte.

Die pronominale Besetzung ist ein Spezialfall der pronominalen Koreferenzherstellung. Pronomen werden auch dann häufig in Diskursen verwendet, wenn nicht alle kontextuellen Bedingungen für den Fall der pronominalen Besetzung gegeben sind. Dann führen die Informationen im Text nicht bereits vor der Rezeption eines Pronomens zur Aktivierung eines Knotens, der mit der Rezeption des Pronomens mit dem fokussierten Konzept besetzt wird, sondern der Aufbau der pronominalen Auflösung wird verschoben. Je nachdem, welche kontextuellen Informationen im Text gegeben sind, kann die pronominale Auflösung dann unterschiedlich aufwendig werden. In jedem Fall müssen nachfolgende Informationen zur

Interpretation des Pronomens herangezogen werden. Die pronominale Besetzung stellt ein Ende eines Kontinuums dar, auf dem sich die Dauer der pronominalen Auflösung abbilden läßt.

3.4 Fazit: Strategien der pronominalen Auflösung bei Erwachsenen

Als Fazit aus der Diskussion der empirischen Untersuchungen und der theoretischen Modelle werden in diesem Abschnitt in Abhängigkeit von den kontextuellen Bedingungen vor, während und nach der Rezeption eines Pronomens verschiedene Strategien der pronominalen Auflösung unterschieden: *die pronominale Besetzungsstrategie, die gerichtete Auflösungsstrategie* und *die Abwartestrategie.*

Wie bereits an anderen Stellen erwähnt, stellen diese Strategien den Versuch dar, diejenigen Komponenten zu rekonstruieren, die bei Erwachsenen für die Verarbeitung satzübergreifender anaphorischer Pronomen beim Diskursverstehen relevant sind. Daneben erfüllen sie aber zugleich auch eine Funktion im Blick auf die Frage nach der Entwicklung der pronominalen Auflösungsfähigkeit beim Diskursverstehen, insofern als sie den Endzustand bzw. das Ziel dieser Entwicklung darstellen. Das Ziel dieser Arbeit ist es, die Entwicklung der pronominalen Verarbeitungsfähigkeit beim Textverstehen zu beschreiben. Das Modell des erwachsenen Rezipienten dient dabei als Heuristik für die Beschreibung dieser Entwicklung.

Das Verstehen von Pronomen ist ein spezifisches Problem des allgemeinen Diskursverstehens (vgl. zusammenfassend Kapitel 2.7). In der Interaktion zwischen einem Textproduzenten und einem Textrezipienten haben Pronomen eine kommunikative Funktion, da sie einem Rezipienten anzeigen, daß eine referentielle Verbindung zwischen dem bereits Gesagten oder Gelesenen und im weiteren Text folgenden Informationen besteht. Da Pronomen über Genus-, Numerus- und Kasusinformationen hinaus keine weiteren Informationen zum Aufbau der kognitiven Diskursrepräsentation beitragen können, wird ein Rezipient mit der Rezeption des Pronomens vor die Aufgabe gestellt, das Pronomen zu interpretieren. Wenn der Rezipient ein Pronomen wahrnimmt, dann versucht er zu bestimmen, welches Konzept in seiner Diskursrepräsentation das mit dem Pronomen koreferierende Konzept ist.

Produzenten verwenden Pronomen während der Produktion eines Textes in der Regel mit der Absicht, eine Verbindung zwischen hochaktivierten und fokussierten Konzepten in ihrer aufgebauten Diskursrepräsentation und weiteren Textinformationen zu erhalten. Ein Rezipient muß während der Rezeption die vom Autor intendierte referentielle Verbindung rekonstruieren.

Der Prozeß der pronominalen Auflösung ist in die fortwährende, wortweise Textrezeption eingebettet. Der Rezipient muß dabei ständig neue Informationen in seiner Diskursrepräsentation aktivieren und integrieren. In Anlehnung an konnektionistische Modelle kann man sich die Diskursrepräsentation (vgl. z.B. Kintsch, 1988; Gernsbacher, 1991) als miteinander vernetzte Knoten vorstellen (vgl. Abschnitt 2.7). Die Knoten repräsentieren Konzepte, die mit unterschiedlichen Aktivierungswerten ausgestattet sind und in Relation zu anderen Knoten im Netz stehen. Der Aktivierungswert von Konzepten, die mit dem Pronomen koreferieren, wird durch sprachliche Hinweise beeinflußt. Die Distanz zwischen einem Antezedenten und einem Pronomen, die Subjektposition eines potentiellen Antezedenten, seine syntaktische Einbettung, die Verbinformationen und der Diskurs- oder Satztopik bestimmen die Aktivierung von potentiellen, koreferierenden Konzepten bereits vor der Rezeption des Pronomens. Die bereits aktivierten Konzepte bilden die Grundlage für die weitere Verarbeitung. Will man die Dynamik der pronominalen Auflösung beschreiben, so kann dies nicht unabhängig von der detaillierten Feststellung der sprachlichen Informationen erfolgen, die im aktuellen Verarbeitungsprozeß vor, während und nach der Rezeption des Pronomens bereitstehen.

Die bisherigen Experimente mit erwachsenen Versuchspersonen zeigen, daß je nachdem, welche kontextuellen Bedingungen gegeben sind, die Integration des Pronomens mit mehr oder weniger kognitivem Aufwand erfolgen kann, d.h., zu unterschiedlichen Zeitpunkten des Rezeptionsprozesses werden unterschiedlich lange Verarbeitungszeiten beobachtet. Diese Befunde sind auf verschiedene Verarbeitungsstrategien zurückzuführen, die an die Informationen und Strukturen eines Textes gebunden sind. Drei verschiedene Verarbeitungsstrategien können unterschieden werden: die pronominale Besetzungsstrategie, die gerichtete Auflösungsstrategie und die Abwartestrategie. Diese Strategien können von erwachsenen Rezipienten sehr variabel und textadäquat eingesetzt werden.

Pronominale Besetzungsstrategie

Die pronominale Besetzungsstrategie kann der Rezipient eines Textes anwenden, wenn es nur einen Antezedenten im Text gibt, der in Genus und Numerus mit dem Pronomen übereinstimmt und folgende Bedingungen vorliegen: der Antezedent ist vor der Rezeption des Pronomens Topik des

Satzes oder Diskurses, d.h., er tritt in Subjektposition auf und ist Hauptaktant des Diskurses. Dies führt zu einer starken Aktivierung des koreferierenden Konzeptes in der aktuellen Diskursrepräsentation des Rezipienten. Tritt im folgenden ein Pronomen auf, dessen Genus- und Numerusinformationen mit diesem hoch aktivierten Konzept in der Diskursrepräsentation übereinstimmen, stellt der Rezipient bereits zum Zeitpunkt der Rezeption des Pronomens eine eindeutige Verbindung zwischen dem Pronomen und dem hochaktivierten Konzept in der Diskursrepräsentation her. Durch die hohe Aktivierung des Konzeptes in der Diskursrepräsentation wird bereits vor der Rezeption des Pronomens top-down das Pronomen als Leerstelle für dieses Konzept reserviert. Die Identifizierung des mit dem Pronomen koreferierenden Konzeptes kann der Rezipient daher mit der Rezeption des Pronomens abschließen. Dem Pronomen nachfolgende Informationen, die mit der Diskursrepräsentation konsistent sind, werden nicht mehr zur Identifizierung eines koreferierenden Konzeptes herangezogen, sondern werden lediglich zum weiteren Ausbau des bereits aktivierten Diskursmodells genutzt.

Bei der Produktion eines Textes werden Pronomen aber auch so verwendet, daß die Bedingungen der pronominalen Besetzung nicht zutreffen. Dies ist der Fall, wenn vor der Rezeption des Pronomens mehrere Antezedenten im Text genannt werden, die in Genus und Numerus mit dem Pronomen übereinstimmen oder die Distanz zwischen einem Pronomen und einem Antezedenten so groß ist, daß die konzeptuelle Repräsentation des Antezedenten in der Diskursrepräsentation nicht mehr ausreichend aktiviert ist. In diesen Fällen war für den Produzenten wahrscheinlich noch klar, auf welches Konzept er mit dem Pronomen referiert, doch für den Rezipienten ist es dann nicht so leicht wie im Fall der pronominalen Besetzung, die referentielle Verbindung zwischen dem Pronomen und dem vom Produzenten intendierten koreferierenden Konzept zu rekonstruieren. Der Rezipient kann die Identifizierung des Koreferenten nicht mit der Rezeption des Pronomens abschließen, sondern muß sie solange verschieben, bis durch die Integration folgender Textinformationen in die Diskursrepräsentation der Aktivierungswert eines der potentiell koreferierenden Konzepte die kritische Aktivierungsschwelle zum Aufbau der referentiellen Verbindung überschreitet. Erst dann kann der Rezipient den Koreferenten des Pronomens in seiner Diskursrepräsentation eindeutig identifizieren und integrieren. Will man in diesen Fällen der weniger eindeutigen referentiellen Verbindung die Dynamik des Auflösungsprozesse beschreiben, dann lassen sich je nachdem, welche kontextuellen Hinweise vor der Rezeption des Pronomen dem Rezipienten zur Verfügung stehen, zwei verschiedene Auflösungsstrategien unterscheiden: die gerichtete Auflösungs-strategie und die Abwartestrategie. Diese beiden Strategien unterscheiden sich darin, ob bereits vor der Rezeption des Pronomens und der nachfol-genden Informationen der Suchprozeß nach einem koreferierenden Kon-zept auf besonders hoch aktivierte und damit fokussierte Konzepte gerich-tet wird, oder aber die Konzepte in der Diskursrepräsenation gleicherma-ßen hoch aktiviert sind und zur Identifizierung eines Koreferenten die In-tegration der dem Pronomen nachfolgenden Information abgewartet wird.

Gerichtete Auflösungsstrategie

Wenn mehrere Antezedenten in Genus und Numerus mit dem Pronomen übereinstimmen, aber ein Antezedent Diskurstopik ist, ist bereits zum Zeitpunkt der Rezeption des Pronomens dieser Referent in der Diskursre-präsentation hoch aktiviert. Da jedoch darüber hinaus noch weitere po-tentielle Referenten in der Diskursrepräsentation aktiviert sind, wenn auch weniger stark, kann der Aufbau der referentiellen Verbindung mit der Rezeption des Pronomens nicht eindeutig abgeschlossen werden, sondern muß verschoben werden, bis mit Hilfe weiterer Informationen im Text einer der Referenten eindeutig identifizierbar ist. Die folgende Verbphrase spielt dabei eine entscheidende Rolle. Im Gegensatz zur pronominalen Besetzungsstrategie kann hier nicht bereits mit der Rezeption des Pronomens ein Koreferent eindeutig identifiziert werden, sondern erst die Integration der nachfolgenden Informationen ermöglicht eine eindeutige Identifizierung eines Koreferenten. Der Rezipient richtet seine Aufmerk-samkeit bei der Verarbeitung der folgenden Informationen auf den am stärksten aktivierten Antezedenten und überprüft die Kohärenz der nach-folgenden Verbphrase mit dem bereits aufgebauten Diskursmodell. Wenn die Informationen nach der Rezeption des Pronomens mit dem favorisier-ten Referenten übereinstimmen, überschreitet dieser relativ schnell die kri-tische Aktivierungsschwelle und der Aufbau der referentiellen Verbindung kann abgeschlossen werden. Wenn die folgenden Informationen in-konsistent mit dem hoch aktivierten fokussierten Konzept in der Diskurs-repräsentation sind, nimmt der Aktivierungswert dieses Konzeptes ab und die Aktivierung alternativer koreferierender Konzepte zu. Die Auflösung des Pronomens ist in diesem Fall äußerst zeitintensiv, da Umstrukturierun-gen und Revisionen des aufgebauten Diskursmodells nötig werden.

Abwartestrategie

Wenn es vor der Rezeption eines Pronomens in der aktuellen Diskursrepräsentation mehrere potentielle Koreferenten gibt, die gleichermaßen hohe Aktivierungswerte haben, dann kann der Rezipient zum Aufbau einer
referentiellen Verbindung nur Informationen nach der Rezeption des Pronomens zur Identifizierung eines koreferierenden Konzeptes nutzen. Auch
hier muß er die Kohärenz der nachfolgenden Informationen mit dem
bereits aufgebauten Diskursmodell überprüfen. Da keines der potentiellen
Konzepte aufgrund seiner Aktivierung im Fokus der Aufmerksamkeit steht,
können die Aktivierungswerte verschiedener Koreferenten gleichermaßen
schnell bzw. langsam erhöht werden. Ist die nachfolgende Information
pragmatisch eindeutig, kann einer der Referenten die kritische Aktivierungsschwelle zur Identifizierung und zum Aufbau der referentiellen
Verbindung überschreiten. Ist die nachfolgende Information pragmatisch
uneindeutig, dann kann keine referentielle Verbindung zwischen den aufeinanderfolgenden Informationen im Diskursmodell hergestellt werden. In
solchen Fällen ist der Rezipient erheblich irritiert.

Zusammenfassend muß man feststellen, daß in einem Modell, das die
Verarbeitung pronominaler Anaphern beschreibt, die Informationen genau
identifiziert werden müssen, die vor, während und nach der Enkodierung
des Pronomens zur Verfügung stehen. Die pronominale Verarbeitung ist
keine Alles-oder-Nichts-Entscheidung, die mit der Rezeption des Pronomens erfolgt, sondern ist von der Anzahl und Kombination kontextueller
Hinweise abhängig, die zur Referenzherstellung zur Verfügung stehen und
zur Überschreitung der kritischen Aktivierungsschwelle ausreichen. Die
genannten Strategien verdeutlichen, inwiefern bestimmte Kombinationen
kontextueller Informationen den Zeitpunkt und die Dauer der pronominalen Auflösung bei Erwachsenen bestimmen. Der Aktivierungszustand der Konzepte in der aktuellen bereits aufgebauten Diskursrepräsentation bildet die Grundlage für die Integration der nachfolgenden Informationen und die unterschiedlichen Strategien der pronominalen Auflösung.

Aufgrund der in seiner sprachlichen Sozialisation gewonnenen Erfahrungen erwartet ein Rezipient, daß ein Produzent Pronomen so verwendet,
daß dem Rezipienten die Rekonstruktion der referentiellen Verbindungen
gelingen kann. Der Rezipient hat gelernt, welche Informationen im Text
mit der Verwendung von Pronomen verbunden sind und wie er diese
Hinweise effektiv beim Aufbau einer referentiellen Verbindung zwischen
einem Pronomen und seinem Koreferenten während der Rezeption nutzen

kann. In einigen der referierten Theorien z.B. bei van Dijk und Kintsch (1983) und Strohner (1990) wurde zwar darauf hingewiesen, daß die Textrezeptionsfähigkeit erst allmählich erworben wird. In keinem Modell wurde jedoch bisher der Versuch gemacht, den Erwerb der Kohärenzfähigkeit zu beschreiben. Dieses Versäumnis soll in dieser Untersuchung ausgeräumt werden, indem versucht wird, zumindest für ein spezifisches Problem der Textverstehensfähigkeit, die pronominale Koreferenzherstellung, die Entwicklung über eine begrenzte Altersspanne hinweg zu beschreiben. Bevor im fünften Kapitel die Ergebnisse der dazu durchgeführten experimentellen Studie präsentiert werden, wird im folgenden Kapitel zunächst ein knapper Überblick über die bisherige empirische Forschungslage zur Entwicklung der Koreferenzherstellung gegeben.

4. Zur Entwicklung der pronominalen Koreferenz-herstellung

In den Textverstehensmodellen, die im zweiten Kapitel dargestellt wurden, wird in der Regel nicht detailliert darauf eingegangen, wie sich die Textverstehensfähigkeit entwickelt. Van Dijk und Kintsch (1983) nehmen zwar an, daß die Fähigkeit, Strategien beim Textverstehen optimal einzusetzen, von den kognitiven Fähigkeiten des Rezipienten und seinen Motiven und Zielen bei der Rezeption eines Textes abhängig ist, sie gehen jedoch nicht darauf ein, welche entwicklungsspezifischen Strategien des Textverstehens es gibt. Auch Strohner (1990) verlangt im Rahmen seines systemtheoretischen Textverstehensmodells, daß eine umfassende Theorie des Textverstehens auch die Ontogenese der Textverarbeitungsfähigkeit beschreiben muß, beläßt es allerdings bei dieser Forderung, ohne selber im Detail auf die Ontogenese einzugehen. Genau so wenig berücksichtigen Sanford und Garrod (1981) oder Just und Carpenter (1987) Entwicklungsaspekte (vgl. Abschnitt 2.3 und 2.4). Nur Tyler und Marslen-Wilson (1981) haben versucht, ihre on-line interaktiven Annahmen (vgl. Abschnitt 2.5) auch in einer Entwicklungsstudie zu überprüfen. Sie konnten zeigen, daß bereits fünfjährige Kinder gleichzeitig syntaktische und semantische Informationen beim Aufbau ihrer Diskursrepräsentation nutzen können.

Die Textverstehensforschung hat sich bisher nur unzureichend mit der Frage beschäftigt, ob sich die strukturellen und prozeduralen Bedingungen des Textverstehens bei Kindern und Erwachsenen unterscheiden. Es bleibt u.a. auch unklar, wie Kinder anaphorische Pronomen zur Koreferenzherstellung nutzen, welche Verarbeitungsstrategien dabei wirksam werden und wie sich diese entwickeln. Diese Untersuchung soll dazu beitragen zu beschreiben, wie sich die Textverstehensfähigkeit und insbesondere die Fähigkeit zur Auflösung anaphorischer Pronomen verändert. Untersuchungen zur Auflösung anaphorischer Pronomen beschäftigen sich zwar mit einem Detailproblem des Textverstehens, sie ermöglichen aber auch informative Einblicke in die generelle Entwicklung der Textverstehensfähigkeit. Da Pronomen über lexikalische Informationen hinaus keine weiteren semantischen Informationen tragen und nur dann interpretiert werden können, wenn der Rezipient in seiner Diskursrepräsentation einen adäquaten Referenten identifizieren kann, ist die Untersuchung der pronominalen Koreferenzherstellung besonders geeignet, um zu überprüfen, wie sich die Fähigkeit zur Konstruktion kohärenter Diskursrepräsentationen entwickelt. Wenn lexikalische Informationen zur eindeutigen Identifizierung eines Pronomens nicht ausreichen, spielen die Satzposition des Antezedenten, die syntaktische Einbettung des Antezedenten, semantische und pragmatische Informationen sowie Inferenzprozesse eine Rolle für die erfolgreiche Identifizierung eines mit dem Pronomen koreferierenden Konzeptes in der Diskursrepräsentation. Durch die systematische Variation dieser kontextuellen Faktoren bei der Auflösung von Pronomen, kann aufgezeigt werden, wie sich diese Faktoren auf den Aufbau einer kohärenten Diskursrepräsentation bei Kindern auswirken und welche Unterschiede im Vergleich zu Erwachsenen auftreten.

Wie bereits im ersten Kapitel erwähnt, gibt es je nach Forschungsinteresse und theoretischer Position auch bei der Entwicklung der anaphorischen Referenzfähigkeit unterschiedliche Analyseinteressen. Der überwiegende Teil der Entwicklungsstudien zur Anaphernforschung wurde im Rahmen der Rektions- und Bindungstheorie (Chomsky, 1981) durchgeführt (vgl. Lust, 1981, 1986a, 1986b; Solan, 1981, 1983; Stevenson & Pickering, 1987). Dabei geht es vor allem um anaphorische Pronomen, die rein syntaktischer Kontrolle unterliegen und lediglich satzintern verwendet werden. Zur Analyse rein syntaktisch determinierter anaphorischer Relationen, d.h. vorzugsweise Reflexivpronomen, gibt es fürs Deutsche eine Untersuchung von Deutsch, Koster und Koster (1986). Ziel dieser Entwicklungsstudien ist die Überprüfung theoretischer Annahmen der Rektions- und Bindungstheorie über generelle Prinzipien, die der Struktur der Sprache zugrunde liegen.

Die Untersuchungen satzintern verwendeter und rein syntaktisch determinierter Pronomen werden im Rahmen der hier vorliegenden Untersuchung ausgeblendet. Hier geht es statt dessen vor allem um die Verwendungsweisen und Funktionen anaphorischer Pronomen in satzübergreifenden Äußerungen, da beschrieben werden soll, wie sich die Fähigkeit entwickelt, beim Textverstehen eine referentielle Verbindung zwischen aufeinanderfolgenden Sätzen aufzubauen.

Mit Beginn der Schulzeit müssen Kinder im Sprachunterricht zunehmend zusammenhängende Texte lesen und verstehen (vgl. Vinçon, 1984; Meraner, 1988). Beim Lesen oder Hören eines Textes müssen sie die temporale und kausale Struktur der Ereignisse und Sachverhalte mit

Hilfe der sprachlichen Hinweise im Text und ihres Wissens rekonstruieren und zu einer kohärenten Diskursrepräsentation aufbauen. Die Kinder müssen lernen, eine referentielle Verbindung zwischen den einzelnen Wörtern im Text herzustellen und dabei lexikalische, syntaktische, semantische und pragmatische Informationen auf der Wort-, der Satz- und der Diskursebene zu koordinieren. Anaphorische Ausdrücke im Text, wie z.B. Pronomen, signalisieren einem Rezipienten, daß eine referentielle Verbindung mit bereits vorher im Text genannten Informationen besteht. Das Wissen über diese diskursinterne Funktion anaphorischer Pronomen und ihre Verwendungsweise in Texten muß erst allmählich erworben werden. Es gibt bisher nur wenige Entwicklungsstudien, die die Verwendungsweisen anaphorischer sprachlicher Formen (anaphorischer Pronomen oder Nomen) während der Diskursproduktion (Bamberg, 1986; Hickmann, 1980, Hickmann, Liang & Hendriks, 1989; Karmiloff-Smith, 1985; Klein, 1978) oder der Diskursrezeption (Maratsos, 1973; Umstead & Leonard, 1983; Wykes, 1981; Oakhill & Yuill, 1986; Tyler, 1983; Kertoy, 1991) untersucht haben.

In Auseinandersetzung mit den in dieser Arbeit referierten Textverstehensmodellen (vgl. Kapitel 2) und den empirischen Ergebnissen der Textverstehensforschung (vgl. Kapitel 3) wurden in dieser Arbeit die strukturellen und prozeduralen Bedingungen der pronominalen Auflösung bei Erwachsenen erörtert (vgl. Kapitel 3.4). Entscheidend für den Aufbau referentieller Verbindungen zwischen einem Antezedenten und einem Pronomen in aufeinanderfolgenden Sätzen ist die Aktivierungsstärke von Konzepten im Arbeitsspeicher des Rezipienten oder, anders formuliert, die Zugänglichkeit von Konzepten in der aktuellen Diskursrepräsentation. Die Stärke der Aktivierung ist eine Funktion lexikalischer, syntaktischer, semantischer und pragmatischer Faktoren im Text sowie der kognitiven Verarbeitungsfähigkeit des Rezipienten. Für die Verarbeitung pronominaler Anaphern bei Erwachsenen wurden drei Strategien beschrieben, die den Aufbau der referentiellen Verbindung zwischen einem Pronomen und einem Antezedenten in Abhängigkeit von kontextuellen Bedingungen und den erwartbaren Zugänglichkeiten der koreferierenden Konzepte beschreiben. Es wurden die pronominale Besetzungsstrategie, die gerichtete Auflösungsstrategie und die Abwartestrategie unterschieden.

Es stellt sich die Frage, ab welchem Alter Kinder beim Textverstehen die anaphorischen Eigenschaften des Pronomens erkennen. Von besonderem Interesse ist dabei, ob und gegebenenfalls wie sich der Einfluß der lexikalischen, syntaktischen, semantischen und pragmatischen Faktoren auf die Verarbeitung von Pronomen bei Kindern verändert. Aufgrund der Auseinandersetzung mit den Strategien pronominaler Koreferenzherstellung Erwachsener lassen sich folgende Aspekte ableiten, die Kinder im Laufe ihrer sprachlichen Sozialisation lernen müssen, um anaphorische Pronomen bei der Rezeption von Texten auflösen zu können. Kinder müssen lernen:

- die anaphorischen Eigenschaften eines Pronomens beim Textverstehen zu erkennen,
- gewisse Teile des Textes in ihrem Gedächtnis zu repräsentieren, um das Pronomen mit dem Referenten in ihrem Diskursmodell verbinden zu können,
- sowohl Diskursinformationen als auch spezifische Informationen der anaphorischen Äußerung zu benutzen, um sie im Gedächtnis zu einem kohärenten Diskursmodell zu integrieren,
- sowohl lexikalische Eigenschaften des Pronomens (Genus und Numerus) als auch die syntaktische Struktur einer Äußerung (z.B. die syntaktische Position eines Antezedenten und eines koreferierenden Pronomens) und darüber hinaus pragmatische und semantische Informationen und diskursstrukturelle Hinweise bei der Auflösung anaphorischer Pronomen zu koordinieren.

Wenn sich die Sensibilität der Kinder für die lexikalischen, syntaktischen, semantischen und pragmatischen Hinweise im Text mit dem Alter der Kinder verändert, läßt dies Rückschlüsse auf altersspezifische Eigenschaften des kognitiven Systems und auf altersspezifische Verarbeitungsstrategien beim Aufbau der Diskursrepräsentation der Kinder zu. Die Verarbeitungsresultate von Kindern zwischen fünf und zehn Jahren bei der pronominalen Auflösung werden unter verschiedenen kontextuellen Bedingungen untersucht und mit den Verarbeitungsresultaten von Erwachsenen verglichen.

4.1 Empirische Untersuchungen zur Entwicklung der pronominalen Auflösung

Gegenstand dieses Kapitels sind Studien, in denen analysiert wurde, wie Kinder anaphorische Ausdrücke in Diskursen verwenden. Die Reihenfolge der Darstellung orientiert sich dabei am Alter der Kinder. Um die einzelnen Ergebnisse sinnvoll miteinander vergleichen zu können, ist es notwendig, die unterschiedlichen methodischen Herangehensweisen, die verwendeten Versuchstexte, die darin variierten kontextuellen Bedingungen und das Alter der Versuchspersonen zu berücksichtigen. Im Mittelpunkt der Darstellung stehen folgende Fragen:

1. Nutzen Kinder lexikalische, syntaktische, semantische und pragmatische Informationen unterschiedlichen Alters bei der pronominalen Verarbeitung?

2. Verändert sich der relative Einfluß dieser Faktoren auf die pronominale Verarbeitung beim Textverstehen mit dem Alter und wenn ja, inwiefern?

3. Greifen Kinder auf dieselben Strategien zurück wie Erwachsene, oder gibt es entwicklungsbedingte Veränderungen in bezug auf die Verwendung anaphorischer Verarbeitungsstrategien und die Koordination lexikalischer, syntaktischer, semantischer und pragmatischer Analyseprozesse?

4.1.1 Die Auflösung anaphorischer Pronomen bei drei-, vier- und fünfjährigen Kindern

Maratsos (1973) hat in einer frühen Untersuchung mit drei-, vier- und fünfjährigen Kindern überprüft, inwiefern die Betonung eines Pronomens Einfluß auf seine referentielle Auflösung hat. Er verwendete Sätze wie:

John hit Harry and Sarah hit him (unbetont)/ HIM (betont).

Erwachsene stellen in solchen Fällen bei unbetonten Pronomen eine referentielle Verbindung zu Harry her, bei betonten Pronomen zu John. Die Kinder hatten die Aufgabe, die Sätze mit Handpuppen nachzuspielen. Aufgrund ihrer Imitationsleistungen beim Nachspielen der Sätze wurden die Kinder in drei Leistungsgruppen eingeteilt. Maratsos (1973) stellte fest, daß alle drei Gruppen gleich gut waren, Sätze mit unbetonten Pronomen nachzuspielen. Die Kinder mit der schlechtesten Imitationsfähigkeit (in der Regel die jüngeren Kinder) behandelten jedoch die betonten Pronomen genauso wie die unbetonten. Diese Kinder verfolgen nach Maratsos (1973) die Strategie, die semantische Rolle der Aktanten in den aufeinanderfolgenden Satzteilen möglichst nicht zu tauschen. Erst die fünfjährigen Kinder können bei betonten Pronomen die Sätze ähnlich gut wie bei unbetonten Pronomen nachspielen. Die Interpretation betonter Pronomen erfordert die Revision der semantischen Rollen der Personen. Die jüngeren Kinder, d.h. vor allem die mit den geringeren Imitationsleistungen, haben dabei sehr große Schwierigkeiten.

In einer Untersuchung von Umstead und Leonard (1983) wurde der Einfluß syntaktischer Hinweise, der Einfluß der Anzahl der Wörter zwischen Pronomen und Referenten, der Einfluß der Position des Pronomens im Text und der Einfluß der Nennungshäufigkeit eines Antezedenten auf die pronominale Auflösung bei englischsprachigen Vorschulkindern zwischen drei und fünf Jahren untersucht. Sie haben im Gegensatz zu Maratsos (1973) nicht nur einzelne Sätze verwendet, sondern längere Textpassagen. Es wurden vier Textversionen konstruiert, in denen die genannten Faktoren variiert wurden (vgl. Umstead & Leonard, 1983, S. 76):

1. Beispieltext mit satzinterner anaphorischer Referenz.
   One day the boys went to a farm with Grandpa. Grandpa went to see the chikens. A chicken ate some seeds from his hand. The farmer showed the boys some cherry trees. The farmer helped Buddy climb a tree. Soon Buddy was high up in the tree. Then Mike climbed up too. Mike picked a cherry from the tree, and then he ate it. (Who ate a cherry?)
2. Beispieltext mit satzinterner kataphorischer Referenz.
   One day Buddy's kitten got lost. Mike looked for it outside. The kitten didn't come. Buddy looked in the house, but the kitten wasn't there either. Then a policeman came to help. The policeman called his friend the milkman. The boys heard a noise inside the milkman's truck (meow!). After he got the kitten out of the truck, Mike took it home. (Who got the kitten out of the truck?)
3. Beispieltext mit anaphorischer Referenz, Pronomen und Referent sind einen Satz voneinander entfernt.
   One day Daddy gave Buddy a new bicycle. Buddy took his new bike outside and got on it. The bike went real fast. Daddy gave Mike a Big wheel. Mike rode his Big wheel on the sidewalk. Grandpa watched from the porch. Grandpa forgot the name of the Big wheel. He called it a motorcycle. (Who called it a motorcycle?)
4. Beispieltext mit anaphorischer Referenz, Pronomen und Referent sind drei Sätze voneinander entfernt.

Grandpa and the boys went to the toy store. Mike and Grandpa went to look at the robots. The man in the store helped Mike find a robot with lights on it. Buddy asked the man to help him find some marbles. Then Buddy saw the marbles on a high shelf and tried to reach them. Suddenly the marbles came rolling down off the shelf. The marbles spilled all over the floor. He had to pick them up. (Who had to pick up the marbles?)

Es wurden jeweils acht Geschichten pro Referenztyp konstruiert. Die Geschichten bestanden aus jeweils acht Sätzen, in denen nur männliche Aktanten vorkamen, in jeder Geschichte jeweils vier. Zwei Aktanten (Buddy und Mike) waren in allen Geschichten identisch. Die Kinder hörten die Geschichten jeweils einzeln. Am Ende jeder Geschichte wurden ihnen vier Bilder mit den Aktanten gezeigt. Die Kinder mußten den Aktanten identifizieren, auf den mit dem Pronomen im letzten Satz referiert wurde. Dieser Referent wurde entweder viermal oder zweimal im Text genannt.

Die Auswertungen ergaben einen erwarteten Alterseffekt. Die Fünfjährigen machten im Vergleich zu den Vierjährigen und Dreijährigen weniger Fehler bei der Identifizierung der Referenten. Die Drei- und Vierjährigen machten gleich viele Fehler. Darüber hinaus hatte auch der Faktor Referenztyp einen Einfluß. Von allen Kindern wurden satzinterne Anaphern besser verstanden als satzübergreifende Anaphern (Satztypen 3 und 4), obwohl die Distanz zwischen Pronomen und Referent in der satzintern-anaphorischen Bedingung (Satztyp 1) und der satzübergreifenden Bedingung ohne Füllsätze (Satztyp 3) gleich war. Das Antwortverhalten in der kataphorischen Bedingung (Satztyp 2) war deutlich schlechter als in den satzübergreifenden Bedingungen (Satztypen 3 und 4). Das Verhalten in den beiden satzübergreifenden Bedingungen unterschied sich nicht. Darüber hinaus gab es eine Interaktion zwischen dem Referenztyp und der Referenzhäufigkeit in der kataphorischen Bedingung (Satztyp 2). Bei viermaliger Nennung des Antezedenten wurde häufiger korrekt geantwortet als bei zweimaliger Nennung des Antezedenten.

Eine Analyse der Fehler der Vier- und Fünfjährigen in der kataphorischen Bedingung zeigt nach Umstead und Leonard (1983), daß die Kinder die Tendenz haben, den Antezedenten als Referenten auszuwählen, der zuletzt vor dem Pronomen genannt wurde. Die Kinder verstehen Pronomen also überwiegend anaphorisch und suchen daher im vorherigen Textabschnitt nach der Bedeutung des Pronomens. Eine andere Strategie besteht darin, die Personen als Koreferenten des Pronomens auszuwählen, die am häufigsten im Text genannt wurde. Die besseren Leistungen in der satzinternen Bedingung sind Umstead und Leonard (1983) zufolge darauf zurückzuführen, daß syntaktische Konnektive, wie z.B. because, die Verbindung zwischen Satzteilen erleichtern. Wenn diese Hinweise fehlen, müssen die Kinder Inferenzen machen, um eine referentielle Verbindung zwischen aufeinanderfolgenden Sätzen herzustellen. Es wird also deutlich, daß Kinder mit drei, vier und fünf Jahren noch Schwierigkeiten haben, referentielle Verbindungen zwischen zwei aufeinanderfolgenden Sätzen herzustellen. Die Ursache hierfür scheint darin zu bestehen, daß Kinder dieser Altersgruppe noch nicht in der Lage sind, Inferenzen bei der pronominalen Auflösung zu berücksichtigen. Auf die Bedeutung der Entwicklung der Inferenzfähigkeit bei der Kohärenzherstellung wird in Abschnitt 4.3 noch intensiver eingegangen.

4.1.2 Die Auflösung anaphorischer Pronomen bei fünfjährigen Kindern

Die Fähigkeit, Inferenzen bei der pronominalen Auflösung zu nutzen, hat Wykes (1981) bei fünfjährigen Kindern genauer untersucht. In einem ersten Experiment ging es ihm darum festzustellen, ob Fünfjährige die referentielle Verbindung zwischen Pronomen und Antezedenten nur mit Hilfe von Genusinformationen oder auch mit Hilfe von Inferenzen bestimmen können. Zwei Typen von Satzpaaren wurden von ihm für die Untersuchung erstellt. Bei beiden Typen wurden im ersten Satz zwei Personen und ein Spielzeug eingeführt. Im zweiten Satz wurde auf einen der Antezedenten im vorherigen Satz mit anaphorischen Pronomen verwiesen. Satztyp eins enthielt Personen mit unterschiedlichem Geschlecht, z.B:

Jane found John's ball.
She gave it to him. (Genusbedingung)
Die Referenten im zweiten Texttyp waren gleichgeschlechtlich, z.B:
Jane needed Susan's pencil.
She gave it to her. (Inferenzbedingung)

Darüber hinaus wurde die Anzahl der pronominalen Verweise im zweiten Satz variiert, indem ein zwei oder drei Pronomen verwendet wurden. Den

Kindern wurden die Satzpaare vorgelesen, und sie mußten jeweils den zweiten Satz (Testsatz) mit Handpuppen nachspielen.

Die Ergebnisse zeigten signifikante Haupteffekte für den Faktor Referenzbedingung (Genusbedingung und Inferenzbedingung) und den Faktor Anzahl der Pronomen. In der Genusbedingung wurden weniger Fehler gemacht als in der Inferenzbedingung. Die Anzahl der Fehler nimmt darüber hinaus mit der Anzahl der Pronomen im zweiten Satz zu, und zwar sowohl in der Genus- als auch in der Inferenzbedingung. Eine weitere Ausdifferenzierung der Ergebnisse ergab, daß die Schwierigkeiten in der Inferenzbedingung vor allem dann auftraten, wenn für beide Handlungspersonen im zweiten Satz Pronomen verwendet wurden und die Kinder aufgrund von Inferenzen eine Verbindung zwischen dem Pronomen und dem Referenten in ihrer Diskursrepräsentation herstellen mußten, um den zweiten Satz korrekt nachzuspielen. Eine genaue post-hoc-Analyse der Inferenzbedingung zeigte, daß das verwendete Textmaterial keineswegs homogen war. In 83% der Sätze mit hoher Fehlerrate korrespondierte das Pronomen in Subjektposition des Testsatzes mit der Objektkonstituente des vorherigen Satzes. In 50% der Sätze mit niedriger Fehlerrate korrespondierte das Pronomen in Subjektposition mit der Subjektkonstituente des vorausgegangenen Satzes. Diese post-hoc-Analyse deutet darauf hin, daß die Kinder bei der Auswahl der Referenten in der Inferenzbedingung von der Position des Antezedenten im vorausgegangenen Satz beeinflußt werden. Es könnte sein, daß beim Aufbau der koreferentiellen Verbindung zwischen den Antezedenten in Satz eins und den Pronomen in Satz zwei keine Inferenzprozesse stattfinden, mit denen die pragmatische Plausibilität der Beziehung zwischen Satz eins und zwei überprüft wird, sondern statt dessen die syntaktische Position der Antezedenten im vorherigen Satz eine zentrale Rolle spielt.

In einem zweiten Experiment wurde aufgrund dieser Überlegungen überprüft, ob Kinder Schwierigkeiten haben, die für die pronominale Auflösung notwendigen Inferenzen im Gedächtnis zu speichern, und ob Kinder generell nicht in der Lage sind, Inferenzen bei der pronominalen Verarbeitung zu nutzen. In diesem zweiten Experiment wurde in der Inferenzbedingung zwischen dem ersten und dem zweiten Satz im Gegensatz zu Experiment eins ein Füllsatz eingefügt. Entweder wurde irrelevante Information geliefert, so daß sich die Informationsmenge erhöhte und die Zeit verlängert wurde, in der die Prämisse der Inferenz vergessen werden konnte, oder es wurden relevante Information eingefügt, die den Inferenzprozeß zum Aufbau der referentiellen Verbindung zwischen Pronomen und Referenten erleichterte. Darüber hinaus überprüfte Wykes (1981), ob die grammatische Relation zwischen Pronomen und Antezedenten für das Verstehen relevant ist. Die Pronomen in Subjektposition des Testsatzes referierten entweder auf das vorherige Subjekt oder auf das vorherige Objekt. Es lag also ein dreifaktorielles Design mit folgenden Faktoren vor: Referenztyp (Genusinformation vs. Inferenzen), Füllsatz (keiner, relevanter, irrelevanter), Satzpaar (Subjektreferenz, Objektreferenz). Die Kinder hatten wiederum die Aufgabe, den letzten Satz (Testsatz) mit Handpuppen nachzuspielen.

In den Ergebnissen zeigte sich, daß Sätze mit paralleler syntaktischer Struktur von Antezedenten und Pronomen in Subjektposition leichter nachzuspielen waren als Sätze, in denen der Antezedent in Objektposition und das Pronomen in Subjektposition des Testsatzes stand. Weitere statistische Vergleiche wurden für parallele und nicht-parallele Sätze getrennt durchgeführt. Sowohl in der parallelen als auch in der nicht-parallelen Bedingung gab es keine Unterschiede beim Nachspielen der Testsätze in Texten, die keinen Füllsatz enthielten, und solchen, die einen irrelevanten Füllsatz enthielten. Diese beiden Bedingungen wurden zusammengefaßt und mit der dritten Bedingung, der mit relevantem Füllsatz, verglichen. In der grammatisch-parallelen Bedingung mit relevantem Füllsatz wurden die Testsätze häufiger korrekt nachgespielt als ohne oder mit irrelevantem Füllsatz. In der grammatisch nicht-parallelen Bedingung gab es keinen signifikanten Effekt.

Die Ergebnisse zeigen nach Wykes (1981), daß die Fünfjährigen Schwierigkeiten haben, Inferenzprozesse bei der pronominalen Verarbeitung effektiv einzusetzen. Fünfjährige Kinder verfolgen eher eine syntaktische Regel, die heißt: Wähle als Referenten des Pronomens das Subjekt des vorausgegangenen Satzes.

Bei genauerer Betrachtung sind jedoch Zweifel an dieser Interpretation angebracht. In der parallelen Subjektbedingung sind zwar das Pronomen und der Referent in derselben syntaktischen Position, gleichzeitig ist der Referent aber auch pragmatisch plausibel. Es bleibt daher letztendlich unklar, ob die Kinder nur aufgrund der syntaktischen Parallelität des Referenten und des Pronomens die referentielle Verbindung herstellen oder ob die pragmatische Plausibilität eines Referenten in Kombination mit der syntaktischen Parallelität zum Aufbau der referentiellen Verbindung führt.

112

4.1.3 Die Auflösung anaphorischer Pronomen bei siebenjährigen Kindern

Oakhill und Yuill (1986) untersuchten die Bedeutung von Genusinformationen und Inferenzprozessen für die Koreferenzherstellung bei siebenjährigen Kindern. Die Kinder wurden aufgrund eines Leseverstehenstests in zwei Gruppen aufgeteilt, d.h., die eine Gruppe bestand aus schlechten, die andere aus guten Verstehern. Es sollte überprüft werden, ob schlechte und gute Versteher bei der pronominalen Auflösung gleichermaßen auf Genusinformationen und Inferenzen zurückgreifen. Darüber hinaus sollte für gute und schlechte Versteher die Gedächtnisbelastung bei der pronominalen Auflösung getestet werden. Die Versuchspersonen hatten die Aufgabe, einfache Texte laut zu lesen und anschließend Fragen nach dem Referenten zu beantworten. Um den Gedächtniseffekt zu überprüfen, blieben die Sätze nach dem Lesen entweder sichtbar oder wurden verdeckt. Der Einfluß der Genusinformationen und Inferenzleistungen wurde getestet, indem die Hälfte der Sätze mit für die Auflösung des Pronomens relevanten Genusinformationen dargeboten wurde. In der anderen Hälfte konnten die Genusinformationen nicht zur Auflösung genutzt werden. Die referentielle Verbindung zwischen einem Pronomen und einem Antezedenten war in diesen Sätzen nur durch Inferenzen herzustellen. Alle Sätze bestanden aus einem Hauptsatz mit zwei Antezedenten, einem weiblichen und einem männlichen oder zwei Antezedenten gleichen Geschlechts, gefolgt von einem untergeordneten Satz, der mit *because* anfing. Die Pronomen wurden immer nach den potentiellen Antezedenten als Subjekt des untergeordneten Satzes verwendet. Die Texte lauteten z.B.:

Peter lent ten pence to Liz, because she was very poor.
oder
Susan lent ten pence to Liz, because she was very poor.

Der Hauptsatz enthielt immer ein Verb, das einen Transfer beschreibt. Der korrekte Referent war entweder in erster oder zweiter Position des Hauptsatzes genannt worden. Für jeden Satz wurde eine Entscheidungsfrage formuliert (*Wer war arm, Peter oder Liz?*), die die Kinder nach jedem Satz beantworten mußten. Die Position des korrekten Antezedenten in den Fragen wurde über die unabhängigen Faktoren gleich verteilt.

Grundlegend für die Studie waren die folgenden Hypothesen: Wenn die schlechteren Versteher unter den Siebenjährigen Schwierigkeiten haben, die notwendigen Informationen im Arbeitsgedächtnis zu speichern, sollten sie bei einer Entlastung des Gedächtnisses (der Text bleibt sichtbar) weniger Probleme haben, die Fragen zu beantworten als bei einer starken Gedächtnisbelastung (Text bleibt nicht sichtbar). Andererseits können die Probleme schlechter Versteher aber auch auf generelle Schwierigkeiten bei der Integration von Textinformationen in ihre Textrepräsentation zurückgeführt werden, z.b. dann, wenn keine Gedächtniseffekte feststellbar sind.

Schlechte Versteher machten in der Untersuchung von Oakhill und Yuill (1986) in allen Bedingungen mehr Fehler als gute Versteher. Selbst dann, wenn sie den Referenzsatz noch einmal lesen konnten. Da sich die Gedächtnisentlastung sowohl auf gute als auch auf schlechte Versteher positiv auswirkt, lassen sich die Probleme der schlechten Versteher offensichtlich nicht auf eine Überlastung des Gedächtnisses zurückführen. Die schlechten Versteher haben beim Lesen von Texten scheinbar generelle Schwierigkeiten mit der Herstellung referentieller Beziehungen zwischen aufeinanderfolgenden Informationen.

In einem weiteren Experiment überprüften Oakhill und Yuill (1986), ob schlechtere Versteher spezielle Probleme mit dem Aufbau komplexer Inferenzen haben. Die Versuchspersonen hatten die Aufgabe, Pronomen in vorgegebene Satzpaare einzusetzen. Im ersten Satz wurden immer zwei Personen mit unterschiedlichem Genus eingeführt, und im 2. Satz wurde auf eine der Personen referiert. Das entsprechende Pronomen fehlte jedoch im Satz und mußte von den Versuchspersonen eingesetzt werden, z.B.:

Sally gave her shoes to Ben as a present because ... needed them.

Die Versuchspersonen hatten zunächst das angemessene Pronomen einzusetzen und anschließend zu beurteilen, ob die daraus abgeleitete Aussage korrekt war. Diese Aufgabe war nur zu bewältigen, wenn die Versuchspersonen die Textinformationen in ihre Diskursrepräsentation integrieren konnten. Dazu sind mehr oder weniger komplexe Inferenzprozesse notwendig. Um die Inferenzfähigkeit der guten und schlechten Versteher zu überprüfen, wurde die Komplexität der erforderlichen Inferenzen von Oakhill und Yuill (1986) ebenfalls variiert.

Die Ergebnisse zeigten wie im ersten Experiment, daß die schlechten Versteher generell größere Probleme bei der pronominalen Koreferenzherstellung haben als gute Versteher. Besondere Schwierigkeiten traten aber vor allem dann auf, wenn komplexe Inferenzen nötig waren, um die Textinformationen zu integrieren. Nach Auffassung von Oakhill und Yuill (1986) zeigen die Ergebnisse aus den Experimenten eins und zwei, daß schlechte Versteher Pronomen wenig Beachtung schenken und eventuell auftretende Verstehensprobleme aufgrund ihrer mangelnden Inferenz-fähigkeit gar nicht realisieren. Schlechte Versteher sind vor allem bei komplexen Verarbeitungsprozessen benachteiligt, da sie versäumen, beim Lesen referentielle Verbindungen im Text zu verfolgen. Es wird in den Ergebnissen deutlich, daß auch noch siebenjährige Kinder Schwierigkeiten haben, bei der pronominalen Auflösung Inferenzen zur Identifizierung eines Koreferenten in der Diskursrepräsentation zu nutzen.

4.1.4 Die Auflösung anaphorischer Pronomen bei fünf-, sieben- und zehnjährigen Kindern sowie Erwachsenen

Tyler (1983) untersuchte die Entwicklung der anaphorischen Koreferenz-fähigkeit bei fünf-, sieben- und zehnjährigen Kindern sowie bei Erwachsenen mit einer Sprechfehlerentdeckungsmethode. Die Versuchspersonen saßen vor einem Computer und hörten Texte, in denen systematisch Aussprachefehler vorkamen. Die Versuchspersonen hatten die Aufgabe, so schnell wie möglich eine Taste zu drücken, wenn sie den Aussprachefehler entdeckt hatten. Im Gegensatz zu den Methoden, die in den bisher dargestellten Entwicklungsstudien verwendet wurden, hat diese Methode den Vorteil, daß die Prozesse der Kinder beim Verstehen on-line unter-sucht werden können, da die Entdeckungsaufgaben während des Verste-hensprozesses ausgeführt werden müssen. Die Zeit, die vergeht, um die Aufgabe zu erfüllen, gibt Hinweise auf Zusammenhänge zwischen dem Textinput und den korrespondierenden kognitiven Verarbeitungsprozessen der Kinder.

Tyler (1983) verfolgte mit dem durchgeführten Experiment drei Ziele. Zum einen sollte getestet werden, ob diese Fehlerentdeckungsmethode, die bei Erwachsenen bereits mit Erfolg angewendet wurde, auch geeignet ist, um Verstehensprozesse bei Kindern zwischen fünf und zehn Jahren zu beobachten. Zum anderen sollte überprüft werden, in welchem Ausmaß verschiedene Arten von Anaphern (Nomen und Pronomen) in ihrer Effek-tivität als kohäsive Hinweise im Diskurs variieren. Als drittes sollte dar-über hinaus die Frage beantwortet werden, ob es in den verschiedenen

Altersgruppen beim anaphorischen Zuordnungsprozeß in bezug auf den relativen Einfluß der variierten Faktoren Veränderungen gibt. Folgende Beispiele verdeutlichen die verschiedenen Anapherntypen, die von Tyler (1983) untersucht wurden:

1. *Mother saw the postman coming from a distance.*
   The postman brought a letter from uncle Charles who lives in Canada.
   (Wiederholung)
2. *Mother saw the postman coming from a distance.*
   The man brought a letter from uncle Charles. (allgemeines Nomen)
3. *Mother saw the postman coming from a distance.*
   He brought a letter form uncle Charles. (Pronomen)

In den Texten war das Wort *letter* immer falsch ausgesprochen. Um festzustellen, ob der Zuordnungsprozeß für alle drei genannten Anapherntypen gleich schnell erfolgt, wurde die Tatsache ausgenutzt, daß bei einem Wiedererkennungsprozeß die Wiedererkennung erleichtert ist, wenn das fragliche Wort aufgrund des vorausgegangenen Kontextes vorhersagbar ist. Das Wort *letter* ist vorhersagbar, wenn man das Wort *postman* als Subjekt des zweiten Satzes kennt. In den Beispieltexten zwei und drei ist das Wort letter also nur vorhersagbar, wenn die referentielle Verbindung zwischen *postman* im ersten Satz und der Anapher im zweiten Satz hergestellt wurde. Falls sich also die drei Anapherntypen beim Aufbau der referentiellen Beziehung unterschiedlich auswirken, dann sollten bei Text zwei und Text drei die Entdeckungszeiten für das falsch ausgesprochene Wort länger sein als bei Text eins, da in Text eins im Testsatz *postman* explizit genannt wurde und das Wort *letter* auch ohne einen referentiellen Zuordnungsprozeß vorhersagbar ist. Der Aussprachefehler könnte daher schneller entdeckt werden als in den beiden anderen Bedingungen. Zusätzlich wurde eine vierte experimentelle Bedingung eingeführt, in der das Testwort nicht vorhersagbar war. Das heißt, die referentielle Verbindung zwischen den beiden Sätzen war pragmatisch unplausibel.

4. *Mother saw the postman coming from a distance.*
   Mother brought a letter from uncle Charles.

Falls die Antworten in Bedingung vier generell länger sind als in Bedingung zwei und drei, dann ist das ein Hinweis dafür, daß Kinder tatsächlich eine Zuordnung der Anapher zum Antezedenten vornehmen und dabei feststellen, daß das Testwort unplausibel ist.

Die Ergebnisse lieferten Anhaltspunkte dafür, daß auch fünfjährige Kinder die Fehlerentdeckungsaufgabe im großen und ganzen bewältigten. Die genaue Analyse der Fehlerentdeckungsraten zeigte jedoch, daß die fünfjährigen Kinder im Vergleich zu den sieben- und zehnjährigen Kindern mehr Schwierigkeiten hatten, Aussprachefehler zu entdecken, vor allem in der vierten Bedingung. Bei der Analyse der Reaktionszeiten ergaben sich signifikante Haupteffekte für den Faktor Alter und den Faktor Anapherntyp. Interaktionen wurden nicht signifikant. Die Reaktionszeiten wurden mit zunehmendem Alter schneller. Der Anaphereneffekt ist, im Vergleich zu Sätzen mit lexikalischen Wiederholungen, auf verlängerte Reaktionszeiten in Sätzen mit allgemeinen nominalen Anaphern zurückzuführen. Darüber hinaus zeigten sich in der Analyse der pronominalen Anaphern entwicklungsspezifische Schwierigkeiten. Fünfjährige haben für die Entdeckung des Aussprachefehlers bei der Verwendung von Pronomen im Durchschnitt 58 Millisekunden länger gebraucht als bei lexikalischer Wiederholung des Antezedenten. Bei den Fünfjährigen ist unklar, ob überhaupt anaphorische Auflösungsprozesse stattfinden. Den einzigen Hinweis auf Diskurszuordnungsprozesse lieferten die im Vergleich mit der pronominalen Bedingung signifikant schnelleren Reaktionszeiten in der nominalen Bedingung. Diese verkürzten Entscheidungszeiten können jedoch auch auf rein satzinterne Effekte zurückgeführt werden, da in der nominalen Bedingung *postman* in Satz zwei zusammen mit *letter* genannt wird.

Um abzutesten, ob die Schwierigkeiten der Fünfjährigen auf generelle Probleme mit Integrationsprozessen beim Diskursverstehen zurückzuführen sind, führte Tyler (1983) zwei weitere Experimente durch. Im zweiten Experiment sollte erstens überprüft werden, ob die Fünfjährigen in der Lage sind, lexikalische Eigenschaften (Genus, Numerus) des Pronomens zu nutzen, und zweitens sollte das Zusammenspiel zwischen pragmatischen Informationen und lexikalischen Informationen bei der Referenzzuweisung untersucht werden. Folgende Referenzbedingungen wurden untersucht:

1. *Every now and then, the prince goes to see the old shepherd.*
   He takes good care of the sheep, and .... (pragmatisch plausibel)
2. *Every now and then, the princess goes to see the old shepherd.*

He takes good care of the sheep, and ... (eindeutig aufgrund von Genus)
3. *Every now and then, the princes go to see the old shepherd.*
   He takes good care of the sheep, and ... (eindeutig aufgrund von Numerus)
4. *Every now and then, the princess goes to see the old shepherd.*
   She takes good care of the sheep, and ... (eindeutig aufgrund von Genus aber pragmatisch falsch)

In Bedingung eins sind beide potentiellen Antezedenten singular und männlich, das Pronomen in der Subjektposition des Fortsetzungssatzes ist ambig, die pragmatisch plausible Interpretation des Pronomens *he* ist allerdings *shepherd.* Die Bedingungen zwei und drei sind lexikalisch eindeutig aufgrund der Genusmarkierung in Bedingung zwei und der Numerusmarkierung in Bedingung drei. Pragmatisch angemessen für die Interpretation des Pronomens ist jeweils *shepherd.* In Bedingung vier ist das Pronomen aufgrund der Genusmarkierung eindeutig. Der korrekte Referent ist, wenn der Hörer nur die Genusinformation für die Referenzzuweisung nutzt, die Prinzessin (*princess*). In diesem Falle wird jedoch der Fortsetzungssatz pragmatisch unplausibel.

Tyler (1983) verwendete in diesem zweiten Experiment dieselbe Methode wie in Experiment eins. Fünf-, sieben- und zehnjährige Kinder und Erwachsene nahmen am Experiment teil. Die Ergebnisse ergaben lediglich einen signifikanten Alterseffekt, d.h., die Reaktionszeiten wurden mit zunehmendem Alter schneller. Der Faktor Referenzbedingung und die Interaktion zwischen den Faktoren Alter und Referenzbedingung wurden nicht signifikant. Die mittleren Reaktionszeiten scheinen jedoch darauf hinzudeuten, daß sich die Rolle pragmatischer Informationen und lexikalischer Hinweise mit dem Alter verändert. Eine post-hoc-Analyse der Reaktionszeiten wurde deshalb von Tyler (1983) durchgeführt. Die Bedingung vier wurde mit dem Durchschnitt der Bedingungen eins, zwei und drei verglichen, da hier im Gegensatz zur vierten Bedingung lexikalische und pragmatische Informationen konsistent miteinander waren. Sieben- und Zehnjährige sowie Erwachsene waren in der vierten Bedingung langsamer bei ihren Entscheidungszeiten als in den anderen drei Bedingungen. Die Fünfjährigen blieben jedoch von der pragmatischen Unplausibilität der vierten Bedingung unbeeinflußt. Die Reaktionszeiten der Fünfjährigen in der vierten Bedingung ergaben keine Veränderungen im Vergleich mit den gemittelten Reaktionszeiten der anderen drei Bedingungen. Das deutet darauf hin, daß die lexikalischen Eigenschaften eines Pronomens bei Fünfjährigen nicht auf die gleiche Weise ausgewertet werden wie bei älteren Kindern und Erwachsenen, sonst hätten auch die fünfjährigen Kinder mit verlängerten Reaktionszeiten auf die pragmatisch unplausiblen Sätze reagieren müssen.

Ziel des dritten Experiments von Tyler (1983) war es deshalb festzustellen, ob fünfjährige Kinder generelle Probleme haben, koreferentielle Beziehungen im Diskurs herzustellen oder nur spezifische Probleme mit der Auflösung von Pronomen haben. Tyler (1983) verwendete in ihrem dritten Experiment folgendes Textmaterial:

1. *The skater in the orange suit was our nephew.*
   The skater fell on the ice and broke his leg ... (Wiederholung des Nomens)
2. *The skater in the orange suit was our nephew.*
   He fell on the ice and broke his leg ... (Pronomen)
3. *The skater in the orange suit was our nephew.*
   Our nephew fell on the ice and broke his leg ... (allgemeines Nomen)
4. *The boy in the orange suit was our nephew.*
   Our nephew fell on the ice and broke his leg ... (Inferenzbedingung)

Tyler (1983) verwendete auch hier dieselbe experimentelle Methode wie in den ersten beiden Experimenten. Die Versuchspersonen mußten wiederum so schnell wie möglich die falsch ausgesprochenen Wörter erkennen. Das falsch ausgesprochene Wort, im Beispieltext *ice*, war vom Zuhörer vorhersagbar und damit auch schneller als falsch zu erkennen, wenn er wußte, daß der Schlittschuhläufer das Subjekt des zweiten Satzes war. Dies war jedoch nur möglich, wenn mit der Rezeption der Anapher entsprechende Diskurszuordnungsprozesse stattfanden. In Bedingung eins wurde das Nomen wiederholt. Die Information, die das Testwort vorhersagbar machte, war dadurch im Fortsetzungssatz selbst enthalten. Daher war in dieser Bedingung die Diskurszuordnung nicht entscheidend für die Entdeckung der Aussprachefehler. In den Bedingungen zwei und drei ist die vorhersagbare Information nur im Kontextsatz enthalten. Sie muß durch die Anapherntypen indiziert werden. Falls Fünfjährige generell Schwierigkeiten haben, koreferentielle Beziehungen im Diskurs mit Hilfe von Anaphern aufzubauen, dann sollte es in den Bedingungen zwei und drei keine Unterschiede zwischen den Entscheidungszeiten geben. In beiden Fällen sollte das Testwort schlechter erkennbar sein als in Bedingung eins. Falls die Verarbeitungsschwierigkeiten der Fünfjährigen begrenzt sind auf pronominale Anaphern, dann sollte das Testwort in Bedingung zwei schlechter vorhersagbar sein als in Bedingung drei und die Entscheidungszeiten entsprechend verlängert sein. Die Entscheidungszeiten in den Bedingungen eins und drei sollten hingegen ähnlich sein. Durch einen Vergleich von Bedingung drei und vier, die die gleiche Anapher im Fortsetzungssatz haben, konnte der Beitrag des Diskurskontextes für die on-line-Interpretation von Anaphern überprüft werden.

Im Gegensatz zu den ersten beiden Experimenten wurden den Versuchspersonen in diesem dritten Experiment vor der Präsentation der Testsätze zwei bis drei Kontextsätze dargeboten. Die Ergebnisse ergaben einen signifikanten Haupteffekt für den Faktor Alter und für den Faktor Anapherntyp. Der Alterseffekt ist darauf zurückzuführen, daß die Reaktionszeiten mit zunehmendem Alter abnahmen. Der Effekt für den Faktor Anapherntyp hängt einerseits damit zusammen, daß die Antworten auf Bedingung eins, zwei und drei schneller waren als auf die kontextuell neutrale Bedingung vier. Dieser Effekt hängt andererseits aber auch damit zusammen, daß die Reaktionszeiten in der pronominalen Bedingung langsamer waren als in der Bedingung mit definiten Nomen.

Die Ergebnisse erfüllen die Erwartungen von Tyler (1983) in bezug auf die Bedingungen eins (Wiederholung) und drei (Nomen). Der Unterschied in den Reaktionszeiten zwischen den Bedingungen eins und drei war in allen drei Altersgruppen nicht signifikant. Das heißt, auch fünfjährige Kinder sind in der Lage, Diskurszuordnungsprozesse durchzuführen, wenn definite Beschreibungen verwendet werden. In bezug auf die pronominalen Anaphern war das Ergebnis jedoch etwas überraschend. Die Siebenjährigen, Zehnjährigen und Erwachsenen waren in der pronominalen Bedingung signifikant langsamer als in der definiten Anaphernbedingung. Bei den Fünfjährigen war dies jedoch nicht der Fall. Dieses Ergebnis steht im Gegensatz zu dem Ergebnis aus Experiment eins. In Experiment eins waren die Fünfjährigen bei der Fehlerentdeckung in der pronominalen Bedingung langsamer als in den anderen anaphorischen Bedingungen. In Experiment drei dagegen hatten sie in der pronominalen Bedingung die Fehler genauso schnell erkannt wie in der nominalen Anaphernbedingung. Der Grund dafür ist nach Tyler (1983), daß sich die Experimente in der Darbietung der Testsätze unterscheiden. In Experiment eins waren einfache Texte verwendet worden. In Experiment drei wurden dagegen zusätzlich zwei bis drei einleitende Kontextsätze dargeboten. Die Kontextsätze enthielten bis zu vier potentielle Antezedenten. Diese Kontextsätze haben bei den Fünfjährigen offensichtlich einen Einfluß auf die pronominale Verarbeitung ausgeübt. Um diesen Effekt zu erklären, wurde von Tyler (1983) eine post-hoc-Analyse des Materials durchgeführt. In 12 der 28 Versuchstexte war in den Kontextsätzen ein thematisches Subjekt bestimmbar, das mit dem Subjektpronomen im Testsatz koreferierte. Den Begriff *thematisches Subjekt* verwendet Tyler in Anlehnung an Karmiloff-Smith (1980). Das thematische Subjekt ist der Hauptaktant in einer Geschichte. Die Definition des thematischen Subjekts ist mit dem Begriff Diskurstopik vergleichbar. In 16 der 28 Texte koreferierte das Pronomen im Testsatz nicht mit einem thematischen Subjekt. Es wurden daher zwei Sets von Texten verwendet und separat untersucht. Wenn der Koreferent des Pronomens thematisches Subjekt war, dann gab es bei den Fünfjährigen keine Unterschiede zwischen den Fehlerentdeckungszeiten in der pronominalen und nominalen Bedingung. Die älteren Versuchspersonen waren dagegen unabhängig vom Diskursstatus des Antezedenten in der pronominalen Bedingung langsamer als in der nominalen Bedingung.

Tyler (1983) vermutet, daß die Fünfjährigen eine *thematische Subjektstrategie* bei der Auflösung von Pronomen verfolgen, d.h. Pronomen werden von fünfjährigen Kindern als Leerstelle für die Haupthandlungsperson interpretiert. Karmiloff-Smith (1985) hatte diese thematische Subjektstrategie bei der Produktion von Geschichten bei sechs- und siebenjährigen Kindern beobachtet, d.h., die Kinder verwendeten Pronomen unabhängig von den lokalen kontextuellen Anforderungen in der Geschichte ausschließlich, um auf den Hauptaktanten zu referieren. Pronomen sind quasi eine Leerstelle für den Hauptaktanten.

4.1.5 Die Auflösung anaphorischer Pronomen bei sieben- und elf jährigen Kindern und Erwachsenen

In einer neueren Untersuchung hatte Kertoy (1991) überprüft, inwiefern Siebenjährige, Elfjährige und Erwachsene bei der pronominalen Auflösung die syntaktisch parallele Position von Antezedenten und Pronomen und die Betonung des Pronomens zur Identifizierung des Referenten nutzen können. Sie verwendete ähnliche Sätze wie Maratsos (1973; vgl. Abschnitt 4.1.1). In dem folgenden Beispielsatz,

John hit Tom and then he hit Bob,

koreferiert *he* aufgrund der syntaktischen Parallelität mit *John*. Kertoy (1991) spricht in diesem Fall von Topikkontinuität. Dieser Satz wurde gegen den Fall,

John hit Tom and HE (betont) hit Bob,

getestet. Hier koreferiert *he* mit *Tom*. Die Sätze wurden den Versuchspersonen von einem Tonband vorgespielt. Nach jedem Satz hatten die Versuchspersonen die Aufgabe eine Frage, wie z.B. *Who hit Bob?*, zu beantworten. Ausgewertet wurde die Wahrscheinlichkeit, mit der die Versuchspersonen in den Altersgruppen den Topik, d.h. die zuerst im Satz genannte Person als Koreferent nennen.

Die Ergebnisse der Untersuchung zeigten, daß bei Sätzen mit unbetonten Pronomen in allen Altersgruppen die erste im Satz genannte Person mit größerer Wahrscheinlichkeit als Referent ausgewählt wurde als die zweite Person. In allen Altersgruppen wurde also die sogenannte Topikkontinuität zur Identifizierung des Antezedenten genutzt. Die Wahrscheinlichkeit, mit der die erste Person als Referent genannt wurde, nahm mit dem Alter zu (.55 bei Siebenjährigen, .84 bei Elfjährigen, .98 bei Erwachsenen).

In Fällen mit betonten Pronomen nannten die Siebenjährigen und die Elfjährigen überzufällig häufig ebenfalls die zuerst im Satz aufgetretene Person als Referenten. Auch hier wurde offensichtlich zur Identifizierung der referentiellen Verbindung die Topikkontinuität genutzt. Bei den Erwachsenen spielte die Topikkontinuität eine weniger große Rolle. Erwachsene nannten bei betonten Pronomen überzufällig häufig die zweite im Satz aufgetretene Person als Referenten. Die Elfjährigen verwendeten im Vergleich zu den Siebenjährigen und Erwachsenen am häufigsten die erste Person im Satz. Bei ihnen scheint eine Übergeneralisierung der Topikkontinuität vorzuliegen.

Diese Ergebnisse stehen im Gegensatz zu der Untersuchung von Maratsos (1973), der feststellen konnte, daß Fünfjährige durchaus in der Lage sind, Sätze mit betonten Pronomen korrekt nachzuspielen. Vermutlich ist es jedoch der Einfluß der Aufgabenstellung, der sich in seiner Untersuchung so ausgewirkt hat, daß die Pronomen bei der Nachspielaufgabe von den jüngeren Kindern eher deiktisch verwendet wurden. In verschiedenen anderen Untersuchungen (z.B. Atkinson, 1979; Keenan & Klein, 1975;

Keenan & Schiffelin, 1976; Maratsos, 1974) konnte gezeigt werden, daß die deiktische Verwendung von Pronomen und Nomen schon relativ früh gelernt wird. Andere Untersuchungen (Bamberg, 1987; Emslie & Stevenson, 1981; Hickmann, 1980, Hickmann, Liang, Hendriks, 1989; Karmiloff-Smith, 1981, 1985; Power & Dal Martello, 1986; Warden, 1976, 1981) zeigen jedoch, daß die intralinguistische Funktion von Pronomen und Nomen in Texten erst in einem viel späteren Alter erworben wird. In dem experimentellen Setting von Kertoy (1991) konnten die Pronomen nicht deiktisch verstanden werden. Die Unterschiede in den Ergebnissen von Maratsos (1973) und Kertoy (1991) sind demzufolge möglicherweise auf die, in beiden Untersuchungen verwendeten, unterschiedlichen experimentellen Methoden zurückzuführen.

Zusammenfassend kann man die Hinweise über den Einfluß verschiedener Informationen bei der pronominalen Verarbeitung und dessen Entwicklungsverlauf in den Studien nicht ohne weiteres direkt miteinander vergleichen. Die Studien unterscheiden sich erstens darin, wie alt die untersuchten Kinder waren. Drei-, vier- und fünfjährige Kinder wurden von Maratsos (1973) und Umstead und Leonard (1983) untersucht. Tyler (1983) untersuchte fünf-, sieben- und zehnjährige Kinder und Erwachsene; Wykes (1981) nur fünfjährige Kinder, Oakhill und Yuill (1986) nur siebenjährige Kinder und Kertoy (1991) sieben- und elfjährige Kinder sowie Erwachsene.

Zweitens werden in den Studien unterschiedliche Textmaterialien verwendet und verschiedene Faktoren im Text variiert. Die Textmaterialien waren unterschiedlich lang. So zum Beispiel acht Sätze bei Umstead und Leonard (1983), vier bis fünf Sätze bei Tyler (1983) oder zwei Sätze lang wie bei Wykes (1981) und Tyler (1983). In den anderen Untersuchungen wurden einzelne Sätze mit zwei aufeinanderfolgenden Teilsätzen verwendet, die entweder durch *and* (Maratsos, 1973; Kertoy, 1991) oder *because* (Oakhill & Yuill, 1986) verbunden waren. Meistens ging es darum, die Faktoren zu bestimmen, die über Genus- und Numerusinformationen hinaus die pronominale Verarbeitung beim Textverstehen beeinflussen. Dazu wurden in der Regel vor dem Pronomen im Testsatz zwei Antezedenten eingeführt, deren Genus und Numerus mit dem in Subjektposition stehenden Pronomen im Testsatz übereinstimmte. In all diesen Fällen kann die Referenz nicht allein aufgrund von Genus- oder Numerusinformationen hergestellt werden, sondern nur unter Hinzuziehung anderer Hinweise. Umstead und Leonhard (1983) überprüften, inwiefern syntaktische Faktoren, pragmatische Relationen und die Nennungshäufigkeit eines Antezedenten die Identifizierung eines Referenten neben Genus und Numerus bestimmen. Wykes (1981) und Oakhill und Yuill (1986) ging es vor allem darum zu zeigen, ob die Kinder semantische und pragmatische Faktoren bei der pronominalen Verarbeitung nutzen und in der Lage sind, Inferenzen bei der pronominalen Verarbeitung zu berücksichtigen. Maratsos (1973) und Kertoy (1991) haben den Einfluß intonatorischer Hinweise überprüft. Tyler (1983) hat die Verarbeitung von Pronomen im Vergleich zu verschiedenen anderen anaphorischen Ausdrucksmitteln wie Wiederholungen oder definiten Nominalphrasen untersucht. Die Studien unterscheiden sich darüber hinaus in der methodischen Herangehensweise. Vier verschiedene Methoden werden benutzt:

1. Nach dem Hören kurzer Texte hatten die Versuchspersonen die Aufgabe, die anaphorischen Äußerungen nachzuspielen, indem sie einfache Handlungen oder Bewegungen mit Puppen und anderem Spielzeug ausführten (z.b. Wykes, 1981; Maratsos, 1973).
2. Nach dem Hören kurzer Texte hatten die Versuchspersonen die Aufgabe, aus mehreren dargebotenen Bildern, die alternative Antezedenten darstellten, den richtigen Referenten auszuwählen (z.b. Umstead & Leonard, 1983).
3. Nach dem Hören oder Lesen von Texten, hatten die Versuchspersonen die Aufgabe, Fragen zu beantworten, die sich auf die anaphorischen Äußerungen bezogen (z.b. Oakhill & Yuill, 1986; Kertoy, 1991).
4. Während des Hörens kurzer Texte mit anaphorischen Äußerungen wurde die Reaktionszeit der Versuchspersonen auf die Präsentation bestimmter fehlerhaft ausgesprochener Wörter gemessen (z.b. Tyler, 1983).

Sowohl bei der Nachspielaufgabe als auch bei der Beantwortung von Verstehensfragen und der Identifizierung von Bildern vergeht zwischen der Rezeption des Textes und der Versuchsaufgabe soviel Zeit, daß weitere Verarbeitungsprozesse stattfinden können, die nicht mehr direkt mit der anaphorischen Auflösung verbunden sind. Dies ist bei der Fehlerentdeckungsaufgabe nicht der Fall. Die Versuchsaufgabe erfolgt direkt mit der Rezeption des Textes. Der Vorteil dieser unmittelbaren Reaktionszeitaufgabe besteht darin, daß eine direktere Verbindung zwischen der Präsentation der vorgegebenen linguistischen Hinweise und den gemessenen Reaktionszeiten vorliegt. Zusammenhänge zwischen den experimentell variierten Faktoren im Text und den Verarbeitungsmechanismen des kognitiven Systems des Rezipienten können dadurch zuverlässiger erschlossen werden. Trotz dieser Differenzen zwischen den einzelnen Studien kristallisieren sich jedoch einige typische Ergebnisse heraus, die charakteristisch sind für pronominale Auflösungsprozesse bei Kindern.

4.2 Der altersspezifische Einfluß von strukturellen Aspekten

Die pronominale Verarbeitung bei Kindern wird neben Genus- und Numerusinformationen (z.B. Umstead & Leonard, 1983; Wykes, 1981; Oakhill & Yuill, 1986) durch die syntaktische Struktur der Sätze (z.B. Umstead & Leonard, 1983), die semantischen Rollen der Aktanten (z.B. Maratsos, 1973), die Position des Antezedenten im Satz (z.B. Kertoy, 1991; Wykes, 1981) und das thematische Subjekt (z.B. Tyler, 1983) beeinflußt. Vergleicht man die Faktoren, die die pronominale Verarbeitung bei Kindern und Erwachsenen bestimmen, so gibt es einerseits große Übereinstimmungen. Auch bei Erwachsenen spielen neben Genus und Numerus die Distanz zwischen dem Antezedenten und dem Pronomen, der Satztopik, der Diskurstopik, die Subjektposition, die syntaktische Einbettung des Antezedenten, die Nennungshäufigkeit des Antezedenten sowie die semantischen und pragmatischen Relationen zwischen dem bereits aufgebauten Diskursmodell und neuen Informationen nach der Rezeption eines Pronomens eine Rolle (vgl. Abschnitt 3.2.3). Allerdings gibt es andererseits auch deutliche Unterschiede bei der pronominalen Verarbeitung zwischen Erwachsenen und Kindern. Vor allem semantische und pragmatische Faktoren können von Kindern weniger gut bei der pronominalen Verarbeitung genutzt werden als von Erwachsenen. Kinder haben darüber hinaus mehr Schwierigkeiten als Erwachsene, wenn die Betonung eines Pronomens zur Identifizierung eines Referenten genutzt werden muß. Aufgrund der präsentierten Studien muß man annehmen, daß sich der Einfluß der kontextuellen Informationen auf die pronominale Verarbeitung sich mit zunehmendem Alter folgenderweise verändert:

- Drei-, vier- und fünfjährige Kinder können satzinterne Pronomen besser auflösen als satzübergreifende Pronomen. Am meisten Probleme haben die Kinder in diesem Alter mit kataphorischen Pronomen (z.B. Umstead & Leonard, 1983).

- Drei-, vier- und fünfjährige Kinder haben keine Schwierigkeiten, Pronomen aufzulösen, wenn die semantische Rolle des Pronomens identisch ist mit der semantischen Rolle des Antezedenten im vorausgegangenen Satz. Wechselt die semantische Rolle (z.B. durch die Betonung des Pronomens), dann sind Kinder dieser Altersgruppe nicht in der Lage, eine angemessene koreferentielle Verbindung aufzubauen. Bei einer Nachspielaufgabe gelingt es erst den Fünfjährigen, Sätze korrekt nachzuspielen (Maratsos, 1973). Bei einer textgebundenen Aufgabe haben sogar Elfjährige noch Schwierigkeiten, derartige Pronomen richtig aufzulösen (Kertoy, 1991).
- Fünfjährige haben Probleme, pragmatische Informationen bei der pronominalen Verarbeitung zu integrieren. Sie stützen die Auflösung von Pronomen vor allem auf syntaktische Informationen. Pronomen in Subjektposition eines Satzes können dann aufgelöst werden, wenn sie mit einem Antezedenten in Subjektposition des vorausgegangenen Satzes koreferieren (Wykes, 1981).
- Fünfjährige haben Schwierigkeiten, überhaupt eine referentielle Verbindung herzustellen, wenn bei mehreren Antezedenten der pragmatisch plausible Antezedent in Objektposition eines vorausgegangenen Satzes steht und die referentielle Verbindung zwischen dem Antezedenten und dem anaphorischen Pronomen nur aufgrund pragmatischer Informationen und entsprechender Inferenzen herzustellen ist (Wykes, 1981).
- Fünfjährige können eine referentielle Verbindung zwischen einem Antezedenten und einem anaphorischen Pronomen herstellen, wenn das Pronomen mit dem thematischen Subjekt koreferiert (Tyler, 1983),
- Siebenjährige haben Schwierigkeiten, Inferenzen bei der pronominalen Verarbeitung zu berücksichtigen (Oakhill & Yuill, 1986).

Aufgrund der referierten Ergebnisse bleibt unklar, ob die Entwicklung der Fähigkeit zur pronominalen Koreferenzherstellung bereits mit dem siebenten Lebensjahr abgeschlossen ist und die kognitiven Strategien, die diesem Verhalten zugrunde liegen, vergleichbar sind mit den Auflösungsstrategien der Erwachsenen. Tyler (1983) geht davon aus, daß sich bereits siebenjährige Kinder bei der Verarbeitung von Pronomen nicht mehr von Erwachsenen unterscheiden. Ergebnisse von Kertoy (1991) und Oakhill und Yuill (1986) lassen jedoch Zweifel daran aufkommen, daß dies tatsächlich der Fall ist. Unklar bleibt bei der gegenwärtigen Erkenntnislage vor allem auch, ab wann und inwiefern semantische und pragmatische

Informationen von Kindern beim Aufbau der referentiellen Verbindung genutzt werden.

4.3 Entwicklungsspezifische Verarbeitungsstrategien bei der pronominalen Auflösung

Die Frage nach entwicklungsspezifischen Verarbeitungsstrategien drängt sich auf, wenn man die Ergebnisse zur Entwicklung der pronominalen Auflösung deutlicher als es in den referierten Studien bisher üblich war mit der allgemeinen Textverstehensforschung verbindet. Grundlegend ist, daß beim Textverstehen ein Rezipient in Interaktion mit den Texthinweisen und seinem Wissen, seinen Motiven, seinen Zielen und seinen Verarbeitungsstrategien ein kohärentes Diskursmodell konstruiert (vgl. Abschnitt 2.7). Die grundlegenden Komponenten der Diskursrepräsentation sind konzeptuelle Knoten. Ein weiteres Schlüsselkonzept der im zweiten Kapitel dieser Arbeit referierten Textverstehensmodelle ist ferner der begrenzte Arbeitsspeicher des Rezipienten, in dem während der Rezeption eines Textes von einem Zeitpunkt t_i bis zu einem Zeitpunkt t_n ständig neue Konzepte aktiviert und alte Konzepte deaktiviert werden. Der aktuelle Aktivierungszustand von miteinander vernetzten Konzepten legt die Grundlage für die Aktivierung und Deaktivierung folgender Konzepte. Diese Annahmen lassen sich auch auf die Auflösung anaphorischer Pronomen übertragen. Entscheidend für die Auflösung satzübergreifender anaphorischer Pronomen ist die Aktivierungsstärke von Konzepten im Arbeitsspeicher, oder anders formuliert, die Zugänglichkeit von Konzepten in der aktuellen Diskursrepräsentation vor der Rezeption des Pronomens. Die Stärke der Aktivierung ist eine Funktion von lexikalischen, syntaktischen, semantischen und pragmatischen Faktoren im Text und der kognitiven Verarbeitungsfähigkeit des Rezipienten. Für die Verarbeitung pronominaler Anaphern durch Erwachsene konnten drei Strategien (die pronominale Besetzungsstrategie, die gerichtete Auflösungsstrategie und die Abwartestrategie) unterschieden werden, die den Aufbau der referentiellen Verbindung zwischen einem Pronomen und einem Antezedenten in Abhängigkeit von kontextuellen Bedingungen und der Aktivierung der koreferierenden Konzepte in der Diskursrepräsentation beschreiben (vgl. Kapitel 3.5).

Ein Defizit der referierten Studien zur Entwicklung der pronominalen Verarbeitung besteht darin, daß bisher nicht systematisch versucht wurde, die beobachteten Veränderungen mit strukturellen und prozeduralen Bedingungen des Textverstehenssystems in Beziehung zu setzen. Nur ansatzweise wurde in den referierten Untersuchungen versucht, die bei den Kindern erhaltenen Ergebnisse als eine Funktion ihrer zur Verfügung stehenden kognitiven Verarbeitungsstrategien darzustellen. Wykes (1981) geht davon aus, daß Fünfjährige eine syntaktische Subjektstrategie bei der pronominalen Auflösung verfolgen. Wykes (1981) verwendete Zweisatztexte. Im ersten Satz waren zwei Personen genannt, eine in Subjekt- und eine in Objektposition. Das Pronomen in Subjektposition des Testsatzes koreferierte pragmatisch eindeutig entweder mit dem Antezedenten in der Subjekt- oder in der Objektposition des ersten Satzes. Die referentielle Verbindung zwischen dem Pronomen und einem Antezedenten konnte besser aufgebaut werden, wenn der pragmatisch plausible Referent in Subjektposition des ersten Satzes stand. Pragmatisch plausible Referenten in Objektposition konnten nicht aufgelöst werden. Wykes (1981) schließt aus diesem Ergebnis, daß Fünfjährige bei der pronominalen Auflösung eine syntaktische Strategie verfolgen: Wähle als Koreferenten des Pronomens denjenigen Antezedenten, der in Subjektposition des vorausgegangenen Satzes steht. Demnach wird die Auflösung ambiger anaphorischer Pronomen bei Kindern durch syntaktische Informationen gesteuert. Pragmatische und semantische Informationen, auf denen Inferenzprozesse aufbauen, scheinen für Fünfjährige beim Herstellen der referentiellen Verbindung zwischen einem Antezedenten und einem Pronomen weniger wichtig zu sein.

Kertoy (1991) führt ihre Ergebnisse bei siebenjährigen und elfjährigen Kindern auf ganz ähnliche Strategien zurück. Sie geht davon aus, daß die Topikkontinuität eine dominante Rolle beim Aufbau der referentiellen Verbindungen zwischen einem Pronomen und seinem Antezedenten spielt. Topikkontinuität bedeutet in Kertoys Sinne, daß die referentielle Verbindung zwischen einem Antezedenten und einem Pronomen aufgrund der parallelen syntaktischen Position hergestellt wird. Auch hier muß man sich nochmals das Textmaterial vor Augen führen, um sich klar zu machen, was die Annahme einer solchen Strategie besagt. Das von Kertoy (1991) verwendete Textmaterial beinhaltete Sätze, die aus zwei durch *und* verbundenen Teilsätzen bestanden. Im ersten Teilsatz wurden zwei Antezedenten genannt, die in Genus und Numerus mit dem Pronomen übereinstimmten, das im zweiten Teilsatz in Subjektposition genannt wurde. In beiden Teilsätzen wurde dasselbe Verb verwendet. Semantische und pragmatische Faktoren wurden dadurch weitestgehend eliminiert. Nur die syntaktische Position und die Betonung eines der Antezedenten konnten als Indikatoren zur Identifizierung des Koreferenten genutzt werden. Durch die Variation der Betonung des Pronomens sollte entweder die Referenz auf die Person in Subjektposition im ersten Teilsatz hergestellt werden oder auf die Person, die in Objektposition stand. Die Art der Betonung konnte von den Kindern bis zum elften Lebensjahr nicht effektiv genutzt werden, um den Referenten auszuwählen. Sie wählten in der Regel den Antezedenten aus, der in Subjektposition genannt wurde. Die von Kertoy (1991) zur Interpretation der erhaltenen Ergebnisse abgeleitete Strategie der Topikkontinuität weist eine große Parallelität zu der von Wykes (1981) abgeleiteten syntaktischen Subjektstrategie auf. Fünfjährige suchen bei lexikalisch ambigen Pronomen in Subjektposition nach einem koreferierenden Konzept, indem sie vor allem syntaktische Hinweise zur Identifizierung des Koreferenten benutzen.

In beiden Untersuchungen ist diese Schlußfolgerung jedoch nicht zwingend. Aufgrund des verwendeten Textmaterials konnte Kertoy (1991) den Einfluß semantischer und pragmatischer Relationen gar nicht überprüfen, da sie diese Informationen durch die Verwendung identischer Verben in beiden Teilsätzen von vornherein ausgeschlossen hatte. Das von Wykes (1981) verwendete Textmaterial läßt neben der von ihm vorgenommenen Erklärung auch eine alternative Sichtweise zu. Die Person in Subjektposition des ersten Satzes ist in den von Wykes (1981) verwendeten Texten immer auch der pragmatisch plausible Referent des Pronomens, so daß nicht die syntaktische Position allein den Aufbau der referentiellen Verbindung bestimmt, sondern die syntaktischen Informationen gemeinsam mit den pragmatischen Informationen die Auflösung des Pronomens ermöglichen. Ursächlich für die Auswahl eines Referenten bei lexikalisch ambigen Pronomen muß keine rigide syntaktische Strategie sein. Kinder benutzen möglicherweise eine Strategie, bei der die spezifische Kombination der Satzanfangsposition und die semantische und pragmatische Rolle des Referenten gemeinsam zum Aufbau der referentiellen Verbindung herangezogen werden.

Diese alternative Erklärung ist vergleichbar mit den Annahmen von Tyler (1983). Sie hat ihre Beobachtung bei Fünfjährigen mit einer thematischen Subjektstrategie erklärt. Die thematische Subjektstrategie bedeutet, daß bei fünfjährigen Kindern im Gegensatz zu siebenjährigen und elfjährigen Kindern sowie zu Erwachsenen, die Fähigkeit zur Auflösung von Pronomen mit einer engen funktionalen Verbindung zwischen Pronomen und Hauptaktanten zusammenhängt. Eine referentielle Verbindung zwischen einem Pronomen und einem Antezedenten wird dann erfolgreich hergestellt, wenn der Referent Hauptaktant oder das thematische Subjekt einer Geschichte ist. Tyler (1983) hatte im Vergleich zu Wykes (1981) und Kertoy (1991) wesentlich längere Texte verwendet, in denen bis zu drei potentielle Antezedenten genannt wurden. In den Texten, in denen ein Hauptaktant vorkam, konnten die Fünfjährigen sehr schnell eine referentielle Verbindung herstellen. Die Definition eines Hauptaktanten oder eines thematischen Subjekts im Text ist vergleichbar mit der Definiton des Diskurstopiks (vgl. Abschnitt 3.2.4). Der Diskurstopik wird durch die Textanfangs- und Satzanfangsposition eines Antezedenten, seine Nennungshäufigkeit und die semantischen und pragmatischen Relationen bestimmt. Der Referent ist meistens Agens oder Verursacher mehrerer aufeinanderfolgender Ereignisse.

Aufgrund der gerade dargelegten Überlegungen kann nicht eindeutig entschieden werden, ob Fünfjährige eine reine syntaktische Strategie bei der pronominalen Auflösung verfolgen oder eher eine thematische Subjektstrategie. Eine Aufgabe weiterer experimenteller Studien zur Entwicklung der pronominalen Auflösung ist es, diese alternativen Strategien systematisch zu überprüfen.

Unabhängig von der Frage, welche dieser beiden Strategien nun von Kindern benutzt werden, ist es charakteristisch für jüngere Kinder, daß bei lexikalisch mehrdeutigen Pronomen die Integration semantischer und pragmatischer Informationen bei der pronominalen Verarbeitung eingeschränkt ist. Fünfjährige Kinder haben vor allem dann Schwierigkeiten beim Textverstehen, wenn sie eine referentielle Verbindung zwischen einem Pronomen und einem zuvor im Text in Objektposition genannten Antezedenten herstellen müssen. Diese Beobachtung steht im Gegensatz zu den dargestellten Befunden bei Erwachsenen (vgl. Kapitel 3.2.3). Es konnte gezeigt werden, daß auch für Erwachsene der Satztopik und der Diskurstopik eine wichtige Rolle bei der pronominalen Auflösung spielt. Erwachsene haben aber auch dann keine Schwierigkeiten mit der Auflösung eines Pronomens, wenn das Pronomen semantisch und pragmatisch eindeutig mit dem Antezedenten in Objektposition koreferiert. Es ist offensichtlich, daß Kinder vor allem bei ambigen anaphorischen Pronomen weniger flexibel beim Aufbau der referentiellen Verbindung sind als Erwachsene. Wenn es keine eindeutigen lexikalischen Hinweise zur Auflösung eines Pronomens gibt, kann eine korrekte referentielle Verbindung zwischen einem Antezedenten und einem Pronomen nur mit der Integration der dem Pronomen nachfolgenden Informationen erfolgen. Dabei werden mit Hilfe von Inferenzprozessen semantische und pragmatische Relationen zwischen den vor und nach der Rezeption des Pronomens aktivierten Konzepten überprüft.

An dieser Stelle wird klar, daß die Frage nach der Entwicklung der Auflösung pronominaler Anaphern und die Frage nach der Entwicklung der Inferenzfähigkeit sehr eng miteinander verbunden sind. Aus diesem Grunde wird im folgenden kurz auf empirische Ergebnisse zur Entwicklung der Inferenzfähigkeit beim Textverstehen eingegangen. Dabei konzentriert sich die Darstellung darauf, Aspekte herauszuarbeiten, die Hinweise auf Ursachen für entwicklungsspezifische Unterschiede bei der pronominalen Auflösung liefern.

In der Inferenzforschung geht man in Anlehnung an die Textverstehensmodelle von z.B. Johnson-Laird (1983) oder van Dijk und Kintsch (1983) davon aus, daß der Aufbau einer kohärenten Diskursrepräsentation einen Prozeß erfordert, der die Integration von neuen Informationen in ein bereits aufgebautes kognitives Diskursmodell während der Rezeption kontrolliert. Bei dieser Kontrolle geht es vor allem darum, die Übereinstimmung bzw. die Plausibilität der involvierten Personen und Ereignisse zu überprüfen. Bei der Integration von Informationen in ein kohärentes Diskursmodell ist es erforderlich, Informationen im Gedächtnis zu speichern, neue Informationen im Blick auf die bereits aufgebaute Repräsentation zu überprüfen und diese Informationen zu integrieren, falls sie mit dem Diskursmodell konsistent sind. Wenn dagegen genügend widersprüchliche Informationen im Text gegeben sind, muß das Diskursmodell gegebenenfalls revidiert werden.

Diese Verarbeitungsschritte sind vergleichbar mit den Anforderungen bei der Auflösung mehrdeutiger pronominaler Anaphern. Während der Rezeption des lexikalisch mehrdeutigen Pronomens kann ein Erwachsener das adäquate koreferierende Konzept nicht abschließend identifizieren (vgl. Kapitel 3.4). Mit der Rezeption der folgenden Informationen im Satz muß er überprüfen, ob diese Informationen konsistent bzw. inkonsistent sind mit einem in der Diskursrepräsentation aktivierten Konzept. Es findet also ein Vergleich statt zwischen den aktivierten Konzepten im Arbeitsspeicher und den neuen Informationen. Ist die neue Information konsistent mit einem in der aktuellen Diskursrepräsentation zugänglichen Konzept, kann die referentielle Verbindung hergestellt werden. Ist dagegen kein adäquates Konzept zugänglich, müssen bereits deaktivierte Konzepte wieder reaktiviert werden. Dies ist möglicherweise mit größeren Umstrukturierungen und einer Revision des aufgebauten Diskursmodells verbunden. Die Probleme der jüngeren Kinder bei der Auflösung lexikalisch mehrdeutiger Pronomen scheinen gerade mit einer unzureichenden Ausführung dieser Überprüfungs- und Vergleichsoperationen zusammenzuhängen. Viele Forscher konnten zeigen, daß die Inferenzfähigkeit mit dem Alter zunimmt (vgl. z.B. Ackerman, 1986; Johnson-Smith, 1981; Schmidt & Paris, 1983; Schmidt, Schmidt & Tomalis, 1984; Thompson & Meyers, 1985). Dieser Alterseffekt wurde versucht, auf unterschiedliche Art und Weise zu erklären.

Johnson und Smith (1981) und Schmidt und Paris (1983) haben beispielsweise überprüft, inwiefern sich die Integrationsfähigkeit von Konzepten in ein Diskursmodell bei Kindern auf den Inferenzprozeß auswirkt. Die untersuchten Kinder mußten während des Lesens einer Geschichte zwei oder mehr Sätze miteinander verbinden, um am Ende einer Geschichte eine Inferenzfrage beantworten zu können. Johnson und Smith (1981) fanden heraus, daß das Ausmaß, in dem Informationen in die Diskursrepräsentation integriert werden können davon abhängt, ob die Prämissen im selben Abschnitt einer Geschichte präsentiert wurden oder in verschiedenen Abschnitten. Drittkläßler hatten wesentlich größere Schwierigkeiten bei der Integration von Informationen in die Diskursrepräsentation als Fünftkläßler, wenn die zu integrierenden Informationen in unterschiedlichen Abschnitten des Textes dargeboten wurden.

Schmidt und Paris (1983) fanden heraus, daß die Inferenzfähigkeit von der Anzahl der Hinweise in der Geschichte abhängig ist, die die Generierung einer Inferenz unterstützen. Die Fähigkeit, Inferenzfragen zu beantworten, nimmt mit dem Alter sowie der Anzahl der Hinweise und der Bündelung der Hinweise in der Geschichte zu. In neueren Untersuchungen (z.B. Ackerman, 1988a, b) konnte ebenfalls gezeigt werden, daß die Sensibilität für kausale Inferenzen zunimmt, wenn die Aufmerksamkeit für die Inkonsistenzen durch Instruktionen oder den Titel einer Geschichte verstärkt wird. Es stellte sich heraus, daß Kinder (Sechsjährige und Zehnjährige) durchaus Informationen nutzen können, um Inkonsistenzen zu erkennen. Dabei sind die Kinder allerdings generell stärker als Erwachsene auf kontextuelle Hinweise angewiesen (vgl. auch van den Broek, 1989).

Die hier genannten Studien zeigen deutlich, daß Kinder und Erwachsene in unterschiedlichem Maße von der Art und Weise abhängig sind, wie Informationen in einer Geschichte präsentiert werden.

Thompson und Myers (1985) haben überprüft, inwiefern Vierjährige und Siebenjährige physikalische und psychologische Ursachen von Ereignissen inferieren können. Sie stellten fest, daß Vierjährige eher physikalische Ursachen inferieren, Siebenjährige hingegen auch psychologische Ursachen.

Paris und Upton (1976) zeigten z.b., daß die Fähigkeit, semantische Inkonsistenzen (Präsuppositionen oder Konsequenzen) zu verstehen und zu erinnern, zwischen dem sechsten und zehnten Lebensjahr zunimmt. Ihrer Meinung nach liegt die Ursache nicht allein in einer Zunahme der Gedächtniskapazität, sondern auch darin, daß sich die Kontrollstrategien während des Verstehensprozesses ändern. Jüngere Kinder gehen im Gegensatz zu älteren Kindern beim Verstehen nicht weit über die Textinformationen hinaus. Diese Annahmen werden durch cued-recall Studien von Paris und Lindauer (1976) oder Paris, Lindauer und Cox (1977) unterstützt. In der Untersuchung von Paris und Lindauer (1976) lasen Kinder z.B. Sätze der folgenden Art:

The workman dug a hole in the ground (with a showel).

Nach dem Lesen wurden den Versuchspersonen entweder explizit oder implizit im Text genannte Gegenstände (z.B. *showel)* als Erinnerungshinweise dargeboten. Wenn die Kinder bereits während der Rezeption der Sätze auch implizite Informationen inferiert hätten, dann hätte die Nennung der Gegenstände sowohl nach dem Lesen der expliziten als auch nach dem Lesen der impliziten Sätze die Erinnerung ermöglichen sollen. Elfjährige konnten die cues nach dem Lesen der expliziten und impliziten Sätze gleichermaßen nutzen. Siebenjährige hatten jedoch große Schwierigkeiten, wenn die Sätze mit Hilfe von impliziten Hinweise erinnert werden mußten.

Terhorst, Rickheit, Strohner & Wirrer (1988) fanden heraus, daß erst Viertkläßler nach der Rezeption eines Textes in einem Wiedererkennungstest zwischen Textinformationen und Inferenzen unterscheiden können.

Zusammenfassend wird in diesen Studien deutlich, daß erst ab dem siebenten Lebensjahr Inferenzprozesse stattfinden, bei denen die Aktivierung von Konzepten über die expliziten Textinformationen hinaus geht. Das metasprachliche Bewußtsein zur Unterscheidung von Textinformationen und inferierten Informationen wird mit zunehmendem Alter größer.

Markman (1979) konnte feststellen, daß Kinder bis zum zwölften Lebensjahr nicht in der Lage sind, logische Inkonsistenzen zu entdecken. Um diese zu erkennen, müßten Kinder Informationen im Text enkodieren, speichern, relevante Inferenzen ziehen, die inferierten Propositionen im Arbeitsspeicher behalten und mit neuen Informationen vergleichen. Drittkläßler und Sechstkläßler sind nicht in der Lage, diese Prozesse spontan während der Rezeption auszuführen, obwohl sie grundsätzlich dazu fähig sind, wenn sie, wie Markman (1979) zeigt, entsprechend instruiert werden.

Wagoner (1983) sowie Tunmer, Nesdale und Pratt (1983) konnten diese Ergebnisse bestätigen. Tunmer, Nesdale und Pratt (1983) untersuchten beispielsweise, inwiefern Kinder zwischen sechs und acht Jahren in der Lage sind, logische Inkonsistenzen in Geschichten zu erkennen. Die Fünfjährigen hatten die größten Probleme, Inkonsistenzen zu erkennen, vor allem wenn die Prämissen der Inferenzen implizit waren. Fünfjährige tendieren mehr dazu, jeden Satz einzeln zu verarbeiten und weniger dazu, die logische Gesamtstruktur einer Geschichte zu beachten.

Schmidt, Schmidt und Tomalis (1984) haben bei vier-, fünf- und achtjährigen Kindern die Entwicklung der Inferenzfähigkeit durch veränderte Kontrollprozesse erklärt, die von den Kindern während der Konstruktion der Diskursrepräsentation eingesetzt werden. Sie konnten entwicklungsspezifische Verbesserungen bei den Erinnerungsleistungen der Kinder feststellen sowie Verbesserungen bei der Überprüfung neuer Informationen. Diese Verbesserungen zeigen nach Auffassung der Autoren, daß sich die Kontrolle des Konstruktionsprozesses mit zunehmendem Alter qualitativ und quantitativ verändert. Schmidt, Schmidt und Tomalis (1984) unterscheiden drei Entwicklungsebenen des Kontrollprozesses, der bei der Integration von Informationen wirksam wird:

1. die Ebene der unabhängigen Behandlung von verbundenen Sätzen und der ideosynkratischen Integration von Informationen;
2. die Ebene der geschichtenspezifischen Integration ohne Reorganisation inkorrekter Schemata;
3. die Ebene der geschichtenspezifischen Integration mit notwendiger Reorganisation des Schemas, wenn die Geschichteninformationen inkonsistent sind.

In jüngster Zeit geht man auch davon aus, daß die Schwierigkeiten der Kinder bei der Generierung kausaler Inferenzen mit der Zugänglichkeit bzw. der Aktivierung von Konzepten in der Diskursrepräsentation zu erklären sind (vgl. Ackerman, Silver & Glickman, 1990; Ackerman, Paine & Silver, 1991; Ackerman, Jackson & Sherill, 1991). Dabei wird der Grund für die unterschiedliche Verfügbarkeit von Konzepten in der Diskursrepräsentation zwischen Erwachsenen und Kindern in ihrer unterschiedlichen Wissensbasis gesehen. Chi und Ceci (1987) haben dieses Problem ausführlich dargestellt.

Neben den unterschiedlichen Wissensbasen bzw. dem unterschiedlichen Weltwissen gibt es aber auch diskursverarbeitungsspezifischere Faktoren, die die unterschiedlichen Inferenzleistungen bei Kindern und Erwachsenen verursachen. Diese Faktoren erklären, warum Konzepte nach der Rezeption eines Satzes in der Diskursrepräsentation bei Kindern und Erwachsenen unterschiedlich gut für die Integration nachfolgender Informationen zugänglich sind. Ein erster Faktor ist die Speicherkapazität des Arbeitsgedächtnisses. Im Arbeitsgedächtnis kann nur eine begrenzte Anzahl von Konzepten aktiviert sein. Bei Erwachsenen sind dies drei bis vier Sätze (vgl. Glanzer, Dorfman & Kaplan, 1981; Glanzer & Nolan, 1986). Ackerman (1984a, 1984b) und Case, Kurland und Goldberg (1982) haben Hinweise für eine entwicklungsspezifische Zunahme der Speicherkapazität gefunden. Sie gehen dabei davon aus, daß sich nicht der generelle Speicherumfang des Arbeitsgedächtnisses verändert, sondern die Zunahme der Speicherkapazität vor allem darauf zurückzuführen ist, daß grundlegende Verarbeitungsoperationen schneller und effizienter ausgeführt werden und somit Ressourcen für die Speicherung von weiteren Informationen frei werden.

Ein anderer Faktor betrifft die thematische Prominenz von Konzepten in der Diskursrepräsentation (vgl. Glenberg, Meyer & Lindem, 1987; Lesgold, Roth & Curtis, 1979). Die Zugänglichkeit von Konzepten hängt von Variablen ab, die die Aktivierung eines Konzeptes verstärken oder die Aktivierung anderer Konzepte unterdrücken. Entwicklungsspezifische Unterschiede hängen mit der effektiven Nutzung dieser Variablen zusammen. Durch ihre effektive Nutzung können Konzepte schneller aktiviert und deaktiviert und damit Speicherplatz freigesetzt werden (vgl. z.B. Ackerman, Jackson & Sherill, 1991). Die thematische Prominenz von Konzepten bei Kindern und Erwachsenen unterscheidet sich, weil Kinder und Erwachsene kontextuelle Hinweise in unterschiedlichem Maße zur Aktivierung von Konzepten nutzen.

Diese Annahmen wurden in einer Studie von Ackerman, Paine und Silver (1991) überprüft. Kinder des zweiten und vierten Schuljahres sowie Erwachsene hörten kurze Geschichten mit einer zielorientierten Handlungssequenz, das heißt z.b., eine Person plant, T-shirts im Wäschetrockner zu trocknen, hängt die Wäschestücke am Ende der Geschichte aber draußen auf der Wäscheleine auf. Die Inkonsistenz zwischen dem Ziel des Aktanten und dem Ende der Geschichte erfordert eine kausale Inferenz, die das Objekt der Handlung *(den Wäschetrockner)* betrifft. Ob Versuchspersonen diese Inferenz ziehen, wurde durch Inferenzfragen (z.B. *War der Wäschetrockner defekt oder heil?* (ja / nein)) überprüft. Da man bei dieser Methode nicht sicher sein kann, ob die Inferenz während der Rezeptionsphase generiert wird oder erst mit der Rezeption der Inferenzfrage konstruiert wird, wurden in einem weiteren Experiment die Kinder dazu aufgefordert, die Inkonsistenzen selbständig nach der Rezeption der Geschichten zu erklären. Um die Auswirkungen der kontextuellen Hinweise auf die Zugänglichkeit der Konzepte in der Diskursräsenation für den Inferenzprozeß zu überprüfen, wurden Geschichten mit unterschiedlichen Titeln verwendet, d.h. Geschichten ohne Titel, Geschichten mit Objekttitel (z.B. *der Trockner)* oder Geschichten mit einem allgemeinen Titel (z.B. *Kleiderwäsche).* Ackerman, Paine und Silver (1991) gingen davon aus, daß durch den Objekttitel die Prominenz des Wäschetrockners in der Diskursrepräsentation zunehmen würde und sich somit die Wahrscheinlichkeit erhöht, daß Versuchspersonen das unerwartete Ende der Geschichte auf den defekten Wäschetrockner zurückführen. Darüber hinaus wurde die Anzahl der Kontextsätze variiert, die die Aktivierung der Objektinferenzen unterstützten. Zwischen der Prämisse und dem Zielsatz wurde kein relevanter Kontextsatz dargeboten, ein relevanter Satz oder zwei relevante Sätze. Das kritische Objekt, der Wäschetrockner, wurde in den Kontextsätzen jedoch nicht explizit genannt.

Die Ergebnisse zeigten, daß bei allen Versuchspersonen der Anteil der Objektinferenzen bei zwei Kontextsätzen größer war als ohne Kontextsatz. Da das Objekt in den Kontextsätzen nicht genannt wurde, muß die bessere Inferenzleistung auf Prozesse zurückgeführt werden, die die Prominenz des Objektes in der Diskursrepräsation erhöhen. Objektinferenzen traten darüber hinaus häufiger in Geschichten mit Objekttiteln auf als in Geschichten mit allgemeinen Titeln und dort wiederum häufiger als in

Geschichten ohne Titel. Bei den Kindern des zweiten Schuljahres und des vierten Schuljahres interagiert der Titel mit den Kontextsätzen, d.h., der Titel hat keinen Effekt, wenn kein Kontextsatz verwendet wird, sondern nur in Kombination mit den Kontextsätzen (vgl. auch Ackerman, Silver, Glickman, 1990). Die Kinder benötigten mehr Kontextinformationen, um Objektinferenzen zu vollziehen als Erwachsene. Die Abhängigkeit von Titelhinweisen und Kontextsätzen, um Inferenzen ziehen zu können, nimmt mit dem Alter ab.

Bei der Analyse der von den Kindern produzierten Erklärungen für den unerwarteten Ausgang der Handlungssequenz stellte sich folgendes heraus: Die Kinder des zweiten Schuljahres nannten als Ursache für das inkonsistente Ende einer Geschichte häufiger veränderte Aktantenpläne als Objektinferenzen. Aktanteninformationen waren in den Geschichten konstant verfügbar, da, nachdem der Aktant im ersten Satz mit Namen genannt wurde, in den folgenden Sätzen immer ein Pronomen verwendet wurde, um die Referenz zu erhalten. Es ist offensichtlich, daß bei den Kindern im zweiten Schuljahr dann, wenn es keine Faktoren im Text gab, die die Zugänglichkeit von Objektkonzepten sichern, die Geschichtenorganisation dazu einlud, Inferenzen über die Aktanten zu machen. Die Aktanten sind in der Diskursrepräsentation bei den Kindern in diesen Fällen stärker aktiviert als Objektkonzepte (vgl. auch Ackerman, 1988b). Der entscheidende entwicklungsspezifische Unterschied bei der Inferenzbildung liegt nach Auffassung von Ackerman (1988b) darin, daß Erstkläßler ihre Inferenzen in Abhängigkeit von den folgenden Informationen nicht ändern. Sie wählen eine Erklärung und verändern diese Erklärung im Gegensatz zu älteren Kindern und Erwachsenen nicht mehr, auch wenn Informationen im Text eine andere Erklärung nahelegen (vgl. auch Ackerman, 1985 und Flavell, Green & Flavell, 1985).

Die Ergebnisse zur Entwicklung der Inferenzforschung lassen sich folgendermaßen zusammenfassen:
- Kinder haben Schwierigkeiten, bei der Integration aufeinanderfolgender Informationen in die Diskursrepräsenation (z.B. Johnson & Smith, 1981; Schmidt & Paris, 1983; van den Broek, 1989);
- Die Identifizierung logischer und psychologischer Relationen zwischen Ereignissen entwickelt sich erst mit zunehmendem Alter (z.B. Thompson & Myers, 1985);

- Die Fähigkeit zur Überprüfung konsistenter und inkonsistenter Informationen verbessert sich mit zunehmendem Alter (z.B. Markman, 1979, Schmidt, Schmidt & Tomalis, 1984; Ackerman, 1986; Waller, 1985) und hängt mit veränderten Kontrollstrategien zusammen, die die Integration neuer Informationen in das bereits aufgebaute Diskursmodell bestimmen;
- Die während der Textrezeption ausführbaren Inferenzprozesse sind abhängig von der Zugänglichkeit von Konzepten in der Diskursrepräsentation (z.B. Ackerman, Silver & Glickman, 1990; Ackerman, Paine & Silver, 1991; Ackerman, Jackson & Sherill, 1991). Die Zugänglichkeit der Konzepte ist abhängig von der Kapazität des Arbeitsgedächtnisses und den kontextuellen Faktoren, die zur Aktivierung eines Konzeptes bereitgestellt werden. Der Einfluß der kontextuellen Hinweise unterliegt altersspezifischen Veränderungen.

Diese Ergebnisse der Inferenzforschung sind relevant für die Entwicklung der pronominalen Auflösungsfähigkeit, weil sie Anlaß zu der Vermutung geben, daß eine Ursache für die Unterschiede zwischen Kindern und Erwachsenen bei der Auflösung anaphorischer Pronomen in der Zugänglichkeit der für den Auflösungsprozeß relevanten Konzepte liegt. Dabei ist zu vermuten, daß die Zugänglichkeit der Konzepte bei der pronominalen Auflösung genauso wie bei den Inferenzprozessen einerseits sicherlich auf unterschiedliche Wissensbasen bei Kindern und Erwachsenen zurückzuführen sind. Andererseits gibt es aber möglicherweise diskursverarbeitungsspezifische Ursachen für die unterschiedliche Zugänglichkeit von Konzepten für die pronominale Auflösung bei Kindern und Erwachsenen. Das heißt, die Unterschiede lassen sich auch auf die Kapazität des Arbeitsspeichers zurückführen, auf die Auswirkungen lexikalischer, syntaktischer, semantischer und pragmatischer Informationen im Text und auf die Aktivierung von Konzepten in der Diskursrepräsentation. Wie bei der Entwicklung der Inferenzfähigkeit lassen sich möglicherweise auch bei der Entwicklung der pronominalen Auflösungsfähigkeit entwicklungsspezifische Kontrollstrategien bei der Überprüfung der Kohärenz zwischen dem bereits aufgebauten Diskursmodell und neuen Informationen im Text unterscheiden.

Es scheint aufgrund der vorherigen Überlegungen durchaus plausibel anzunehmen, daß die in den zitierten Studien festgestellten Unterschiede (vgl. Kapitel 4.1.1 - 4.1.5) bei der Auflösung anaphorischer Pronomen in

Subjektposition bei Kindern und Erwachsenen auf unterschiedliche Verarbeitungsstrategien beim Aufbau der Diskursrepräsentation zurückzuführen sind.

4.4 Fazit

Es gibt bisher nur relativ wenige Untersuchungen zur Entwicklung der pronominalen Verarbeitung beim Textverstehen, und das sind überwiegend Studien mit englischsprachigen Kindern. Die Studien unterscheiden sich in bezug auf das Alter der Versuchspersonen, auf das Textmaterial, die variierten Faktoren und in bezug auf die angewendeten Methoden.

In den referierten experimentellen Studien konnte gezeigt werden, daß sich verschiedene Faktoren im Text zu verschiedenen Entwicklungszeitpunkten unterschiedlich auf die pronominale Verarbeitung auswirken. Vor dem fünften Lebensjahr haben Kinder noch Schwierigkeiten, satzübergreifende Pronomen aufzulösen. Pronomen haben für Kinder in diesem Alter noch nicht die Funktion, eine referentielle Verbindung zwischen aufeinanderfolgenden Sätzen anzuzeigen.

Entwicklungsspezifische Unterschiede bei der Auflösung anaphorischer Pronomen in Subjektposition werden vor allem dann beobachtet, wenn mehrere Antezedenten mit übereinstimmenden Genus- und Numerusinformationen genannt wurden (z.B. ein Antezedent in Subjektposition und ein Antezedent in Objektposition im vorausgegangenen Satz). Kinder unterschiedlichen Alters können die Informationen nach der Rezeption des Pronomens nicht gleichermaßen zur korrekten Koreferenzherstellung nutzen wie Erwachsene.

Bei Erwachsenen ist die Zugänglichkeit von Konzepten für die Herstellung einer referentiellen Verbindung zwischen einem Pronomen und seinem Antezedenten im Fall der pronominalen Besetzung am effektivsten. Im Fall der pronominalen Besetzung (vgl. Kapitel 3.4) besteht bereits mit der Rezeption des Pronomens eine eindeutige referentielle Verbindung zwischen dem Pronomen und dem koreferierende Konzept in der Diskursrepräsentation.

Wenn jedoch mehrere Antezedenten im Text genannt werden, dann kann zum Zeitpunkt der Rezeption des Pronomens die Identifizierung eines koreferierenden Konzeptes in der Diskursrepräsentation nicht abgeschlossen werden. Sie wird verschoben, bis weitere Informationen nach der Rezeption des Pronomens eine eindeutige Identifizierung des koreferierenden Konzeptes ermöglichen. Mit der Rezeption eines anaphorischen Pronomens beginnt der Rezipient nach einem Referenten zu suchen. Dabei können für die Auflösung ambiger anaphorischer Pronomen zwei Suchstrategien unterschieden werden:

Bei der Anwendung einer gerichteten Suchstrategie werden die Versuche, eine koreferentielle Verbingung in der Diskursrepräsentation herzustellen, auf den Satztopik oder Diskurstopik im Text gerichtet. Im Satz- oder Diskurstopik stehende Referenten sind in der Diskursrepräsentation höher aktiviert als andere Referenten, die ebenfalls in Genus und Numerus mit dem Pronomen übereinstimmen. Während der Integrationsphase der nachfolgenden Informationen wird zunächst die Konsistenz der neuen Information mit den höher aktivierten Konzepten in der Diskursrepräsentation überprüft. Stellt sich heraus, daß die Informationen und die aktivierten Konzepte konsistent sind, kann der pronominale Auflösungsprozeß abgeschlossen werden. Gibt es jedoch genügend Hinweise dafür, daß die nachfolgenden Informationen mit dem aktivierten Konzept inkonsistent sind, muß das aufgebaute Diskursmodell umstrukturiert werden, um eine kohärente Repräsentation herstellen zu können.

Eine Abwartestrategie wird angewendet, wenn die Informationen im Text vor der Rezeption des Pronomens keine erhöhte Aktivierung eines der potentiellen Referenten in der Diskursrepräsentation bewirkt haben. Bei der in diesem Falle angewandten Abwartestrategie erfolgt die Identifizierung des Referenten allein aufgrund der Überprüfung der Informationen im Text, die nach der Rezeption des Pronomens geliefert werden.

Im Gegensatz zu Erwachsenen können Kinder vermutlich die Informationen nach der Rezeption des Pronomens nicht nutzen, um referentielle Verbindungen zu Antezedenten herzustellen, die in Objektposition genannt werden. Kinder haben wahrscheinlich Schwierigkeiten bei der Evaluierung der Informationen nach der Rezeption des Pronomens. Aufgrund der gegenwärtigen Forschungslage können zwei Strategien zur Erklärung dieser Unterschiede zwischen Kindern und Erwachsenen herangezogen werden: die *syntaktische Subjektstrategie* oder die *thematische Subjektstrategie*.

Die *syntaktische Subjektstrategie* besagt, daß Kinder bei mehreren potentiellen Antezedenten, die lexikalisch mit einem nachfolgenden Pronomen in Subjektposition übereinstimmen, die referentielle Verbindung aufgrund von syntaktischen Informationen herstellen. Fünfjährige verfolgen die Regel, daß ein Pronomen in Subjektposition mit einem vorher in Subjektposition genannten Antezedenten koreferieren.

Die *thematische Subjektstrategie* besagt, daß Kinder in Texten mit mehreren Antezedenten einen Hauptaktanten identifizieren und Pronomen als Leerstelle für diesen Hauptaktanten verstehen. Die Interpretation des Pronomens ist dabei nicht allein von seiner syntaktischen Funktion und der des Antezedenten abhängig, sondern auch von der globalen Diskursrolle des Aktanten. Möglicherweise stellen Kinder bereits mit der Rezeption des Pronomens eine referentielle Verbindung zwischen dem fokussierten thematischen Subjekt und dem Pronomen her. Dies tun sie auch dann, wenn es einen weiteren Antezedenten mit übereinstimmenden lexikalischen Informationen gibt.

Diese beiden Strategien unterscheiden sich darin, daß mit der syntaktischen Subjektstrategie die Behauptung verbunden ist, daß semantische und pragmatische Informationen von Fünfjährigen bei der pronominalen Auflösung nicht beachtet werden. Mit der thematischen Subjektstrategie wird dagegen behauptet, daß auch Fünfjährige in der Lage sind, semantische und pragmatische Faktoren beim Aufbau der referentiellen Verbindung zwischen einem Pronomen und seinem Antezedenten zu berücksichtigen. Dabei unterliegt der Aufbau des Diskursmodells einer starken top-down Kontrolle, durch die die Integration der dem Pronomen folgenden Informationen, die der einmal zugrundegelegten Interpretationsstrategie zu wider laufen, erschwert oder sogar verhindert wird.

Bisher ist nicht überprüft worden, ob Kinder eine thematische Subjektstrategie oder eine parallele syntaktische Subjektstrategie verfolgen. In jedem Fall ist die pronominale Verarbeitungsfähigkeit bei Kindern im Vergleich zu Erwachsenen rigide eingeschränkt.

Es ist fraglich, wann diese rigiden Strategien abgelöst werden und wann bei Kindern ähnlich flexible Verarbeitungsstrategien zu beobachten sind wie bei Erwachsenen.

Die meisten Untersuchungen wurden mit englischsprachigen Kindern durchgeführt. Es gibt keine experimentelle Untersuchung zur Auflösung satzübergreifender pronominaler Anaphern beim Textverstehen mit deutschsprachigen Kindern, in der überprüft wurde, wie sich die Kombinationen lexikalischer, syntaktischer, semantischer und pragmatischer Informationen bei der Auflösung satzübergreifender Pronomen auswirkt und in Abhängigkeit vom Alter verändert.

Es fehlt in der empirischen Entwicklungsforschung zur Koreferenzherstellung eine fundierte theoretische Auseinandersetzung darüber, ob die beobachteten Unterschiede zwischen Kindern und Erwachsenen bei der Verarbeitung von Pronomen während der Textrezeption mit altersspezifischen Kontrollstrategien und Eigenschaften des Gedächtnisses zusammenhängen können. Es ist bisher nicht versucht worden, die experimentellen Ergebnisse zur Entwicklung der pronominalen Auflösungsfähigkeit beim Textverstehen systematisch mit der Entwicklung kognitiver Kontrollprozesse beim Diskursverstehen und den Eigenschaften des kognitiven Verarbeitungssystems in Beziehung zu setzen.

Aus diesem Fazit läßt sich die Fragestellung für die experimentelle Studie spezifizieren, die im folgenden Kapitel dargestellt wird:

Verfolgen Fünfjährige eher eine syntaktische Subjektstrategie bei der pronominalen Auflösung oder eine thematische Subjektstrategie? Inwiefern verändert sich die Rolle semantischer und pragmatischer Informationen bei der pronominalen Verarbeitung? Inwiefern hängen altersspezifische Veränderungen bei der pronominalen Auflösung mit spezifischen Verarbeitungsstrategien zusammen, die den Aufbau der Diskursrepräsentation beim Textverstehen steuern?

5. Eine Untersuchung zur Auflösung anaphorischer Pronomen beim Textverstehen von fünf-, sieben- und neunjährigen Kindern sowie Erwachsenen

Nachdem im vorigen Kapitel eine Bestandsaufnahme der bisherigen Forschung zur Entwicklung der pronominalen Koreferenzherstellung erfolgt ist, wird in der im folgenden dargestellten Untersuchung danach gefragt, wie sich lexikalische, syntaktische, semantische und pragmatische Informationen bei Kindern zwischen fünf und zehn Jahren und bei Erwachsenen auf die pronominale Auflösung auswirken und welche altersspezifischen kognitiven Fähigkeiten diesem Prozeß der Koreferenzherstellung zugrunde liegen.

Bei der Rezeption von Texten müssen Kinder einerseits lernen, Kohärenzprobleme zu bewältigen, die die temporale und kausale Struktur des Inhalts eines Textes betreffen. Kinder müssen andererseits aber auch lernen, bestimmte linguistische Formen wie pronominale und nominale Anaphern als Hinweise zur Herstellung koreferentieller Verbindungen in ihrer Diskursrepräsentation zu benutzen. In der Untersuchung, die in diesem Kapitel dargestellt wird, soll überprüft werden, wie sich die Fähigkeit entwickelt, satzübergreifende anaphorische Pronomen in Subjektposition aufzulösen, wenn im vorausgegangenen Satz ein Antezedent in Subjektposition genannt wurde und ein zweiter Antezedent in Objektposition. Diese Antezedenten stimmen in Genus und Numerus mit dem Pronomen überein. Es geht vor allem darum, die Faktoren zu bestimmen, die von Kindern neben Genus- und Numerusinformationen bei der pronominalen Auflösung beachtet werden. Insbesondere wird der Einfluß der Erstnennung eines Antezedenten im Text, der Einfluß der syntaktischen Position des Antezedenten im Satz und der Einfluß der pragmatischen Plausibilität der aufeinanderfolgenden Sätze auf die pronominale Verarbeitung bei fünfjährigen, sieben- und neunjährigen Kindern untersucht. Erwachsene nahmen als Kontrollgruppe ebenfalls an der Untersuchung teil.

Um die Auswirkungen der sprachlichen Hinweise auf die Koreferenzherstellung zu testen, wird mit einer Entscheidungsaufgabe gearbeitet, bei der die Versuchspersonen unmittelbar und so schnell wie möglich am Ende des Testsatzes den Referenten nennen sollen, der ihrer Meinung nach mit dem Pronomen koreferiert. Es wird einerseits überprüft, welche Antezedenten von den Versuchspersonen ausgewählt werden, und andererseits wird gemessen, wie schnell diese Entscheidungen getroffen werden. Die so gewonnenen Beobachtungsdaten lassen unter der Berücksichtigung der variierten kontextuellen Bedingungen Rückschlüsse darüber zu, wie aufwendig der Aufbau der referentiellen Verbindungen zwischen dem Pronomen und dem Antezedenten für die Versuchspersonen ist, und welche kognitiven Fähigkeiten der pronominalen Auflösung zugrunde liegen.

5.1 Fragestellung und Hypothesen

Bevor im folgenden die Hypothesen in bezug auf das in der Untersuchung verwendete Textmaterial dargelegt werden, wird zunächst noch mal unter Berücksichtigung der in Kapitel vier dargestellten Befunde die Fragestellung genauer erläutert. In Kapitel vier konnte gezeigt werden, daß Kinder vor dem fünften Lebensjahr Probleme haben, satzübergreifende Pronomen aufzulösen. Satzinterne und lexikalisch eindeutige Pronomen können von Fünfjährigen besser aufgelöst werden als satzübergreifende. Generell ist unklar, ob und inwieweit Kinder in diesem Alter beim Verstehen Informationen in aufeinanderfolgenden Sätzen in ein kohärentes Diskursmodell integrieren. Damit den Kindern dies gelingt, müßten sie in ihrer Diskursrepräsentation Verbindungen zwischen aktivierten Konzepten aufbauen, indem sie, lexikalische, syntaktische, semantische und pragmatische Informationen der aufeinanderfolgenden Sätze koordinieren. In Untersuchungen zur Verarbeitung satzübergreifender Pronomen ist jedoch deutlich geworden, daß Kinder unter Ausschluß von eindeutigen lexikalischen Informationen Schwierigkeiten haben, Pronomen aufzulösen. Um ein Pronomen in solchen Fällen richtig interpretieren zu können, müßten die Kinder semantische und pragmatische Informationen in Verbindung mit syntaktischen und lexikalischen Hinweisen vor und nach der Rezeption eines Pronomens zur Interpretation der pronominalen Äußerung heranziehen. Kinder vor dem fünften Lebensjahr sind dazu jedoch noch nicht in der Lage. Erst mit zunehmendem Alter scheint sich diese Fähigkeit allmählich auszubilden. Es ist zu klären, wie sich die oben genannten Textinformationen zu verschiedenen Entwicklungszeitpunkten auf die pronominale Verarbeitung auswirken und welche Ursachen möglicherweise altersspezifischen Verhaltensweisen bei der pronominale Verarbeitung zugrunde liegen.

Annahmen darüber, was ursächlich für diese Verhaltensweisen ist, können einerseits aus Ergebnissen zur Entwicklung der Inferenzfähigkeit abgeleitet werden (vgl. Abschnitt 4.2.2), andererseits aus den referierten Studien zur Entwicklung der pronominalen Auflösung selbst. In der Inferenzforschung wurde festgestellt, daß sich die Kontrollstrategien zur Überprüfung der semantischen und pragmatischen Kohärenz eines Textes mit dem Alter verändern. Fünfjährige Kinder haben noch große Probleme, beim Textverstehen in ihrer Diskursrepräsentation Zusammenhänge zwischen Informationen aufzubauen. Siebenjährigen gelingt dieses schon deutlich besser. Sie sind bereits in der Lage, Inkonsistenzen zwischen Ereignisfolgen festzustellen. Allerdings gelingt den siebenjährigen Kindern die konzeptuelle Organisation eines gelesenen oder gehörten Textes nur solange gut, wie keine Reorganisation des aufgebauten mentalen Modells notwendig wird. Die Fähigkeit, bei genügend widersprüchlichen Informationen im Text ein bis dahin aufgebautes Diskursmodell zu revidieren, beherrschen Kinder erst nach dem siebenten Lebensjahr. Die mangelnde Flexibilität der Kinder bei der Identifizierung und Integration eines Pronomens in die aufgebaute Diskursrepräsentation, ist insofern mit den Ergebnissen der Inferenzforschung vergleichbar, als dort ähnlich wie in den Untersuchungen zur Entwicklung der pronominalen Koreferenzfähigkeit angenommen wird, daß die jüngeren Kinder zunächst eine rigide Kontrollstrategie beim Aufbau des Diskursmodells anwenden und dadurch eine Interpretationsrichtung der mitgeteilten Äußerungen festlegen. Eventuell notwendige Revision in der Diskursrepräsentation werden unmöglich, zumindest aber sehr erschwert. Erst mit zunehmendem Alter werden diese rigiden Kontrollstrategien der Kinder aufgebrochen, indem sie lernen, die pragmatische Kohärenz zwischen neuen Informationen und dem bereits aufgebauten Diskursmodell zu überprüfen und Inkonsistenzen zu entdecken. Auch die Befunde, die bei der pronominalen Verarbeitung beobachtet werden können, sind vermutlich bei den jüngeren Kindern auf die Anwendung einseitiger kognitiver Strategie zurückzuführen, durch die die Interpretationsrichtung rigide festgelegt wird. Erst wenn sie lernen, auch nach der Rezeption eines Pronomens semantische und pragmatische Relationen im Diskursmodell zu überprüfen, kann es ihnen gelingen, eingeschlagene Interpretationsrichtung auch gegebenenfalls zu revidieren.

In einigen Studien zur Entwicklung der pronominalen Koreferenzherstellung wird davon ausgegangen, daß fünfjährige Kinder satzübergreifende anaphorische Pronomen in Subjektposition aufgrund der syntaktischen Parallelität zu einem im vorherigen Satz in Subjektposition genannten Antezedenten auflösen. In diesem Fall würden die Kinder die referentielle Verbindung mit Hilfe syntaktischer Informationen aufbauen und semantische und pragmatische Hinweise unberücksichtigt lassen, bzw. nicht effektiv nutzen. Diese rigide syntaktische Subjektstrategie (Wykes, 1981) wird von Erwachsenen nicht mehr angewendet. Syntaktische Informationen spielen zwar bei der pronominalen Auflösung eine Rolle, aber gleichzeitig können diese syntaktischen Informationen durch pragmatische Informationen überlagert werden. Damit kann der pronominale Auflösungsprozeß zu einer anderen Interpretation des Pronomens führen, als durch die syntaktisch parallele Position des Pronomens und seines Antezedenten nahegelegt wird (vgl. Kapitel 3.2.3; vor allem die Untersuchungen von Caramazza, Grober, Garvey & Yates, 1977; Grober, Beardsley & Caramazza, 1978; Ehrlich, 1980).

Eine andere Strategie, die möglicherweise die pronominale Auflösung bei Fünfjährigen kontrolliert, ist die thematische Subjektstrategie. Die thematische Subjektstrategie besagt, daß die Fünfjährigen anaphorische Pronomen in Subjektposition als Leerstelle für das thematische Subjekt, d.h. den Hauptaktanten einer Geschichte reservieren. Der Unterschied zur syntaktischen Subjektstrategie besteht darin, daß die Auflösung eines anaphorischen Pronomens in Subjektposition nicht allein aufgrund syntaktischer Informationen erfolgt, sondern die Funktion von Pronomen in Subjektposition mit der semantischen und pragmatischen Rolle eines Referenten im Diskurs verbunden ist. Das thematische Subjekt korrespondiert dabei mit den Eigenschaften des Diskurstopiks. Der Diskurstopik eines Textes ist definiert durch eine Person, die am Anfang eines Textes in Satzanfangsposition eingeführt wurde und Verursacher bzw. Agens aufeinanderfolgender Ereignisse ist, die im Text beschrieben werden (vgl. dazu auch Abschnitt 3.2.4).

Unabhängig von der Frage, ob nun die syntaktische Subjektstrategie oder die thematische Subjektstrategie die pronominale Auflösung von fünfjährigen Kindern adäquater beschreibt, ist beiden Strategien gemeinsam, daß sie die Verarbeitungsfähigkeit von Kindern bei der Auflösung anaphorischer Pronomen rigide einschränken. Dies wird darin deutlich, daß fünfjährige Kinder nicht in der Lage sind, Pronomen in Subjektposition aufzulösen, die pragmatisch eindeutig auf einen Antezedenten referieren, der im vorherigen Satz in Objektposition genannt wurde.

Die syntaktische Position des Antezedenten oder der Diskurstopik sind auch für Erwachsene wichtige Hinweise für die Identifizierung eines Referenten in der Diskursrepräsentation. Bei mehreren potentiellen Antezedenten im Text wird die konzeptuelle Repräsentation des Antezedenten im Diskurstopik bevorzugt. Wenn die lexikalischen, syntaktischen, semantischen und pragmatischen Informationen in der dem Pronomen folgenden Verbalphrase kohärent sind mit dem fokussierten Konzept, dann können Erwachsene die pronominale Auflösung schnell abschließen. In jedem Fall findet nach der Rezeption eines satzübergreifenden anaphorischen Pronomens, das aufgrund lexikalischer Informationen sowohl mit einem Antezedenten in Subjekt- als auch Objektposition übereinstimmt eine Überprüfung der lexikalischen und syntaktischen Informationen als auch der semantischen und pragmatischen Kohärenz der dem Pronomen folgenden Verbalphrase statt. Die Verwendung von Pronomen wird von Erwachsenen nicht strikt an bestimmte Informationen im Text gebunden, sondern während der pronominalen Verarbeitung kann flexibel auf die kontextuellen Bedingungen vor, während und nach der Rezeption des Pronomens reagiert werden (vgl. Abschnitt 3.4). Die verschiedenen Informationen werden aktiviert und im Arbeitsgedächtnis koordiniert, um ein kohärentes Diskursmodell aufzubauen.

Die Probleme der in den referierten Studien untersuchten fünfjährigen Kinder (vgl. Kapitel 4) mit der Herstellung referentieller Beziehungen zwischen einem Antezedenten in Objektposition und einem Pronomen in Subjektposition können damit zusammenhängen, daß die Kinder die Verwendungsweise anaphorischer Pronomen in Subjektposition für das thematische Subjekt bzw. den Hauptaktanten in einem Text reservieren. Wenn fünfjährige Kinder bei der Überprüfung der semantischen und pragmatischen Relationen und vor allem mit der Revision der von ihnen durch eingeschränkte kognitive Strategien festgelegten Interpretation des Pronomens Probleme haben, sollte sich dies vor allem in den Nennungen und Entscheidungszeiten in den verschiedenen in der Untersuchung verwendeten Textversionen auswirken. Es sind in den einzelnen Altersgruppen deutliche Abweichungen in bezug auf die Häufigkeiten bei der Auswahl der korrekten Antezedenten und die Dauer der Entscheidungszeiten zu erwarten.

Aufgrund der vorausgegangenen Erläuterungen können die Fragestellungen der Untersuchung folgendermaßen präzisiert werden:

1. Inwiefern verändert sich die Rolle semantischer und pragmatischer Informationen bei der pronominalen Verarbeitung bei Kindern zwischen fünf und zehn Jahren sowie Erwachsenen?

2. Inwiefern hängen altersspezifische Veränderungen bei der pronominalen Auflösung mit spezifischen Verarbeitungsstrategien zusammen, die den Aufbau der Diskursrepräsentation beim Textverstehen steuern?

3. Verfolgen Fünfjährige eher eine syntaktische Subjektstrategie bei der pronominalen Auflösung oder eine thematische Subjektstrategie?

Um den Einfluß syntaktischer, semantischer und pragmatischer Faktoren zu überprüfen, werden Texte auf verschiedene Weise variiert. Es werden solche Texte verwendet, in denen ein anaphorisches Pronomen eindeutig auf einen Antezedenten referiert, der in Subjektposition des vorausgegangenen Satzes genannt wird, solche, in denen der korrekte Antezedent in Objektposition steht, oder solche Texte, in denen aufgrund der semantischen und pragmatischen Plausibilität der aufeinanderfolgenden Sätze keine eindeutigen referentiellen Zuordnungen getroffen werden können. Mit Hilfe der bei dem so variierten Textmaterial gewonnenen Beobachtungsdaten kann dann auf die der pronominalen Koreferenzherstellung zugrundeliegenden kognitiven Fähigkeiten zurückgeschlossen werden. Um eine reine syntaktische Subjektstrategie nachzuweisen, müßte gezeigt werden, daß Kinder bei der Auflösung von syntaktisch parallelen Antezedenten und Pronomen in Subjektposition völlig unbeeinflußt sind von der pragmatischen Plausibilität der aufeinanderfolgenden Äußerungen und der Rolle des Antezedenten im Diskurs. Wenn Kinder ambige anaphorische Pronomen ausschließlich aufgrund einer syntaktischen Subjektstrategie auflösen, dann sollte ein ambiges anaphorisches Pronomen in einem Satz immer mit dem Antezedenten verbunden werden, der im vorausgegangenen Satz in Subjektposition steht. Die unterschiedliche semantische und pragmatische Plausibilität mehrerer potentieller Antezedenten darf den pronominalen Auflösungsprozeß nicht beeinflussen. Ist dies jedoch der Fall, muß man davon ausgehen, daß Kinder sowohl syntaktische als auch semantische und pragmatische Informationen bei der Identifizierung eines Koreferenten koordinieren und somit eher eine thematische Subjektstrategie bei der pronominalen Koreferenzherstellung verfolgen.

Um zu zeigen, ob und ab wann es dazu kommt, daß Kinder gleicherma-ßen flexibel wie Erwachsene lexikalisch ambige Pronomen in Interaktion mit den kontextuellen Faktoren vor, während und nach der Rezeption des Pronomens auflösen können, muß festgestellt werden, wann sie gleicher-maßen häufig und schnell die entsprechenden Referenten in den variierten Textversionen nennen. Wenn Kinder ab einem bestimmten Alter dazu in der Lage sind, zeigt das, daß sich die kognitiven Verarbeitungsstrategien, die den Aufbau der Diskursrepräsentation und die pronominale Auflösung steuern, vergleichbar sind. Die allgemeinen Hypothesen, die der Untersu-chung zugrunde liegen, können folgendermaßen zusammengefaßt werden:

- Fünfjährige Kinder können bei mehreren potentiellen Antezedenten im Text satzübergreifende Pronomen in Subjektposition nur dann syste-matisch auflösen, wenn sie auf den Antezedenten in Subjektposition des vorausgegangenen Satz referieren. Diesem Verhalten liegt möglicher-weise eine rigide Verstehensstrategie zugrunde, die die pronominale Verarbeitung bei Fünfjährigen kontrolliert.
- Aufgrund der in Kapitel vier zitierten Ergebnisse zur Entwicklung der anaphorischen Auflösung von Pronomen ist unklar, wann und wie sich die Strategien der pronominalen Verarbeitung nach dem fünften Le-bensjahr verändern. Wenn die Ergebnisse zur Entwicklung der prono-minalen Verarbeitung beim Textverstehen verallgemeinerbar sind, dann müßten bereits sieben- und neunjährige Kinder lexikalische, syntak-tische, semantische und pragmatische Informationen im Text in gleicher Weise wie Erwachsene zur Auflösung anaphorischer Pronomen nutzen können. Aufgrund der Ergebnisse zur Entwicklung der Inferenzfähigkeit muß man jedoch davon ausgehen, daß Kinder erst nach dem siebenten Lebensjahr in der Lage sind, nach der Rezeption eines lexikalisch ambigen Pronomens semantische und pragmatische Informationen ähnlich flexibel zur Auflösung des vorherigen Pronomens heranzu-ziehen wie Erwachsene.

Im folgenden werden diese generellen Hypothesen in bezug auf das in der Untersuchung verwendete Textmaterial spezifiziert. Dabei werden insbe-sondere die angenommenen pronominalen Verarbeitungsstrategien der fünfjährigen Kinder im Vergleich mit den pronominalen Verarbeitungs-strategien der Erwachsenen beschrieben. Im Rahmen dieser Untersuchung bilden die Beobachtungsdaten der fünfjährigen Kinder den Beginn des pronominalen Entwicklungsprozesses ab. Die Verarbeitungsergebnisse der Erwachsenen stellen hingegen den abgeschlossenen pronominalen Entwicklungsprozeß dar. Da auf der Grundlage der gegenwärtigen Forschungssituation keine fundierten Vorhersagen für Verarbeitungsergebnisse von sieben- und neunjährigen Kindern gemacht werden können, wird bei der Spezifizierung der Hypothesen an dem gewählten Textmaterial nicht explizit auf diese beiden Altersgruppen eingegangen. Es ist jedoch anzunehmen, daß sich die Verarbeitungsergebnisse der sieben- und neunjährigen Kinder sukzessive an die Verarbeitungsergebnisse der Erwachsenen angleichen und die bei der Untersuchung gewonnenen Beobachtungsdaten wichtige Einblicke in den Entwicklungsprozeß der pronominalen Koreferenzherstellung ermöglichen. Die vorliegende Studie hat in bezug auf diese Altersgruppen eher einen explorativen Charakter.

Die in der Untersuchung verwendeten Texte bestehen aus vier Sätzen. Sie sind thematisch an Texte angelehnt, die in Sprachbüchern der Grundschule verwendet werden (z.B. Schöningh Sprachbuch 1-4, 1985). Ziel dieses Vorgehens ist es, die Auswahl der Inhalte und Ereignisse, die in den Versuchstexten beschrieben werden, dem allgemeinen Wissen der Kinder anzupassen.

Die Texte haben folgenden allgemeinen Aufbau: In einem ersten Satz wird ein allgemeiner Handlungsrahmen für die folgenden im Text genannten Personen, Sachverhalte und Ereignisse eröffnet. Im zweiten Satz wird eine Handlungsperson in Subjektposition eingeführt. Im dritten Satz wird auf die im vorherigen Satz in Subjektposition genannte Person definit mit Namen oder Nomen referiert und darüber hinaus eine weitere Person in Objektposition eingeführt. Der folgende vierte Satz ist der Testsatz, in dem in Subjektposition ein Pronomen genannt wird, das in Genus und Numerus mit den zuvor im Text genannten Personen übereinstimmt. Es gibt drei verschiedene Variationen des vierten Satzes:

Textversion A:
Das Pronomen in Subjektposition im Testsatz bezieht sich pragmatisch eindeutig auf den Antezedenten in Subjektposition des vorausgegangenen Satzes, z.B.:
Die Großmutter hat Anna ein Geschenk mitgebracht.
Sie hat das Geschenk sehr schön verpackt.

Nach der Rezeption des letzten Satzes mußten die Versuchspersonen unmittelbar und so schnell wie möglich angeben, auf welche Person das Pronomen referiert.

In der Textversion A sollten keine altersspezifischen Unterschiede bei der Benennung eines Aktanten auftreten. Auch wenn Kinder und Erwachsene möglicherweise unterschiedliche Strategien verfolgen, führen die angewendeten Strategien in jedem Fall dazu, daß eine referentielle Verbindung zwischen dem Pronomen und dem Antezedenten in Subjektposition hergestellt wird. Es sind die im folgenden beschrieben kognitiven Verarbeitungsstrategien denkbar.

Wenn fünfjährige Kinder eine syntaktische Subjektstrategie verfolgen, d.h. die referentielle Verbindung zwischen *Sie* und *der Großmutter* nur aufgrund der syntaktisch parallelen Subjektposition herstellen, dann sollten die Kinder ausschließlich *die Großmutter* als Referenten für das Pronomen nennen.

Wenn fünfjährige Kinder eine thematische Subjektstrategie verfolgen, dann wird in dieser Textversion derselbe Antezedent für das Pronomen gewählt wie bei einer syntaktischen Subjektstrategie. Bei der thematischen Subjektstrategie erfolgt jedoch der Aufbau der referentiellen Verbindung im Gegensatz zur syntaktischen Subjektstrategie durch die Analyse syntaktischer sowie semantischer und pragmatischer Faktoren, d.h. dann wird *die Großmutter* von den Kindern als koreferentielles Konzept des Pronomens ausgewählt, weil die Großmutter die erste Person war, die im Text im zweiten Satz als Handelnde in Subjektposition eingeführt wurde, im dritten Satz die Referenz durch die Wiederholung des Namens in Subjektposition beibehalten wurde und die Großmutter in beiden Sätzen Agens oder Verursacher der Ereignisse war. Bei der thematischen Subjektstrategie werden die Personalpronomen in Subjektposition als Leerstelle für den Hauptaktanten benutzt. In diesem Beispiel als Leerstelle für die Großmutter. Die dem Pronomen nachfolgenden Ereignisse liefern keine pragmatischen Informationen, die einer solchen Interpretation widersprechen würden. Wenn nach der Rezeption des Pronomens die Kohärenz zwischen den bereits im Diskursmodell aktivierten Konzepten und den neuen Informationen überprüft wird, gibt es keine Veranlassung, die bereits eingeschlagene Interpretationsrichtung zu revidieren.

Auch Erwachsene lösen das Pronomen in dieser Textversion so auf, daß sie eine referentielle Verbindung zwischen der Großmutter und dem Pronomen herstellen. Sie verfolgen in diesem Fall eine gerichtete Suchstrategie, d.h., die Erstnennung eines Aktanten im Text, die Subjektposition dieses Aktanten in dem dem Pronomen vorausgegangenen Satz und die Rolle des Aktanten als Verursacher der beschriebenen Ereignisse führen dazu, daß die Erwachsenen ihre Aufmerksamkeit bei der Integration der dem Pronomen nachfolgenden Informationen auf diesen Aktanten richten. Da die nachfolgenden Informationen mit dem fokussierten Referenten in der Diskursrepräsentation übereinstimmen, kann die referentielle Verbindung zwischen dem Pronomen und der Großmutter schnell abgeschlossen werden.

Kinder und Erwachsene sollten also in der Textversion A Antezedenten in Subjektposition gleichhäufig nennen. Es ist jedoch zu erwarten, daß die Dauer der Entscheidungen aufgrund einer zunehmenden Effektivität des pronominalen Auflösungsprozesses bei älteren Kindern und Erwachsenen im Vergleich zu jüngeren Kindern kürzer wird.

Die Frage, ob Kinder semantische und pragmatische Informationen bei der Integration des Pronomens in die Diskursrepräsentation berücksichtigen, und die Frage, ob sie eher eine syntaktische Subjektstrategie oder eine thematische Subjektstrategie verfolgen, kann durch einen Vergleich der Textversion A mit den Textversionen B und C beantwortet werden.

Textversion B:
Das Pronomen in Subjektposition des Testsatzes bezieht sich pragmatisch weder eindeutig auf den Antezedenten in Subjektposition des vorausgegangenen Satzes noch eindeutig auf den Antezedenten in Objektposition, z.B.:
Die Großmutter hat *Anna* ein Geschenk mitgebracht.
Sie packt das Geschenk aus.

Wenn fünfjährige Kinder bei der pronominalen Koreferenzherstellung nur syntaktische Informationen verwenden und eine syntaktische Subjektstrategie verfolgen, sollte dies vor allem bei einem Vergleich der Beobachtungsdaten zwischen der Textversion A und der Textversion B deutlich werden. Die Textversion B unterscheidet sich von der Textversion A lediglich in der Stärke der pragmatischen Plausibilität der referentiellen Verbindung zwischen dem Antezedenten in Subjektposition und dem Pronomen in Subjektposition. Wenn die fünfjährigen Kinder bei der pronominalen Auflösung unsensibel sind für semantische und pragmatische Faktoren im Text, dann sollten sie in der Textversion B genauso häufig und schnell wie in der Textversion A eine referentielle Verbindung zwischen dem Pronomen *Sie* und *der Großmutter* herstellen und die Großmutter als Referenten nennen. Wenn das nicht der Fall ist und Kinder auch in diesem Alter bei der Auflösung anaphorischer Pronomen über eine gewisse Sensibilität für semantische und pragmatische Relationen zwischen aufeinanderfolgenden Äußerungen in einem Text verfügen, sollten sie Schwierigkeiten bei der Auswahl eines Referenten haben.

Die Sensibilität für semantische sowie pragmatische Relationen zwischen den aufeinanderfolgenden Sätzen in der Textversion B sollte sich auch in den anderen Altersgruppen bei der Auswahl eines Referenten bemerkbar machen. Vor allem Erwachsene sollten in der Textversion B durch die pragmatische Uneindeutigkeit der aufeinanderfolgenden Äußerungen erhebliche Probleme haben, überhaupt eine Entscheidung zwischen dem Antezedenten in Subjekt- und Objektposition zu treffen, da sie bei der Integration der dem Pronomen folgenden Information keine eindeutige Verbindung zwischen den aktivierten Konzepten in der Diskursrepräsentation feststellen können. Die Vergleichsoperationen zwischen den Konzepten in der Diskursrepräsentation, die bei der Lösung der Versuchsaufgabe notwendig werden, sind relativ aufwendig. Erwachsene sollten in der Textversion B im Gegensatz zur Textversion A ungefähr gleich häufig einen der beiden alternativen Referenten nennen. Die Entscheidung für einen der beiden Referenten sollte deutlich länger dauern als in der Textversion A.

Textversion C:
Das Pronomen in Subjektposition des Testsatzes bezieht sich pragmatisch eindeutig auf den Antezedenten in Objektposition des vorausgegangenen Satzes, z.B.:
Die Großmutter hat *Anna* ein Geschenk mitgebracht.
Sie findet das neue Spielzeug toll.

Beachten fünfjährige Kinder nur syntaktische Hinweise und verfolgen sie eine reine syntaktische Strategie, sollten sie aufgrund der syntaktisch parallelen Position von *Großmutter* und *Sie* auch in der Textversion C eine referentielle Verbindung zwischen der Großmutter und dem Pronomen herstellen und gleichermaßen häufig wie in der Textversion A Antezedenten in Subjektposition nennen. Ist dies nicht der Fall und wird *Anna* als korreferierender Antezedent genannt, spricht das dafür, daß Fünfjährige auch semantische und pragmatische Relationen in aufeinanderfolgenden Sätzen in ihrer Diskursrepräsentation koordinieren.

Da jedoch aufgrund der bisherigen Ergebnisse zur Entwicklung der pronominalen Auflösungsfähigkeit anzunehmen ist, daß die Flexibilität der fünfjährigen Kinder im Vergleich zu älteren Kindern und Erwachsenen bei der pronominalen Auflösung erheblich eingeschränkt ist, sollten die Fünfjährigen in dieser Textversion deutlich mehr Schwierigkeiten haben, korrekte Referenten zu identifizieren als die anderen Versuchspersonengruppen. Es ist erwartbar, daß die Auswahl korrekter Referenten bei den fünfjährigen Kindern deutlich geringer ist als bei den Siebenjährigen, den Neunjährigen und den Erwachsenen.

Erwachsene sollten dagegen in der Textversion C keine Schwierigkeiten haben, einen Referenten zu identifzieren, da sie bei lexikalisch ambigen Pronomen auf jeden Fall die semantische und pragmatischen Plausibilität der dem Pronomen folgenden Informationen mit der bereits aufgebauten Diskursrepräsentation überprüfen. Die letztendliche Auflösung des Pronomens erfolgt erst mit der Integration der dem Pronomen nachfolgenden Informationen. Wenn die Erwachsenen eine gerichtete Suchstrategie aufgrund der dem Pronomen vorausgegangen Informationen verfolgen, sollte zunächst *die Großmutter* in der Diskursrepräsentation höher aktiviert sein als *Anna*. Bei der Überprüfung der semantischen und pragmatischen Relationen zwischen den dem Pronomen nachfolgenden Informationen und dem bereits aufgebauten Diskursmodell würde in der Textversion C die Verbindung zwischen *der Großmutter* und dem Pronomen *Sie* deaktiviert und statt dessen die Verbindung zwischen dem Pronomen *Sie* und *Anna* verstärkt. Bei einer gerichteten Suchstrategie sollten Erwachsenen in der Textversion C genauso häufig den korrekten Referenten nennen wie in der Textversion A. Die Entscheidungen in der Textversion A sollten jedoch schneller sein als in der Textversion C, da die referentielle Verbindung schneller hergestellt werden kann, wenn die dem Pronomen nachfolgende Information mit dem bereits fokussierten Referenten kohärent ist.

Erwachsene wenden jedoch möglicherweise in solchen für sie doch sehr einfachen Texten eine Abwartestrategie an, wodurch beide potentiell koreferierenden Konzepte mit der Rezeption des Pronomens gleichermaßen aktiviert sind. Die pronominale Auflösung wird dann auf keinen der Referenten gerichtet, sondern erfolgt erst nach der Rezeption des Pronomens durch die Integration nachfolgender semantischer sowie pragmatischer Informationen in das bereits aufgebaute Diskursmodell. Die Herstellung der referentiellen Verbindung erfolgt nur aufgrund der dem Pronomen nachfolgenden Informationen. In diesem Fall sollten in der Textversion A und der Textversion C die Antezedenten gleichermaßen häufig und schnell genannt werden. Die größten Probleme sollten Erwachsene in der Textversion B haben, da dort weder der Antezedent in Subjektposition noch der Antezedent in Objektposition eindeutig als Koreferent identifizierbar ist.

5.2 Methode

Nach der Erläuterung der Fragestellung und der Hypothesen verdeutlichen die folgenden Ausführungen noch einmal das Textmaterial sowie die Bedingungen der Versuchsdurchführung und Datenerhebung.

Textmaterial

Es wurden 34 Texte mit jeweils drei Kontextsätzen und drei verschiedenen Fortsetzungssätzen konstruiert. Folgende Textbeispiele zeigen die Versuchsbedingungen:

Textversion A:
1. An der Haustür hat es geklingelt.
2. Die Großmutter kommt zu Besuch.
3. *Die Großmutter* hat Anna ein Geschenk mitgebracht.
4. *Sie* hat das Geschenk sehr schön verpackt.

Textversion B:
1. An der Haustür hat es geklingelt.
2. Die Großmutter kommt zu Besuch.
3. *Die Großmutter* hat *Anna* ein Geschenk mitgebracht.
4. *Sie* packt das Geschenk aus.

Textversion C:
1. An der Haustür hat es geklingelt.
2. Die Großmutter kommt zu Besuch.
3. Die Großmutter hat *Anna* ein Geschenk mitgebracht.
4. *Sie* findet das neue Spielzeug toll.

Die Stärke der referentiellen Verbindung zwischen dem Pronomen im Testsatz und einem der Antezedenten im dritten Satz wurde in einem Vortest mit Erwachsenen überprüft. In der Textversion A und der Textversion C wurden nur solche Sätze verwendet, die eindeutig auf den Antezedenten in Subjektposition oder in Objektposition referierten. In der Textversion B wurden nur die Sätze verwendet, in denen die Erwachsenen nicht eindeutig entscheiden konnten, auf welchen Referenten sich das Pronomen bezieht. Aus diesen Texten wurden drei Textkorpora erstellt, mit jeweils zehn Texten pro Textversion. Die Darbietungsreihenfolge der Texte wurde randomisiert. Jeweils vier Texte pro Textkorpus dienten zum Üben der Versuchsaufgabe.

Für jedes Textkorpus wurde im Tonstudio der Universität Bielefeld ein Mastertape erstellt. Die Texte wurden von einer weiblichen Sprecherin mit normaler Geschwindigkeit und Intonation gesprochen.

Versuchsaufgabe

Die Texte wurden den Versuchspersonen von einem Tonband (Uher 4200) vorgespielt. Am Ende eines Textes sollten die Versuchspersonen so schnell wie möglich die Person nennen, die ihrer Meinung nach mit dem Pronomen im letzten Satz gemeint war. Auf einem zweiten Tonband wurden die Texte und die Reaktionen der Versuchspersonen aufgenommen, um sie später computergestützt auswerten zu können. Die Instruktionen lauteten folgendermaßen:

"Du hörst jetzt gleich vom Tonband kleine Geschichten, die vier Sätze lang sind. Im letzten Satz taucht immer ein *Er* oder *Sie* auf. Das *Er* oder *Sie* bezieht sich auf jemanden, der schon vorher in der Geschichte genannt wurde. Du sollst versuchen, genau zu zuhören, um zu verstehen, was in der Geschichte passiert. Am Ende der Geschichte sollst Du sagen, wer mit dem *Er* oder *Sie* gemeint ist. Also in der Geschichte kommen z.B. zwei Jungen vor, z.B. Hans und Peter, und der letzte Satz heißt z.B. "Er geht gerne schwimmen." Du sollst sagen, wer *Er* war, wer mit *Er* gemeint ist. Das kriegst Du raus, wenn Du die Geschichte genau anhörst.

Versuchspersonen und Durchführung

Jeweils acht Versuchspersonen im Alter von fünf (5.0-6.0), sieben (7.0-8.0) und neun (9.0-10.0) Jahren nahmen pro Textkorpus an dem Versuch teil; das bedeutet 24 Versuchspersonen pro Altersgruppe. 24 Erwachsenen wurde als Kontrollgruppe dasselbe Textmaterial vorgelegt. Insgesamt nahmen an dem Versuch 96 Versuchspersonen teil. Die Verstehensleistungen der Kinder wurden im Kindergarten oder in der Schule jeweils einzeln von der Versuchsleiterin getestet. Die Erwachsenen waren Studenten und Studentinnen der Universität Bielefeld, die gegen ein Honorar an dem Versuch teilnahmen. Sie wurden ebenfalls einzeln getestet.

Design

Dem Experiment liegt ein 4 x 3 Design zugrunde, mit einem vierfach gestuften Faktor *Alter* (fünf-, sieben-, neunjährige Kinder und Erwachsene) und einem dreifach gestuften Faktor *Textversion* (Textversion A, B oder C), mit Meßwiederholung auf dem letzten Faktor. Als abhängige Variablen wurden die Nennungshäufigkeiten und die Entscheidungszeiten ausgewertet.

5.3 Ergebnisse

Die Studenten sowie die Sieben- und Neunjährigen hatten keine Schwierigkeiten mit der Aufgabenstellung. Der Versuch dauerte ca. 20 Minuten pro Versuchsperson. Die Anzahl der Texte war von den Schulkindern gut zu bewältigen. Auch die Fünfjährigen nahmen gerne und mit viel Spaß an dem Versuch teil. Die Anzahl der Versuchstexte war in keiner Altersgruppe ein Problem. Die Fünfjährigen hatten jedoch häufig auch noch nach der Einübungsphase am Ende des Testsatzes Schwierigkeiten, selbständig die Person zu nennen, die ihrer Meinung nach mit dem Pronomen gemeint war. Die Fünfjährigen wurden daher am Ende des Textes durch die Frage "Wer" aufgefordert, einen Referenten zu nennen. Nach dieser Aufforderung waren auch sie in der Lage, eine Person zu benennen, die ihrer Ansicht nach im letzten Satz gemeint war.

5.3.1 *Aufbereitung der Daten für die statistische Auswertung*

Für jede der 96 Versuchspersonen wurden jeweils die richtigen und falschen Entscheidungen in der Textversion A und in der Textversion C festgestellt. In der Textversion A war der Antezedent in Subjektposition korrekt und der Antezedent in Objektposition falsch. In Textversion C war dies genau umgekehrt, richtig war der Antezedent in Objektposition, falsch war der Antezedent in Subjektposition. In der Textversion B wurde ebenfalls kodiert, ob die Versuchspersonen den Antezedenten in Subjekt- oder den Antezedenten in Objektposition genannt hatten. In diesem Fall kann man nicht von richtig oder falsch sprechen, da in der Textversion C die referentielle Verbindung pragmatisch ambig war. Sowohl der Antezedent in Subjektposition als auch der Antezedent in Objektposition konnte gemeint sein.

Darüber hinaus wurden für alle Nennungen die Entscheidungszeiten bestimmt. Die Entscheidungszeiten wurden mit einem von Gunther Braun entwickelten Computerprogramm im Phonetiklabor der Universität Bielefeld ermittelt. Texte und Reaktionen der Versuchspersonen wurden mit diesem Programm in Intensitätskurven transformiert und auf dem Computerbildschirm in Echtzeitdarstellung abgebildet. Zwischen der Abbildung der letzten sprachlichen Äußerung und der Abbildung der Reaktion der Versuchspersonen besteht eine zeitliche Lücke. Der Abstand zwischen dem Ende der ersten Intensitätskurve und dem Beginn der zweiten Intensitätskurve entspricht der Entscheidungzeit der Versuchspersonen. Für alle Versuchstexte wurde das Ende einheitlich von der Versuchsleiterin festgelegt, so daß der Anfangspunkt der Messungen immer derselbe war. Der Endpunkt der Entscheidungszeit wurde pro Text und Versuchsperson individuell bestimmt. Für die Siebenjährigen, die Neunjährigen und die Erwachsenen wurden für alle Versuchstexte die Entscheidungszeiten festgelegt, indem der Abstand zwischen dem Ende des letzten Wortes im Testsatz und dem Beginn der Antwort der Versuchspersonen gemessen wurde. Die Meßgenauigkeit beträgt 1/100 Sekunden. Für die Fünfjährigen wurde ebenfalls zunächst versucht, die Entscheidungszeiten zu bestimmen. Doch gab es hier Probleme, da die Zeiträume zwischen dem Ende des Testsatzes und der Entscheidung der Versuchsperson sehr lang und darüber hinaus mit sehr großen Varianzen belegt waren, so daß eine systematische Auswertung dieser Entscheidungszeiten nicht sinnvoll erschien. Die Entscheidungszeiten der Fünfjährigen wurden deshalb nicht ausgewertet.

Die folgende Abbildung veranschaulicht an dem Textbeispiel die Reaktionszeitmessungen vom Ende des letzten Satzes bis zur Antwort einer Versuchsperson.

1. An der Haustür hat es geklingelt.

2. Die Großmutter kommt zu Besuch.
3. Die Großmutter hat Anna ein Geschenk mitgebracht.

A: Sie hat das Geschenk sehr schön verpackt.　　(Subjektbedingung)
B: Sie packt das Geschenk aus.　　　　　　　　(ambige Bedingung)
C: Sie findet das neue Spielzeug toll.　　　　　　(Objektbedingung)

Abb. 1: Beispiele für Reaktionszeitmessungen

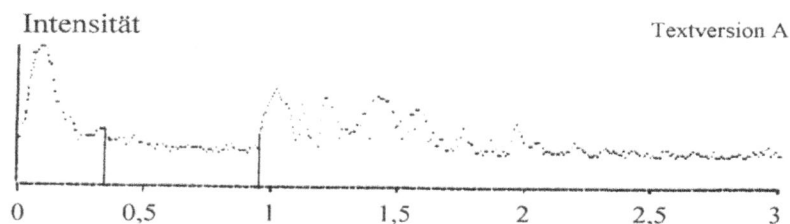

Textversion A

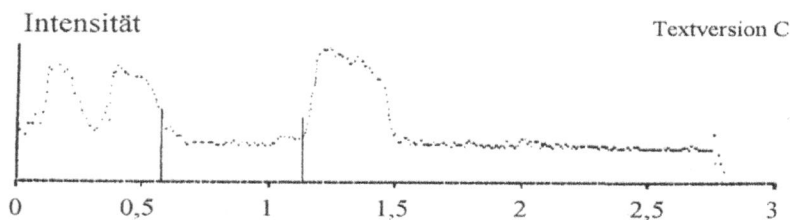

Textversion C

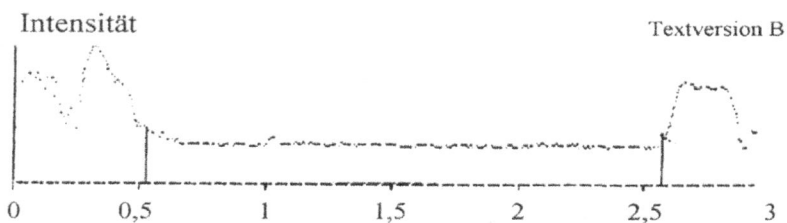

Textversion B

5.3.2 Ergebnisse und Diskussion der Nennungshäufigkeiten

Die Nennungshäufigkeiten der Aktanten gingen in 4 x 3 faktorielle Varianzanalysen Alter x Text mit Meßwiederholungen auf dem letzten Faktor ein. Im folgenden wird von Subjektnennung oder Subjektentscheidungen gesprochen, wenn die Versuchspersonen für das Pronomen des Testsatzes eine referentielle Verbindung mit der kognitiven Repräsentation des Antezedenten herstellen, der in Subjektposition des dritten Satzes genannt wurde. Von Objektnennung, bzw. Objektentscheidung wird im folgenden gesprochen, wenn die Versuchspersonen den Antezedenten nennen, der in Objektposition des dritten Satzes stand.

In der ersten Varianzanalyse wurde überprüft, inwiefern sich das Alter der Versuchspersonen auf die korrekten Nennungen in den Textversionen A und C und auf die Subjektnennungen in der Textversion B auswirkt. In der Textversion B wurden die Subjektentscheidungen ausgewählt, um einen Zusammenhang mit der Textversion A herzustellen. Wenn die referentielle Verbindung im wesentlichen aufgrund der syntaktischen Parallelität erfolgt, sollte sich zumindest bei den Fünfjährigen die Anzahl der korrekten Nennungen in der Textversion A nicht signifikant von den Subjektnennungen in der Textversion B unterscheiden.

Parallel dazu wurde eine zweite Varianzanalyse für die falschen Nennungen in Textversion A und C und die Objektnennungen in der Textversion B berechnet. Durch diese Analyse wird deutlich, wie häufig die Versuchspersonen in der Textversion A und in der Textversion C den falschen Referenten auswählen und in der Textversion B Objektentscheidungen treffen. Die 4 x 3 faktoriellen Varianzanalysen mit Meßwiederholung auf dem zweiten Faktor wurden sowohl über Versuchspersonen als Random-Faktor als auch über Textversion als Random-Faktor gerechnet.

In der ersten Varianzanalyse für die richtigen Nennungen und die Subjektnennungen in der Textversion B ergibt sich ein signifikanter Haupteffekt für den Faktor *Alter* ($F_{Vpn}(3/92) = 36.29$, $MS_e = 259.04051$, $p < .001$; $F_{Txt}(3/116) = 72.09$, $MS_e = 2.68305$, $p < .001$). Für den Faktor *Textversion* gibt es ebenfalls einen signifikanten Haupteffekt ($F_{Vpn}(2/184) = 41.84$, $Ms_e = 2.80042$, $p < .001$; $F_{Txt}(2/232) = 35.72$, $MS_e = 2.71034$, $p < .001$). Darüber hinaus findet sich in beiden Analysen eine Interaktion zwischen den Faktoren *Alter* und *Textversion* ($F_{Vpn}(6/184) = 9.39$, $MS_e = 2.80818$, $p < .001$; $F_{Txt}(6/232) = 6.98$, $MS_e = 2.71034$, $p < .001$).

160

Tabelle 1: Anzahl der korrekten Nennungen für die Textversionen A und C und die Subjektnennungen in der Textversion B

	Version A	Version B	Version C	Mittel
Fünfjährige	6.41	4.75	4.33	5.2
Siebenjährige	6.54	5.25	4.20	5.3
Neunjährige	9.41	7.45	8.08	8.3
Studenten	10.0	6.25	9.91	8.7
Mittel	8.1	5.9	6.6	

In der Varianzanalyse für die falschen Nennungen ergibt sich ebenfalls ein signifikanter Haupteffekt für den Faktor *Alter* ($F_{Vpn}(3/92)$ = 4.60, Ms_e = 3.934, p < .001; $F_{Txt}(3/116)$ = 6.14, Ms_e = 1.8594, p < .001 und für den Faktor *Textversion* $F_{Vpn}(2/184)$ = 37.0, Ms_e = 2.61609, p < .001, $F_{Txt}(2/232)$ = 38.11, Ms_e = 2.07644, p < .001). Darüber hinaus zeigt sich eine signifikante Interaktion zwischen den Faktoren *Alter* und *Textversion* ($F_{Vpn}(6/184)$ = 9.99, Ms_e = 2.61609, p < .001. $F_{Txt}(6/232)$ = 6.98, Ms_e =2.71043, p < .001).

Tabelle 2: Anzahl der falschen Nennungen in der Textversion A und der Textversion C und die Objektnennungen in der Textversion B

	Version A	Version B	Version C	Mittel
Fünfjährige	1.29	2.66	3.33	2.4
Siebenjährige	0.95	1.91	2.87	1.9
Neunjährige	0.54	2.41	1.83	1.5
Studenten	0.00	3.66	0.08	1.25
Mittel	0.7	2.8	2.0	

Diese Auswertung ist komplementär zu der Auswertung für die richtigen Nennungen. Durch einen Vergleich der Ergebnisse beider Analysen wird deutlich, inwiefern sich die Auswahl von Antezedenten in Subjekt- und Objektposition auf die Textversionen verteilten.

Der Alterseffekt in beiden Varianzanalysen ist darauf zurückzuführen, daß der durchschnittliche Anteil der jeweiligen Entscheidungen deutlich in den verschiedenen Altersgruppen zunimmt, bzw. entsprechend umgekehrt abnimmt. Die Anzahl der richtigen Nennungen liegt bei den Fünfjährigen bei 5.2 Nennungen, bei den Siebenjährigen bei 5.3, bei den neunjährigen Kindern bei 8.3 und bei den Erwachsenen bei 8.7 Nennungen. Die Anzahl der falschen Nennungen liegt bei den Fünfjährigen bei 2.41, bei den Siebenjährigen bei 1.9, bei den Neunjährigen bei 1.5 und bei den Erwachsenen bei 1.25 Nennungen. Bei den Fünfjährigen und Siebenjährigen gibt es ungefähr gleichviel Nennungen, und bei den Neunjährigen und Erwachsenen sind die Nennungshäufigkeiten ebenfalls ähnlich hoch. Ein deutlicher Entwicklungssprung ist also vor allem von den Siebenjährigen zu den Neunjährigen zu beobachten.

Wenn man die Subjekt- und Objektnennungen in den jeweiligen Textversionen addiert, ist festzustellen, daß sich vor allem die Fünfjährigen und Siebenjährigen in einigen Fällen weder für den Antezedenten in Subjektposition noch für den Antezedenten in Objektposition des dritten Satzes entschieden haben. Die Kinder in diesem Alter nennen statt dessen in diesen Fällen eine Person, die nicht im Text vorkam. Manchmal nannten sie auch gar keine Person. Diese Fehler verteilen sich gleichmäßig auf alle Textversionen. Bei den Fünfjährigen treten solche Fehler in 2.4 von 10 Fällen auf, bei den Siebenjährigen in 2.8 von 10 Fällen. In der Textversion A werden entgegen den Erwartungen von den fünf- und siebenjährigen Kindern deutlich weniger korrekte Antezedenten genannt als bei den Neunjährigen und Erwachsenen. Das deutet darauf hin, daß die Kinder in dieser Altersgruppe noch relativ häufig generelle Schwierigkeiten haben, satzübergreifende Pronomen in Texten aufzulösen, wenn keine eindeutigen lexikalischen Hinweise vorliegen. Möglicherweise sind jedoch auch Konzentrationsmängel eine Ursache für diese Fehler. Bei den Neunjährigen und Erwachsenen treten weniger als 1% Fehler dieser Art auf. Die Fähigkeit, richtige referentielle Verbindungen herzustellen, nimmt vor allem nach dem siebenten Lebensjahr deutlich zu.

Der signifikante Effekt für den Faktor Textversion ist darauf zurückzuführen, daß die Versuchspersonen nicht in allen drei Textversionen gleichermaßen häufig die richtigen oder falschen Antezedenten nennen, die in Subjekt- oder Objektpositon des dritten Satzes stehen. Die Versuchspersonen geben in der Textversion A im Durchschnitt 8.1 mal von zehn Fällen den richtigen Referenten an, in der Textversion C im Durchschnitt 6.6 mal, und in der Textversion B wird im Durchschnitt von 10 möglichen Antworten 5.9 mal der Antezedent in Subjektposition genannt. Umgekehrt wählen die Versuchspersonen in der Textversion A 0.7 mal den falschen Referenten in Objektposition aus, dagegen in der Textversion C im Durchschnitt 2.0 mal den falschen Referenten in Subjektposition. In der Textversion B wird 2.8 mal der Antezedent in Objektposition genannt. Daran wird deutlich, daß in der Textversion A relativ sicher der Referent in Subjektposition gewählt wird. Die Auswahl der Referenten ist in der Textversion C und in der Textversion B deutlich unsicherer.

Es gibt darüber hinaus einen altersabhängigen Effekt bei den Nennungen in den drei Textversionen. Die Interaktion zwischen dem Faktor Alter und dem Faktor Text zeigt, daß die Auswahl der Referenten in den drei Textversionen in Abhängigkeit vom Alter variiert. Es wird darin deutlich, daß sich die Auswirkungen kontextueller Informationen auf die Zugänglichkeit von Konzepten in der Diskursrepräsentation zur Identifizierung eines Koreferenten verändern. Die Diskussion dieser Interaktion konzentriert sich im folgenden auf die Analyse der richtigen Entscheidungen in den Textversionen A und C und die Subjektnennungen in der Textversion B.

Um zu klären, auf welche Faktorstufenkombinationen die Interaktion zurückzuführen ist, wurde für die Interaktion der Faktoren Alter mal Textversion ein Scheffé-Test durchgeführt. Für die Mittelwertedifferenzen zwischen den Faktorstufen ergab sich ein Differenzkriterium von 0.98 Nennungen. Die auf der folgenden Seite dargestellte Abbildung verdeutlicht die Interaktion zwischen den Faktoren.

Betrachtet man zunächst den Entwicklungsverlauf der *Nennungen in der Textversion A und der Textversion B*, so stellt man fest, daß *die Fünfjährigen* in der Textversion A im Durchschnitt 6.41 mal den Referenten in Subjektposition nennen und in der Textversion B im Durchschnitt 4.75 mal. Es besteht eine Differenz von 1.66 Nennungen, die deutlich über dem oben genannten Differenzkriterium liegt. In der Textversion B ist die referentielle Verbindung zwischen der konzeptuellen Repräsentation des Antezedenten in Satz drei und dem nachfolgenden Pronomen in Satz vier nicht eindeutig. Sowohl die konzeptuelle Repräsentation des Antezedenten in Subjektposition als auch die konzeptuelle Repräsentation des Antezedenten in Objektposition kann gemeint sein. In der Textversion A ist die konzeptuelle Repräsentation des Antezedenten in Subjektposition pragmatisch eindeutig. Wenn die pronominale Verarbeitung vor allem durch die syntaktische Parallelität bestimmt würde, also dadurch, daß sowohl der Antezedent als auch das Pronomen in Subjektposition stehen, sollten

Abb. 2: Richtige Nennungen in der Textversion A und der Textversion C
und Subjektnennungen in der Textversion B

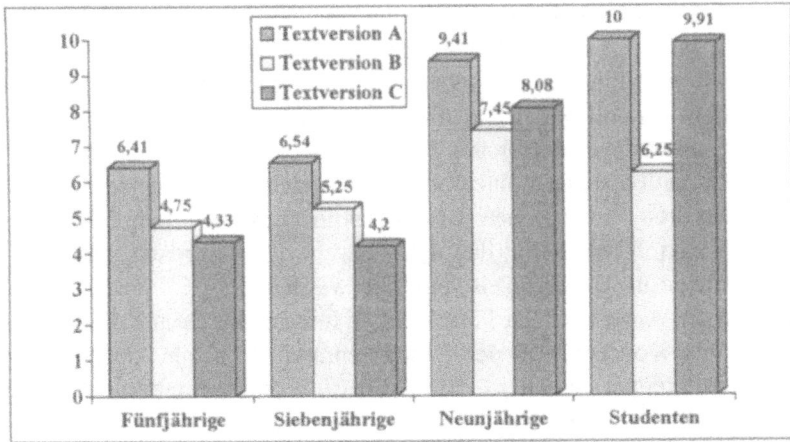

zumindest die Fünfjährigen in beiden Textversionen etwa gleich häufig
den Antezedenten in Subjektposition nennen. Die Untersuchung zeigt jedoch, daß der Anteil der Subjektnennung in der Textversion A deutlich
höher ist als der Anteil der Subjektnennungen der Textversion B. In der
Textversion B liegt der Anteil der Nennungen von Antezedenten in Subjektposition an der Zufallsgrenze von 50 Prozent aller möglichen Subjektnennungen. Man muß daher annehmen, daß die Fünfjährigen die referentielle Verbindung zwischen dem Pronomen und einem im vorausgegangenen Satz genannten Antezedenten *nicht* aufgrund der syntaktischen
Regel, "Wähle den Antezedenten in der parallelen syntaktischen Subjektposition", auswählen.

Die Siebenjährigen nennen in der Textversion A im Durchschnitt 6.54
mal den Antezedenten in Subjektposition und in der Textversion B 5.25
mal. Auch hier gibt es in der Textversion A deutlich mehr Subjektnennungen. Die Ergebnisse deuten darauf hin, daß auch Siebenjährige wie die
Fünfjährigen keine reine syntaktische Auflösungsstrategie verfolgen. Vergleicht man das Antwortverhalten der Siebenjährigen mit dem der Fünfjährigen, so lassen sich weder in der Textversion A noch in der Textversion B signifikante Unterschiede feststellen. Dies ist ein Anzeichen dafür,
daß sich auch die siebenjährigen Kinder bei der Auflösung eines Prono-

mens nicht von der syntaktischen Regel, "Wähle den Antezedenten in der parallelen syntaktischen Subjektposition", leiten lassen.

Die Neunjährigen nennen in der Textversion A im Durchschnitt 9.41 mal den Referenten in Subjektposition und in der Textversion B im Durchschnitt 7.45 mal. Auch bei den Neunjährigen gibt es eine signifikante Differenz zwischen der durchschnittlichen Anzahl der Subjektnennungen in der Textversion A und der durchschnittlichen Anzahl von Subjektnennungen in der Textversion B. In der Textversion A werden deutlich mehr Referenten in Subjektposition genannt als in der Textversion B. Die Neunjährigen verfolgen genauso wie die jüngeren Kinder keine reine syntaktische Strategie bei der pronominalen Auflösung. Vergleicht man die Nennungshäufigkeiten der neunjährigen Kinder mit denen der jüngeren Kinder, so gibt es sowohl in der Textversion A als auch in der Textversion B einen deutlichen Anstieg der durchschnittlichen Nennungshäufigkeiten. Darin wird anschaulich, daß die generelle Referenzfähigkeit stark zunimmt. In bezug auf die Anwendung einer reinen syntaktischen Auflösungsstrategie lassen sich jedoch keine Differenzen in den drei Altersgruppen ableiten.

Die Erwachsenen nennen in der Textversion A immer den Antezedenten in Subjektposition in der Textversion B dagegen nur 6.25 mal. Auch hier ist der Unterschied zwischen den durchschnittlichen Nennungshäufigkeiten in der Textversion A und der Textversion B signifikant. In der Textversion B werden deutlich weniger Antezedenten in Subjektposition genannt. Betrachtet man den Verlauf der Entwicklung in den beiden Textversionen von den Neunjährigen zu den Erwachsenen, so kann man in der Textversion A keine Unterschiede mehr zwischen den Neunjährigen und den Erwachsenen feststellen. Beiden Gruppen gelingt es, in fast allen Texten den richtigen Referenten zu nennen. In der Textversion B nimmt dagegen der Anteil der Subjektnennungen von den Neunjährigen zu den Erwachsenen signifikant ab. Die Neunjährigen tendieren deutlich häufiger als die Erwachsenen dazu, in der pragmatisch weniger eindeutigen Textversion B den Antezedenten in Subjektposition auszuwählen. Die pragmatische Uneindeutigkeit führt bei Erwachsenen, im Gegensatz zu den Neunjährigen, häufiger dazu, den Referenten in Objektposition zu nennen. Dies deutet darauf hin, daß Erwachsene in der Textversion B während der pronominalen Verarbeitung noch sensibler für pragmatische Inkonsistenzen sind als Neunjährige und möglicherweise auch intensivere Inferenzprozesse bei der Integration aufeinanderfolgender Sätze durchführen.

Vergleicht man den Entwicklungsverlauf der durchschnittlichen *Nennungshäufigkeiten zwischen der Textversion A und der Textversion C* stellt man folgendes fest: *Die fünfjährigen Kinder* nennen in der Textversion A 6.41 mal den richtigen Referenten, in der Textversion C dagegen nur 4.33 mal. Der Anteil der richten Nennungen liegt in der Textversion C bei den Fünfjährigen unter 50 Prozent.

Wenn Fünfjährige die referentielle Verbindung zwischen zwei aufeinanderfolgenden Sätzen herstellen sollen, sind sie relativ erfolgreich, wenn folgende kontextuelle Faktoren gemeinsam auftreten: Vor der Rezeption des Pronomens wird der richtige Aktant als erster im Text eingeführt, dieser Aktant wird in dem darauf folgenden dem Pronomen vorausgehenden Satz in Subjektposition genannt, und der Aktant ist Verursacher der aufeinanderfolgenden Ereignisse. Wenn jedoch der pragmatisch plausible Referent des Pronomens im vorausgegangenen Satz in Objektposition steht, dann scheitern die Fünfjährigen bei der richtigen pronominalen Auflösung. Aus diesen Beobachtungen muß man schließen, daß die pronominale Verarbeitung bei den fünfjährigen Kindern an das thematische Subjekt gebunden ist.

Die Siebenjährigen nennen in der Textversion A 6.54 mal den korrekten Referenten, in der Textversion C dagegen nur 4.20 mal. Auch siebenjährige Kinder sind in der Textversion A beim Aufbau der richtigen referentiellen Verbindung zwischen einem Pronomen und einem Antezedenten deutlich erfolgreicher als in der Textversion C. In der Textversion C erfolgt die Auswahl eines richtigen Referenten eher zufällig. Vergleicht man die Nennungshäufigkeiten der Siebenjährigen mit denen der Fünfjährigen, so sind in beiden Textversionen keine signifikanten Unterschiede festzustellen, so daß man auch hier vermuten muß, daß die pronominale Verarbeitung bei den Siebenjährigen an das thematische Subjekt gebunden ist.

Die Neunjährigen nennen in der Textversion A 9.41 mal den richtigen Referenten, in der Textversion C 8.08 mal. Vergleicht man die Nennungshäufigkeiten der Neunjährigen mit denen der Fünf- und Siebenjährigen, so ist sowohl in der Textversion A als auch in der Textversion C ein deutlicher Anstieg der richtigen Nennungen zu erkennen. In der Textversion A wird von den Neunjährigen im Gegensatz zu den jüngeren Kindern in fast allen Fällen der korrekte Referent genannt. In der Textversion C ist bei den Neunjährigen ebenfalls ein deutlicher Anstieg der durchschnittlichen korrekten Nennungen im Vergleich zu den korrekten Nennungen der Fünfjährigen und denen der Siebenjährigen festzustellen. Die Neunjährigen können in der Textversion C deutlich besser als die jüngeren Kinder auch dann eine referentielle Verbindung aufbauen, wenn der Antezedent in dem Satz vor dem Pronomen in Objektposition genannt wird. Aufgrund dieser Beobachtungen ist davon auszugehen, daß Neunjährige durch die Integration der dem Pronomen nachfolgenden Informationen eine referentielle Verbindung zwischen der konzeptuellen Repräsentation des Antezedenten in Objektposition und dem Pronomen herstellen. Dennoch ist der Anteil der korrekten Nennungen in der Textversion A auch bei den Neunjährigen noch signifikant größer als in der Textversion C. Auch den Neunjährigen fällt es leichter, ein Pronomen aufzulösen, wenn der pragmatisch plausible Referent als erster Aktant in den Text eingeführt wurde und thematisches Subjekt des Textes ist.

Die Erwachsenen nennen in der Textversion A 10 mal den richtigen Referenten und in der Textversion C 9.91 mal. Es besteht bei den Erwachsenen kein signifikanter Unterschied mehr zwischen den beiden Textbedingungen. In jedem Fall wird der pragmatisch plausible Referent unabhängig von der Nennungsreihenfolge und seiner syntaktischen Position im vorausgegangenen Satz genannt. Vergleicht man die Nennungen der Erwachsenen mit denen der Neunjährigen, so kann man in der Textversion A keine signifikanten Unterschiede feststellen. In der Textversion C ist dagegen bei den Erwachsenen ein deutlicher Anstieg der korrekten Entscheidungen zu erkennen, d.h., daß sich auch nach dem zehnten Lebensjahr die pronominale Auflösungsfähigkeit noch verändert.

Die Ergebnisse in bezug auf die Auswahl der Referenten in den drei Textversionen lassen sich folgendermaßen zusammenfassen:
1. Der Vergleich der Nennungshäufigkeiten in der Textversionen A mit denen der Textversion B hat gezeigt, daß die Fünfjährigen und Siebenjährigen bei der Identifizierung eines Antezedenten nicht völlig unbeeinflußt sind von dem Grad der pragmatischen Plausibilität der aufeinanderfolgenden Sätze. Man muß aus den Daten schließen, daß sie keine reine syntaktische Subjektstrategie verfolgen. Statt dessen wird von den Fünfjährigen und Siebenjährigen deutlich häufiger der korrekte Antezedent genannt, wenn der richtige Antezedent als erster im Text genannt wird, im folgenden in Subjektposition des dem Pronomen vorausgegangen Satz steht und Verursacher der im Text beschriebenen aufeinanderfolgenden Ereignisse ist. Die Zugänglichkeit von Konzepten in der

Diskursrepräsenation der Fünf- und Siebenjährigen für die pronominale Auflösung ist relativ rigide und strikt mit dieser spezifischen Kombination von kontextuellen Informationen verbunden. Anders formuliert heißt dies, daß bei lexikalisch ambigen Pronomen die Interpretation des Pronomens in dieser Altersgruppe an das thematische Subjekt gebunden ist.

2. An den Ergebnissen der Nennungshäufigkeiten wird darüber hinaus deutlich, daß die Entwicklung der pronominalen Verarbeitung noch nicht mit dem siebenten Lebensjahr abgeschlossen ist. Ein entscheidender Entwicklungsschritt vollzieht sich von den fünf- und siebenjährigen Kindern zu den neunjährigen Kindern. Im Gegensatz zu Erwartungen, die durch die Ergebnisse von Tyler (1983) nahegelegt werden, ist die Entwicklung der pronominalen Verarbeitung keineswegs mit dem siebenten Lebensjahr abgeschlossen. Bei den Neunjährigen sind deutliche Tendenzen zu erkennen, flexibler als die jüngeren Kinder mit den kontextuellen Faktoren umzugehen, die zur pronominalen Verarbeitung und zur Integration der aufeinanderfolgenden Sätze in ein kohärentes Diskursmodell zur Verfügung stehen, aber auch nach dem zehnten Lebensjahr gibt es noch Veränderungen in bezug auf die Auswirkungen der kontextuellen Faktoren auf die Zugänglichkeit und Identifikation von Konzepten in der Diskursrepräsentation. In allerdings weit geringerem Maße als fünf- und siebenjährige Kinder neigen auch noch neunjährige Kinder dazu, sich bei der pronominalen Auflösung von einem thematischen Subjekt leiten zu lassen. Diese Beobachtung kann bei Erwachsenen in den untersuchten Texten nicht mehr gemacht werden.

Im folgenden liefert die Analyse der Entscheidungszeiten weitere Hinweise darauf, ob der pronominalen Auflösung unterschiedliche altersabhängige kognitive Verarbeitungsfähigkeiten zugrunde liegen.

5.3.3 *Ergebnisse und Diskussion der Entscheidungszeiten*

Neben der Frage, welche Antezedenten von den Versuchspersonen ausgewählt werden, ist in diesem Experiment auch überprüft worden, wieviel Zeit die Versuchspersonen brauchen, um ihre Entscheidungen zu treffen. Mit dieser Auswertung soll festgestellt werden, ob bzw. wie sich die variierten kontextuellen Faktoren in Abhängigkeit vom Alter der Versuchspersonen auf die Dauer des Entscheidungsprozesses bei der Auswahl der Referenten auswirken. Die Dauer des Entscheidungsprozesses in den verschiedenen Textversionen ermöglicht weitere Rückschlüsse auf altersabhängige, kognitive Verarbeitungsstrategien, die der pronominalen Auflösung bei aufeinanderfolgenden Sätzen zugrunde liegen. Bei der Auswertung der Entscheidungsdauer wurde einerseits analysiert, wie lange die Versuchspersonen insgesamt brauchten, um einen Referenten in den variierten Textversionen zu nennen. Andererseits wurde analysiert, wie schnell die Versuchspersonen jeweils in der Textversion A und der Textversion C die richtigen Referenten nennen. In der Textversion B wurden die Entscheidungszeiten für die Subjektnennungen ausgewertet, um einen Zusammenhang zu den Subjektentscheidungen in der Textversion A herstellen zu können.

Analyse der gesamten Entscheidungszeiten

Wie bereits im Abschnitt 5.3.1 erwähnt, konnten aus den dort genannten Gründen die Entscheidungszeiten der Fünfjährigen bei den Analysen nicht berücksichtigt werden. Die Entscheidungszeiten für die Auswahl der Referenten gingen bei den Siebenjährigen, den Neunjährigen und den Erwachsenen in den drei Textversionen A, B und C in eine 3 x 3 faktorielle Varianzanalyse mit den Faktoren *Alter* und *Text* ein. Der Faktor *Text* war wiederum Meßwiederholungsfaktor. Die Varianzanalysen wurden sowohl über Versuchspersonen als Random-Faktor als auch über Texte als Random-Faktor gerechnet. Die Ergebnisse der Varianzanalysen für die Entscheidungszeiten ergaben folgendes Bild:

Es findet sich ein signifikanter Haupteffekt für den Faktor *Alter* ($F_{Vpn}(2/69) = 31.42$, $Ms_e = 3207.219$, $p < .001$; $F_{Txt}(2/87) = 73.87$, $Ms_e = 18882.97$, $p < .001$) und für den Faktor *Textversion* ($F_{Vpn}(2/138) = 19.14$, $Ms_e = 1178.704$, $p < .001$; $F_{Txt}(2/174) = 26.28$, $p < .001$). Darüber hinaus zeigt sich eine signifikante Interaktion zwischen den Faktoren *Alter* und *Textversion* sowohl über Versuchspersonen als Random-Faktor ($F_{Vpn}(4/138) = 2.96$, $Ms_e = 1178.704$, $p < .003$) als auch über Textversion als Random-Faktor $F_{Txt}(4/174) = 3.90$, $Ms_e = 1086.79$, $p < .005$).

Tabelle 3: Mittlere Entscheidungszeiten für drei Versuchspersonengruppen in den drei Textversionen

	Version A	Version B	Version C	Mittel
Siebenjährige	1.43	1.67	1.62	1.57
Neunjährige	0.80	1.08	1.02	0.96
Studenten	0.69	1.22	0.76	0.89
Mittel	0.97	1.24	1.13	

Der signifikante Haupteffekt für den Faktor Alter ist darauf zurückzuführen, daß die mittleren Entscheidungszeiten von den Siebenjährigen zu den Erwachsenen deutlich abnehmen. Die mittleren Entscheidungszeiten betragen bei den siebenjährigen Kindern 1.57 Sekunden, bei den Neunjährigen 0.96 Sekunden und bei den Studenten 0.89 Sekunden. Eine bedeutende Beschleunigung der Entscheidung ist vor allem von den Siebenjährigen zu den Neunjährigen festzustellen. Der Unterschied zwischen den Neunjährigen und den Erwachsenen ist statistisch nicht bedeutsam. Es zeigt sich, daß die Effektivität der pronominalen Auflösungsfähigkeit mit dem Alter zunimmt.

Der signifikante Haupteffekt für den Faktor Textversion hängt damit zusammen, daß sich die mittleren Entscheidungszeiten in den drei Textversionen deutlich voneinander unterscheiden. In der Textversion A betragen die mittleren Entscheidungszeiten 0.97 Sekunden, in der Textversion C 1.13 Sekunden und in der Textversion B 1.24 Sekunden. In der Textversion A werden insgesamt schnellere Entscheidungen getroffen als in den beiden anderen Textversionen. Die Identifizierung eines Referenten in der Diskursrepräsentation erfolgt schneller, wenn der gemeinte Aktant als erster im Text eingeführt wird, dieser Aktant in Subjektposition des dem Pronomen vorausgegangenen Satz steht und der Aktant der Verursacher der im Text beschriebenen aufeinanderfolgenden Ereignisse ist. Die Identifizierung eines Referenten erfolgt langsamer, wenn der koreferierende Aktant als zweiter im Text und in Objektposition genannt wird oder wenn die pragmatische Plausibilität uneindeutig ist.

Die Interaktion zwischen dem Faktor Alter und dem Faktor Textversion ist darauf zurückzuführen, daß die Dauer der Entscheidungszeiten in den drei Textversionen und in den drei Altersgruppen unterschiedlich ist. Die Dauer der Identifizierung eines Referenten in der Diskursrepräsentation ist abhängig vom Alter und den kontextuellen Informationen. Aufgrund dieses Ergebnisses muß man schließen, daß sich die kontextuellen Informationen in den Altersgruppen unterschiedlich auf die Zugänglichkeit von Konzepten in der Diskursrepräsentation auswirken. Ursächlich dafür können altersspezifische Auflösungsstrategien bei der pronominalen Auflösung sein.

Um die Einzelergebnisse zwischen den Faktorstufenkombinationen miteinander vergleichen zu können, wurde für die Interaktion Alter x Textversion ein Scheffé-Test berechnet. Das statistisch bedeutsame Differenzkriterium beträgt 0.18 Sekunden auf dem 95 % Niveau. Die auf der folgenden Seite präsentierte Abbildung verdeutlicht die Interaktion zwischen den Faktoren Alter und Textversion:

Vergleicht man die Entscheidungszeiten bei den *siebenjährigen Kindern* in der Textversion A mit denen in der Textversion B und der Textversion C, so wird deutlich, daß die Entscheidungszeiten in der Textversion A signifikant schneller sind als in der Textversion B und der Textversion C. Das Differenzkriterium von 0.18 Sekunden wird sowohl zwischen Textversion A und Textversion B überschritten als auch zwischen Textversion A und Textversion C. Die Entscheidungszeiten in den Bedingungen B und C unterscheiden sich dagegen nicht. Siebenjährige können bei lexikalisch mehrdeutigen Pronomen einen Referenten deutlich schneller auswählen, wenn dieser vor der Rezeption des Pronomens als erster Aktant und in Subjektposition im Text eingeführt wird, wenn dieser Aktant im folgenden in dem dem Pronomen vorausgegangenen Satzes in Subjektposition steht, und der Aktant Verursacher der aufeinanderfolgenden Ereignisse ist. Damit wird deutlich, daß die Dauer der pronominalen Auflösung bei siebenjährigen Kindern an spezifische Kombinationen der linguistischen Informationen und den Hauptaktanten gebunden ist. Die Auflösung eines lexikalisch ambigen Pronomens ist bei siebenjährigen Kindern deutlich schneller, wenn dieses Pronomen mit dem thematischen Subjekt koreferiert. Siebenjährige Kinder sind langsamer beim Aufbau einer koreferentiellen Verbindung, wenn sich das lexikalisch ambige Pronomen auf den vor dem Pronomen in Objektposition genannten Aktanten bezieht. Sie sind ebenfalls langsamer bei einer geringeren pragmatischen Übereinstimmung zwischen den aufeinanderfolgenden Sätzen. Man muß daraus schließen, daß der Aufbau der referentiellen Verbindung zwischen dem Pronomen und dem Antezedenten nicht nur aufgrund der syntaktischen Parallelität des Antezedenten und des Pronomens in der jeweiligen Subjektposition

Abb. 3: Mittlere Entscheidungszeiten in den drei Textversionen

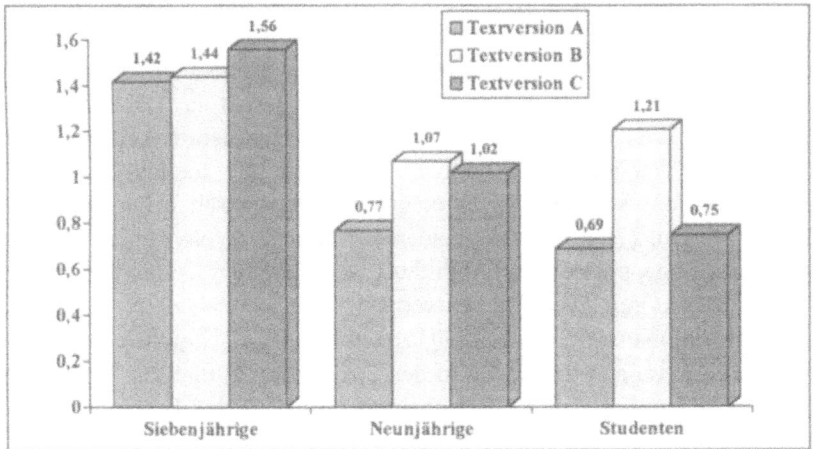

erfolgt, sondern auch abhängig von semantischen und pragmatischen Informationen ist.

Bei den Neunjährigen werden wie bei den Siebenjährigen in der Textversion A, in der die pragmatisch eindeutige Person als erste im Text genannt wurde und in Subjektposition des dem Pronomen vorausgegangen Satz stand, deutlich schneller Referenten genannt als in der Textversion B und der Textversion C. Auch hier unterscheidet sich die durchschnittliche Dauer der Entscheidungszeiten in der Textversion B und der Textversion C nicht. Die Neunjährigen können Pronomen genauso wie die Siebenjährigen schneller auflösen, wenn eine koreferentielle Verbindung zum thematischen Subjekt besteht. Auch sie sind langsamer bei der Benennung eines Referenten, wenn eine koreferentielle Verbindung zwischen dem Pronomen und dem pragmatisch plausiblen, in Objektposition genannten Referenten besteht oder wenn eine geringere pragmatische Plausibilität zwischen aufeinanderfolgenden Sätzen vorliegt. Im Vergleich zu den Siebenjährigen können jedoch bei den Neunjährigen in allen drei Textversionen die Entscheidungen schneller getroffen werden.

Bei den Erwachsenen sind, im Gegensatz zu den Kindern, keine statistisch bedeutsamen Unterschiede zwischen den Entscheidungszeiten in der Textversion A und C festzustellen. Die Entscheidungen dauern in der

Textversion A 0.69 Sekunden, in der Textversion C 0.76 Sekunden. Auffällig ist, daß die Erwachsenen dagegen in der Textversion B deutlich langsamer sind als die Neunjährigen (1.22 Sekunden zu 1.08 Sekunden). Bei den Erwachsenen sind beide potentiellen Referenten, unabhängig von der Reihenfolge ihrer Einführung im Text und ihrer Position in dem dem Pronomen vorausgegangen Satz, am Ende des Testsatzes gleichermaßen gut in der Diskursrepräsentation zugänglich. Die Erwachsenen benötigen in der pragmatisch uneindeutigen Bedingung signifikant mehr Zeit bei der Auswahl eines Referenten als in den pragmatisch eindeutigen Bedingungen A und C.

Analyse der richtigen Entscheidungen und Subjektentscheidungen

Bei der im vorigen Abschnitt präsentierten Analyse der "gesamten Entscheidungszeiten" bleibt unberücksichtigt, welchen Referenten die Versuchspersonen genannt haben.

Über die Analyse der generellen Entscheidungszeiten hinaus wurde deshalb überprüft, wie schnell die Entscheidungen erfolgen, wenn die Versuchspersonen die richtigen Referenten in der Textversion A und der Textversion C auswählen und Subjektentscheidungen in der Textversion B treffen. Vergleicht man die Subjektentscheidungen in der Textversion B mit den Subjektentscheidungen in der Textversion A, kann überprüft werden, ob in beiden Versionen ähnliche Verarbeitungsprozese ablaufen. Die beiden Versionen unterscheiden sich im Grad der pragmatischen Plausibilität zwischen einem der Aktanten im dritten Satz und dem Aktanten im Textsatz. Wenn die Entscheidungszeiten gleichlang sind, finden vermutlich in beiden Versionen ähnliche Verarbeitungsprozesse statt, unabhängig vom Grad der pragmatischen Plausibilität. Die Entscheidungszeiten für die Nennung richtiger Referenten und die Subjektentscheidungen in der Textversion B gingen ebenfalls in eine 3 x 3 faktorielle Varianzanalyse mit den Faktoren *Alter* (Siebenjährige, Neunjährige, Erwachsene) und *Text* (Version A, B, C) ein. Der Faktor Textversion ging wiederum als Meßwiederholungsfaktor in die Varianzanalyse ein.

Die Ergebnisse zeigen einen signifikanten Haupteffekt für den Faktor *Alter* ($F(2/69) = 17.55$, $Ms_e = 4237.79$, $p < .001$) und für den Faktor *Textversion* ($F(2/69) = 7.03$, $Ms_e = 4237.79$, $p < .002$). Signifikant wird ebenfalls die Interaktion zwischen dem Faktor *Alter* und dem Faktor *Textversion* ($F(4/138) = 3.13$, $Ms_e = 2027.05$, $p < .02$).

Tabelle 4: Mittlere Entscheidungszeiten in den drei Altersgruppen für korrekte Nennungen in Textversion A und C und Subjektentscheidungen in der Textversion B

	Version A	Version B	Version C	Mittel
Siebenjährige	1.42	1.44	1.56	1.47
Neunjährige	0.77	1.07	1.02	0.95
Studenten	0.69	1.21	0.75	0.88
Mittel	0.96	1.24	1.11	

Um die Einzelergebnisse zwischen den Faktorstufenkombinationen miteinander vergleichen zu können, wurde für die Interaktion Alter x Textversion ein Scheffé-Test berechnet. Das statistisch bedeutsame Differenzkriterium beträgt 0.23 Sekunden auf dem 95 % Niveau. Die im folgenden dargestellte Abbildung veranschaulicht die Interaktion.

Vergleicht man die mittleren Entscheidungszeiten in den Bedingungen zwischen der Varianzanalyse der "gesamten Entscheidungszeiten" und der Varianzanalyse "der richtigen Entscheidungszeiten", so wird deutlich, daß es nur bei den Siebenjährigen in der Textversion B und der Textversion C Unterschiede gibt. Dies wird verständlich, wenn man sich nochmals vergegenwärtigt, wieviel Subjekt- bzw. Objektentscheidungen in den einzelnen Textversionen getroffen wurden. Bei den siebenjährigen Kindern wurden in der Textversion A im Durchschnitt 6.54 korrekte Referenten in Subjektposition und 0.95 falsche Referenten in Objektposition genannt. Die Berücksichtigung der wenigen falschen Nennungen in der Textversion A verändert die generellen Entscheidungszeiten nur minimal. In der pragmatisch eindeutigen Textversion C nannten die Siebenjährigen im Durchschnitt 4.20 richtige Referenten in Objektposition und 2.87 mal falsche Referenten in Subjektposition. Berücksichtigt man in der Textversion C die falschen Nennungen, dann erhöhen sich die Entscheidungszeiten im Vergleich zu den hier dargestellten richtigen Entscheidungen. Falsche Entscheidungen werden somit von den Kindern erst nach längerem Überlegen getroffen. In der Textversion B wurden 5.25 Antezedenten genannt, die in Subjektposition standen, und 1.91, die in Objektposition vorkamen. Aus diesen Beobachtungen kann man ableiten, daß Objektentscheidungen offensichtlich langsamer getroffen werden als Subjektentscheidungen und dies dazu führt, daß die generellen Entscheidungszeiten deutlich über den

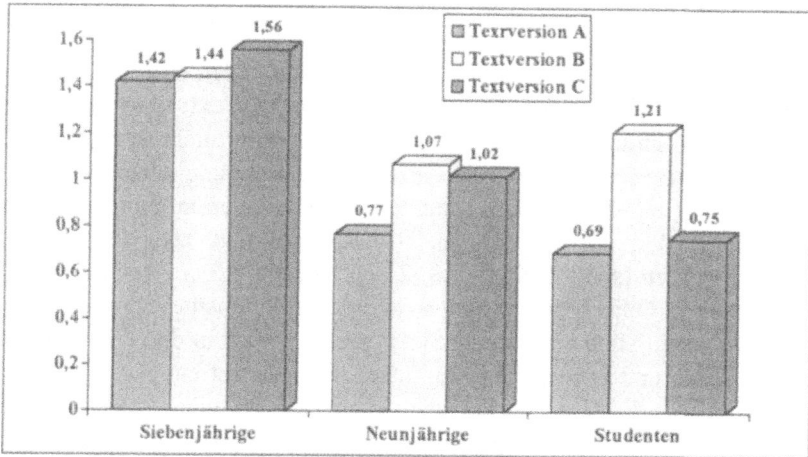

Subjektentscheidungen liegen. Bei den Neunjährigen und Erwachsenen treten keine Differenzen in den Analysen auf.

Betrachtet man bei den Siebenjährigen nur die korrekten Entscheidungen und die Subjektentscheidungen in der Textversion B, so stellt man bei einem Vergleich der Textversion A und der Textversion B keine Unterschiede in den Entscheidungszeiten fest. Die Kinder treffen in der Textversion B deutlich weniger Subjektentscheidungen als in der Textversion A (vgl. Abschnitt 5.3.1). Die Anzahl der Subjektentscheidungen liegen an der Zufallsgrenze. Wenn Siebenjährige in der Textversion B jedoch Subjektentscheidungen treffen, dann treffen sie diese Entscheidungen genauso schnell wie in Version A. Im Gegensatz zu den älteren Versuchspersonengruppen können die siebenjährigen Kinder in einigen der Texte der Version B offensichtlich keine pragmatischen Inkonsistenzen zwischen einem der beiden im dritten Satz genannten Aktanten und dem referentiellen Kontext des Testsatzes feststellen. Die siebenjährigen Kinder behandeln diese Texte genauso wie die der Version A. Dieses Phänomen ist weder bei den Neunjährigen noch bei den Erwachsenen zu beobachten. Auch dann, wenn die Neunjährigen und die Erwachsenen in der Textversion B

Subjektentscheidungen treffen, sind sie in der Textversion B deutlich langsamer als in der Textversion A. Die Erwachsenen sind sogar noch erheblich langsamer als die Neunjährigen.

Bei den Siebenjährigen dauern die korrekten Entscheidungen in der Textversion C länger als in der Textversion A. Der Unterschied zwischen der Textversion A und der Textversion C geht in die erwartete Richtung, d.h., wenn die Siebenjährigen in der Textversion C den richtigen Referenten nennen, brauchen sie dazu im Vergleich zu Textversion A länger, obwohl der Unterschied das Signifikanzkriterium nicht erreicht. Eine Reanalyse des Textmaterials hat gezeigt, daß dies möglicherweise damit zusammenhängt, daß durch bestimmte Konstellationen in einigen wenigen Texten der Version C Aktanten in Objektposition zum thematischen Subjekt werden (siehe Text 17, 18, 21 im Anhang dieser Arbeit). Die Antezedenten in Objektposition treten durch eine dominante Berufsrolle hervor. In diesen Fällen machen die Siebenjährigen auch in der Textversion C wenig Fehler und können schnelle Entscheidungen treffen.

Bis auf die Differenzen bei den Siebenjährigen gibt es keine Unterschiede in den weiteren Ergebnissen der beiden Analysen. Wie bei der Analyse der gesamten Entscheidungszeiten ist der signifikante Haupteffekt für den Faktor *Alter* auf eine Beschleunigung der Entscheidungszeiten in den Versuchspersonengruppen zurückzuführen. Der signifikante Effekt für den Faktor *Textversion* ist auf die schnelleren Entscheidungen in der Textversion A zurückzuführen. Die Interaktion hängt mit altersspezifischen Unterschieden bei der Beschleunigung der Entscheidungszeiten in den drei Textversionen zusammen.

Die Ergebnisse in bezug auf die Dauer des Entscheidungsprozesses lassen sich folgendermaßen zusammenfassen:

1. Der Vergleich der Entscheidungsdauer in den Textversionen A, B und C zeigt, daß Siebenjährige ihre Entscheidungen in der Version A deutlich schneller treffen als in den Versionen B und C, d.h., daß die Zeit, die für den pronominalen Koreferenzherstellungsprozeß aufgewendet werden muß, abhängig von den Kombinationen der sprachlichen Hinweise im Text ist. Schnelle Entscheidungen sind möglich, wenn das Pronomen in Subjektposition auf den Antezedenten referiert, der als erster im Text genannt wurde, im folgenden Satz in Subjektposition steht und Verursacher der Ereignisse ist. In den Versionen B und C treten dagegen erhebliche Verzögerungen bei dem Versuch auf, eine koreferentielle Verbindung zwischen den aufeinanderfolgenden Sätzen herzustellen. Aufgrund

der Befunde ist anzunehmen, daß Siebenjährige eine thematische Subjektstrategie verfolgen und notwendige Revisionen und Umstrukturierungen ihrer Diskursrepräsentation nur mit großem kognitiven Aufwand möglich sind. Ähnliche Beobachtungen lassen sich auch noch bei den Neunjährigen machen. Allerdings erfolgen die Entscheidungen schneller, was ein Anzeichen dafür ist, daß die Verarbeitungsprozesse weniger aufwendig sind.

2. Deutlich Unterschiede gibt es, wenn man die Erwachsenen mit den sieben- und neunjährigen Kindern vergleicht. Bei den Erwachsenen erfolgen die Entscheidungen in der Version A und C gleich schnell, die Entscheidungen in der Version B sind im Gegensatz dazu deutlich langsamer. Diese Beobachtungen geben Anlaß zu der Vermutung, daß Erwachsene entgegen den Erwartungen in der Untersuchung eher eine Abwartestrategie bei der pronominalen Koreferenzherstellung bevorzugen. In der Textversion B sind aufwendige Inferenzprozesse notwendig, um in der Diskursrepräsentation einen Koreferenten zu identifizieren.

5.4   Diskussion der Ergebnisse

In diesem Abschnitt werden die Beobachtungsdaten und die daran geknüpften Vorstellungen über zugrunde liegende kognitive Fähigkeiten im Zusammenhang mit den in Abschnitt 3.4 dargelegten Strategien der pronominalen Auflösung diskutiert. Es stellt sich die Frage, wie die dort beschriebenen Strategien mit den Ergebnissen in den einzelnen Altersgruppen in Beziehung zu setzen sind. Wenn, wie in der Textversion A ein Antezedent durch die Kombination der sprachlichen Hinweise im Text zum Diskurstopik wird, sollte den Ausführungen in Kapitel 3.4 entsprechend bei Erwachsenen eine gerichtete Suchstrategie den pronominalen Koreferenzherstellungsprozeß beschreiben. D.h., Erwachsene richten ihre Aufmerksamkeit mit der Rezeption des Pronomens auf das im Arbeitsgedächtnis hoch aktivierte Konzept des thematischen Subjekts. Wenn die dem Pronomen folgenden Informationen kohärent mit dem fokussierten Referenten im Diskursmodell sind, können sie die pronominale Verarbeitung schnell abschließen. In der Textversion C ist der Antezedent in Objektposition der pragmatisch plausible Koreferent des Pronomens und nicht das fokussierte thematische Subjekt. In diesen Fällen müßten Erwachsene, wenn sie eine gerichtete Suchstrategie verfolgen, nach der Überprüfung der dem Pronomen folgenden sprachlichen Hinweise, die eingeschlagene Interpretationsrichtung revidieren, d.h., das fokussierte thematische Subjekt wird deaktiviert und das Konzept des alternativen pragmatisch plausiblen Antezedenten in Objektposition aktiviert und als Koreferent des Pronomens identifiziert. Durch diese Revisionsprozesse sollte die Koreferenzherstellung in der Textversion C zeitaufwendiger sein als in der Textversion A. In der Textversion B werden ebenfalls bei der Anwendung einer gerichteten Suchstrategie kognitiv aufwendige Umstrukturierungsprozesse notwendig, um einen Koreferenten in der Diskursrepräsentation zu identifizieren. Da keiner der alternativen Antezedenten pragmatisch eindeutig als Koreferent in Frage kommt, kann nur durch zeitintensive Inferenzprozesse eine koreferentielle Verbindung zwischen den aufeinanderfolgenden Sätzen hergestellt werden.

Betrachtet man nun die Ergebnisse der Erwachsenen, so zeigt sich vor allem durch die vergleichbar langen Entscheidungszeiten der Versionen A und C, daß Erwachsene in dem in der Untersuchung verwendeten Textmaterial keine gerichtete Suchstrategie verfolgen. D.h., beide potentiellen Koreferenten des Pronomens sind zum Zeitpunkt der Rezeption des Pronomens gleichermaßen aktiv. Die Identifizierung des koreferentiellen Konzeptes erfolgt erst mit der Integration der dem Pronomen folgenden semantischen und pragmatischen Hinweise. Die in Textversion B im Vergleich zu Version A und C deutlich verlängerten Entscheidungszeiten zeigen, daß bei semantisch und pragmatisch weniger eindeutigen Informationen bei Erwachsenen zeitaufwendige Inferenzprozesse notwendig werden, bis eine Entscheidung getroffen werden kann.

Das Ergebnis, daß Erwachsene beide pragmatisch eindeutigen Aktanten unabhängig von den Informationen vor der Rezeption des Pronomens gleichermaßen schnell am Ende des Satzes nennen können, ist etwas überraschend. Im Sinne der gerichteten Suchstrategie hätte auch bei den Erwachsenen das thematische Subjekt schneller genannt werden müssen. Möglicherweise sind die Ergebnisse bei den Erwachsenen jedoch auf das spezifische experimentelle Setting dieser Untersuchung zurückzuführen. Die Texte waren für die Erwachsenen einerseits sehr einfach, und andererseits konnten die Erwachsenen schnell durchschauen, daß in allen Texten zwischen zwei alternativen Referenten ausgewählt werden mußte. Möglicherweise hat diese Versuchsaufgabe bei diesen einfachen Texten dazu geführt, daß die alternativen Koreferenten vor der Rezeption der dem Pronomen folgenden Informationen gleichermaßen in der Diskursrepräsentation aktiviert waren. Die Identifizierung des Koreferenten erfolgte vor allem aufgrund der dem Pronomen nachfolgenden Informationen. Die Erwachsenen verfolgen in der Untersuchung eher die in Kapitel 3.4 dargestellte Abwartestrategie.

Die Entscheidungsprobleme bei der Identifizierung eines Referenten in der Textversion B sind eine Funktion der Abwartestrategie. Die pragmatischen Informationen in der Textversion B konnten zu keinem widerspruchsfreien Verarbeitungsresultat führen.

Wie sieht es nun im Vergleich zu den Erwachsenen bei den Kindern aus? Wie berichtet konnten die Entscheidungszeiten der Fünfjährigen nicht ausgewertet werden. Aufgrund der Nennungshäufigkeiten ergibt sich jedoch folgendes Bild: Fünfjährige haben noch große Probleme bei der satzübergreifenden pronominalen Koreferenzherstellung. Dieses Ergebnis stimmt mit den in Kapitel vier dargestellten überein. Vergleicht man die drei Textversionen, muß man annehmen, daß die Entscheidung für einen Antezedenten nicht aufgrund der syntaktischen Parallelität getroffen wird. Fünfjährige besitzen eine gewisse Sensibilität für semantische und pragmatische Relationen bei der pronominalen Koreferenzherstellung. Allerdings können die dem Pronomen folgenden sprachlichen Hinweise nicht in gleicher Weise genutzt werden wie bei Erwachsenen, sonst hätten auch die Fünfjährigen bei pragmatisch eindeutigen Verbindungen zum Konzept des Antezedenten in Objektposition häufiger korrekte Entscheidungen treffen müssen. Da die Kinder in der Textversion A erfolgreicher sind als in den Versionen B und C, muß man davon ausgehen, daß das thematische Subjekt eine besondere Rolle bei der Koreferenzherstellung spielt und aufgrund seiner höheren Aktivierung in der Diskursrepräsentation bei der Identifzierung eines Koreferenten bevorzugt wird.

Bei den Siebenjährigen ergibt sich bei der Betrachtung der Nennungshäufigkeiten ein ähnliches Bild wie bei den Fünfjährigen. Zusätzlich zeigt sich, daß die Entscheidungszeiten in der Textversion A deutlich kürzer sind als in den Versionen B und C. Der entscheidende Unterschied zwischen den Verarbeitungsprozessen der Fünf- und Siebenjährigen einerseits sowie den Erwachsenen andererseits besteht den Erwartungen entsprechend darin, daß die Fünfjährigen und Siebenjährigen nicht wie Erwachsene in der Lage sind, die dem Pronomen nachfolgende Information flexibel für den pronominalen Auflösungsprozeß zu nutzen. Statt dessen ist es so, daß für die fünf- und siebenjährigen Kinder durch die Erstnennung eines Aktanten im Text, die syntaktische Subjektposition dieses Aktanten im folgenden Satz vor dem Pronomen und durch den Status des Aktanten als Verursacher der aufeinanderfolgenden Ereignisse die Zugänglichkeit von alternativen Konzepten für die pronominale Auflösung eingeschränkt ist. In diesem Zusammenhang sind Annahmen von Karmiloff-Smith (1985) sehr aufschlußreich. Sie geht davon aus, daß die linguistischen Formen im Diskurs und die Entwicklung ihrer Verwendungsweisen einerseits von altersspezifischen Einträgen der Formen im mentalen Lexikon abhängen. Die Kinder müssen lernen, für jede linguistische Form deren semantischen Merkmale, deren Funktionen im Diskurs und deren Beziehung zu anderen Formen gemeinsam im Gedächtnis zu speichern. Andererseits hängt die Verwendungsweise der sprachlichen Formen im Diskurs ihrer Ansicht nach mit altersspezifischen Kontrollprozessen beim Aufbau der Diskursrepräsentation zusammen. Karmiloff-Smith (1985) konnte in einem Produktionsexperiment mit Kindern zwischen vier und neun Jahren feststellen, daß die Verwendungsweise von Pronomen im Diskurs mit der Entwicklung altersspezifischer Kontrollprozesse bei der globalen Diskursplanung zusammenhängen. Die globalen Kontrollprozesse entwickeln sich von einem extern stimulusorientierten Prozeß, über einen kognitiv strikt top-down kontrollierten Prozeß, zu einem flexiblen Kontrollprozeß, bei dem kognitive und externale Anforderungen der Diskursstrukturierung koordiniert werden. Vergleichbar sind auch die Beobachtungen in der Inferenzforschung von Schmidt, Schmidt und Tomalis (1984), die in Abschnitt 4.3 dargelegt worden sind.

Die Verarbeitungsresultate der fünf- und siebenjährigen Kinder in der hier dargestellten Untersuchung sind möglicherweise auf eine kognitive Kontrollstrategie zurückzuführen, die mit dem von Karmiloff-Smith (1985) angenommenen top-down kontrollierten Prozeß vergleichbar ist (siehe dazu die genaueren Ausführungen in Kapitel 6). Fünf- und siebenjährige Kinder verfolgen eine rigide thematische Subjektstrategie bei der pronominalen Auflösung, durch die der Aufbau der referentiellen Verbindung zwischen einem Pronomen und seinem Koreferenten überwiegend top-down kontrolliert wird. Das heißt durch die Erstnennung eines Aktanten, die syntaktische Subjektposition dieses Aktanten in dem folgenden, dem Pronomen vorausgegangen Satz und durch die Rolle des Aktanten als Verursacher der aufeinanderfolgenden Ereignisse im Text wird der Aktant als thematisches Subjekt bestimmt. Das thematische Subjekt ist in der Diskursrepräsentation hoch aktiviert und fokussiert. Wenn jemand ein

Pronomen im Text unter den genannten kontextuellen Bedingungen verwendet, bedeutet dies für die fünfjährigen und siebenjährigen Kinder, daß der pragmatisch prominente Referent weiterhin *Thema* bleibt. Ist die Information nach der Rezeption des Pronomens kohärent mit dem aktivierten thematischen Subjekt im Diskursmodell, bleibt die einmal vorgenommene Interpretationsrichtung erhalten. Selbst wenn die aktivierte Interpretationserwartung mit den nachfolgenden Informationen nicht kohärent ist, neigen fünf- und siebenjährige Kinder dazu, die thematische Subjektinterpretation aufrechtzuerhalten, da sie die dem Pronomen folgenden Informationen zunächst nicht effizient auswerten und als Indikatoren für notwendige Revisionen des Diskursmodells benutzen. Es scheint so zu sein, daß durch eine rigide thematische Subjektstrategie alternative Konzepte für die pronominale Auflösung nicht mehr zugänglich sind. Fünf- und siebenjährige Kinder sind zwar in der Lage, bis zu einem gewissen Grad die pragmatische Inkohärenz zwischen der von ihnen vorgenommenen Interpretation des Pronomens und der dem Pronomen nachfolgenden Informationen zu erkennen, doch sie können, ähnlich wie auch in Untersuchungen zur Inferenzfähigkeit berichtet, diese Informationen nicht zur Revision ihrer Interpretation nutzen. Hier zeigen sich zentrale Unterschiede zwischen der thematischen Subjektstrategie der Kinder und der gerichteten Suchstrategie der Erwachsenen. Wenn bei den Siebenjährigen die dem Pronomen folgenden Informationen mit dem thematischen Subjekt kohärent sind, behalten sie die referentielle Verbindung zwischen dem thematischen Subjekt und dem Pronomen bei. Es findet keine Überprüfung der aufgebauten referentiellen Verbindungen mehr statt.

Auch Neunjährige können immer noch am sichersten und schnellsten ihre Referenzentscheidungen treffen, wenn die semantischen und pragmatischen Relationen zwischen den Informationen nach der Rezeption des Pronomens mit dem bereits aktivierten thematischen Subjekt im Diskursmodell konsistent sind. Die Informationen nach der Rezeption des Pronomens können jedoch jetzt effektiver zum Aufbau einer referentiellen Verbindung zwischen dem Pronomen und dem in Objektposition genannten alternativen Koreferenten genutzt werden als bei den Fünfjährigen und Siebenjährigen. Bei Neunjährigen führt die Erstnennung eines Aktanten, seine Nennung in Subjektposition in dem dem Pronomen vorausgegangen Satz und seine Rolle als Verursacher der aufeinanderfolgenden Ereignisse dazu, daß dieser Aktant in der Diskursrepräsentation hohe Aktivierungswerte erhält. Wenn die Informationen, die dem Pronomen folgen, kohärent sind mit dem hoch aktivierten Konzept, dann können Neunjährige den Koreferenten des Pronomens relativ schnell identifizieren. Die Neunjährigen unterscheiden sich in diesem Fall bei der Auswahl eines Referenten nicht mehr von den Erwachsenen.

Wenn die Informationen, die dem Pronomen folgen, jedoch mit einem alternativen Konzept kohärent sind, dann führt die Integration dieser Informationen in das aufgebaute Diskursmodell bei den Neunjährigen deutlich häufiger und schneller zur Identifizierung des alternativen Koreferenten als bei den Fünf- und Siebenjährigen. Es scheint so zu sein, daß bei Neunjährigen nach der Rezeption lexikalisch mehrdeutiger Pronomen neben dem hoch fokussierten thematischen Subjekt auch noch alternative Koreferenten in der Diskursrepräsentation zugänglich sind. Die Integration der dem Pronomen folgenden Informationen führt zur Verstärkung der referentiellen Verbindung zwischen dem Pronomen und dem richtigen alternativen Koreferenten. Bevor Neunjährige die referentielle Verbindung zwischen einem Pronomen und einem Referenten abschließend herstellen, warten sie die dem Pronomen folgende Information ab und testen, ob das fokussierte thematische Subjekt oder aber ein alternativer, weniger stark aktivierter Aktant als Koreferent für das Pronomen in Frage kommen. Neunjährige können bei eindeutigen semantischen und pragmatischen Relationen zwischen einem alternativen in Objektposition genannten Aktanten und den dem Pronomen folgenden Informationen eine referentielle Verbindung herstellen und diesen Aktanten als Koreferenten des Pronomens identifizieren. Wenn die dem Pronomen folgenden Informationen pragmatisch neutral sind, wählen die Neunjährigen vorzugsweise das thematische Subjekt als Koreferenten aus. Im Alter von neun Jahren zeigt sich somit eine wesentliche Annäherung der Verarbeitungsprozesse der Kinder an die Verarbeitungsprozesse der Erwachsenen, wie sie in der gerichteten Suchstrategie beschrieben sind.

Wie die dargestellten Ergebnisse zeigen, gibt es unter den in der Untersuchung vorliegenden Bedingungen zwischen den Erwachsenen und den Neunjährigen jedoch nochmals Veränderungen bei der pronominalen Auflösung. Erwachsene wählen im Gegensatz zu den Neunjährigen unabhängig davon, ob die dem Pronomen folgende Information mit dem thematischen Subjekt oder dem alternativen Aktanten kohärent ist, den korrekten Aktanten gleichermaßen häufig und schnell aus. Erwachsenen stehen während der Rezeption der dem Pronomen folgenden Informationen beide Aktanten gleichermaßen in ihrer aktuellen Diskursrepräsentation zur pronominalen Auflösung zur Verfügung. Erwachsene können deswegen gleichermaßen schnell die neuen Informationen nach der Rezeption des Pronomens zur Identifizierung des korrekten Konzeptes im aktuellen Diskursmodell nutzen. Neunjährigen stehen mit der Rezeption der dem Pronomen nachfolgenden Informationen nicht beide Aktanten gleichermaßen in der Diskursrepräsentation zur Verfügung. Die Neunjährigen sind in der pragmatisch eindeutigen Textversion C deutlich langsamer bei der Identifizierung des koreferierenden Aktanten als in der Textversion A. Die Neunjährigen richten ihre Aufmerksamkeit vermutlich zuerst auf das thematische Subjekt. Wenn die nachfolgenden Informationen mit dem alternativen, in Objektposition genannten Aktanten kohärent sind, benötigen sie mehr Verarbeitungszeit bei der pronominalen Auflösung.

In der empirischen Forschung zur Entwicklung der pronominalen Auflösungsfähigkeit beim Diskursverstehen wurden bisher vorwiegend Kinder bis zum sechsten Lebensjahr untersucht. Die Ergebnisse der hier dargestellten Untersuchung liefern wichtige Hinweise für die Entwicklung der Diskursfähigkeit für die Altersspanne zwischen dem sechsten und zehnten Lebensjahr. Aufgrund der bisherigen empirischen Befundlage zur Entwicklung der pronominalen Auflösung war unklar, ob die Entwicklung der pronominalen Auflösungsfähigkeit bereits bei Siebenjährigen abgeschlossen ist. Die Ergebnisse dieser Untersuchung zeigen, daß die Entwicklung der pronominalen Auflösungsfähigkeit nicht mit dem siebenten Lebensjahr abgeschlossen ist. Vom achten zum zehnten Lebensjahr zeigt sich eine Anpassung der Verarbeitungsprozesse an die Verarbeitungsprozesse der Erwachsenen, ohne jedoch schon eine völlige funktionale Äquivalenz zur Anwendung der Verarbeitungsstrategien der Erwachsenen entwickeln zu können.

6. Zum Verlauf der Entwicklung über die drei Altersgruppen hinweg

Dieses Kapitel führt über die vorgestellten empirischen Ergebnisse insofern hinaus, als es jetzt auch darum geht, für die beobachteten und beschriebenen Veränderungen über die drei Altersgruppen hinweg nach Erklärungen zu fragen. In dem vorigen Kapitel ist deutlich geworden, daß die fünfjährigen und siebenjährigen Kinder Pronomen überwiegend dann korrekt auflösen, wenn das Pronomen auf einen Aktanten referiert, der zuerst im Text genannt wurde, der wie das Pronomen in Subjektposition steht und der Verursacher der beschriebenen Ereignisse ist. Die Neunjährigen können Pronomen auch dann auflösen, wenn sie auf einen Aktanten referieren, der in Objektposition vor dem Pronomen steht. Aufgrund dieser Befunde ist anzunehmen, daß die zugrunde liegende Fähigkeit, Pronomen auflösen zu können, als Herausbildung unterschiedlicher Strategien der pronominalen Koreferenzherstellung beschreibbar ist. Diese Verarbeitungsstrategien korrespondieren mit altersspezifischen Entwicklungsebenen.

Aufgrund der bisherigen empirischen Forschungslage zur Entwicklung der pronominalen Auflösungsfähigkeit beim Diskursverstehen im vierten Kapitel und der Ergebnisse der im fünften Kapitel dargestellten Untersuchung, lassen sich drei Entwicklungsebenen der pronominalen Auflösungsfähigkeit beim Diskursverstehen unterscheiden. Der größte Teil der Kinder einer bestimmten Altersstufe kann jeweils einer Entwicklungsebene zugeordnet werden. Das heißt allerdings nicht, daß es nicht auch interindividuelle Unterschiede zwischen Kindern der jeweiligen Altersgruppe geben kann und einzelne Kinder von dem prototypischen Verhalten ihrer Altersgenossen abweichen können.

Die erste Entwicklungsebene der pronominalen Koreferenzherstellung beim Diskursverstehen ist dadurch gekennzeichnet, daß die Kinder vor dem fünften Lebensjahr noch erhebliche Schwierigkeiten haben, satzübergreifende Pronomen diskursintern aufzulösen. Diese Ebene wird hier aufgrund der Ergebnisse von Umstead und Leonhard (1983) angenommen. Die Schwierigkeiten der Kinder werden vor allem bei lexikalisch mehrdeutigen Pronomen deutlich. Lexikalisch eindeutige Pronomen können bereits bis zum fünften Lebensjahr relativ gut aufgelöst werden (vgl. z.B.

Wykes, 1981). Wenn man nur die Verarbeitung lexikalisch eindeutiger Pronomen betrachtet, lassen sich bei der Identifizierung von Referenten keine grundlegenden Unterschiede zu Erwachsenen feststellen. Man könnte vermuten, daß sich die referentiellen Verarbeitungsprozesse bei Erwachsenen und Fünfjährigen nicht grundlegend unterscheiden. Betrachtet man jedoch die Auflösung lexikalisch mehrdeutiger Pronomen in verschiedenen kontextuellen Bedingungen, dann zeigt das, daß sich die Verarbeitungsstrategien beim Aufbau referentieller Beziehungen zwischen einem Pronomen und seinem Koreferenten in der Diskursrepräsentation in Abhängigkeit vom Alter verändern. Da die Pronomen vor dem fünften Lebensjahr nur dann korrekt aufgelöst werden können, wenn sie lexikalisch eindeutig sind oder satzintern verwendet werden, scheint in diesem Fall die Auflösung von Pronomen vor allem lexikalischer und syntaktischer Kontrolle zu unterliegen. Bei der Auflösung lexikalisch mehrdeutiger Pronomen können die koreferierenden Aktanten nicht durch eine einfache Überprüfung von Genusinformationen identifiziert werden, sondern andere syntaktische und auch semantische sowie pragmatische Informationen müssen für eine eindeutige Interpretation des Pronomens koordiniert werden. Wenn es den Kindern auch in lexikalisch mehrdeutigen Fällen gelingt, einen korrekten Referenten zu identifizieren, ist das ein Hinweis darauf, daß sie aufeinanderfolgende Äußerungen eines Textes in ihrer kognitiven Repräsentation in einem kohärenten Diskursmodell integrieren können. Sie können bei der Interpretation eines lexikalisch ambigen Pronomens die dem Pronomen nachfolgenden Informationen mit den in ihrer Diskursrepräsentation aktivierten Konzepten verbinden. Wenn dies, wie in Kapitel fünf beschrieben, nicht gelingt, muß jedoch bezweifelt werden, daß Kinder die diskursinterne referentielle Funktion von Pronomen beim Aufbau eines Diskursmodells schon erkannt haben. Das heißt jedoch nicht, daß Kinder Pronomen in ihren Äußerungen nicht verwenden. Sie benutzen sie jedoch in kommunikativen Situationen, in denen Pronomen eine deiktische Funktion haben, oder Kinder unterstellen einem Zuhörer, daß er schon weiß, worüber sie reden. In manchen Situationen sind die Äußerungen der Kinder für den Zuhörer ambig, wobei für die Kinder durchaus klar sein kann, von wem sie sprechen (vgl. zu diesen Annahmen auch den Überblick bei Hickmann, 1980).

Auf der zweiten Entwicklungsebene haben Kinder zwischen dem sechsten und achten Lebensjahr vor allem dann weniger Schwierigkeiten, satzübergreifende lexikalisch ambige Pronomen diskursintern aufzulösen,

wenn das Pronomen auf das thematische Subjekt einer Geschichte referiert. Aufgrund der Ergebnisse der in Kapitel fünf dargestellten Untersuchung muß man annehmen, daß die repräsentationale Auflösung anaphorischer Pronomen in dieser Altersgruppe einer strikten top-down Kontrolle
unterliegt, d.h. die Kinder verfolgen eine rigide thematische Subjektstrategie. Fünf- und siebenjährige Kinder bestimmen einen Aktanten durch die
folgenden Informationen zum thematischen Subjekt des Textes: durch
seine Erstnennung im Text, durch die syntaktische Subjektposition dieses
Aktanten im Satz vor dem Pronomen und durch den Status dieses Aktanten
als Verursacher der aufeinanderfolgenden Ereignisse. Dieses thematische
Subjekt bildet die Grundlage für die Integration folgender Informationen
im Text. Die Kinder behandeln auf dieser Entwicklungsebene anaphorische Pronomen in Subjektposition als Leerstelle für das thematische
Subjekt. Wenn die Informationen nach der Rezeption des Pronomens
kohärent sind mit dem aktivierten thematischen Subjekt, dann können Kinder häufig korrekte Koreferenten des Pronomens diskursintern bestimmen.
Wenn die Informationen nach der Rezeption des Pronomens inkohärent
sind mit dem thematischen Subjekt, dann nennen fünf- und siebenjährige
Kinder häufig falsche Koreferenten. Die Kinder neigen in diesem Alter
dazu, die thematische Subjektinterpretation aufrecht zu halten. Die dem
Pronomen folgenden Informationen können nicht effizient ausgewertet
werden und als Indikatoren für notwendige Diskursmodellrevisionen erkannt werden (vgl. die Verarbeitungsresultate der fünf- und siebenjährigen
Kinder in der Textversion A und der Textversion C). Wenn die dem Pronomen folgenden Informationen mit dem thematischen Subjekt kohärent
sind, behalten Kinder auf dieser Entwicklungsebene die referentielle
Verbindung zwischen dem thematischen Subjekt und dem Pronomen bei
(vgl. die Verarbeitungsresultate der Siebenjährigen in der Textversion A
und der Textversion B).

Auf der dritten Entwicklungsebene können Kinder mit ca. zehn Jahren
bei der Auflösung lexikalisch ambiger Pronomen neben dem thematischen
Subjekt auch auf einen alternativen Koreferenten in ihrer Diskursrepräsentation zurückgreifen. Die Integration der dem Pronomen folgenden Informationen in das bereits aufgebaute Diskursmodell kann auch zur Verstärkung der referentiellen Verbindung zwischen dem Pronomen und dem alternativen Koreferenten führen (vgl. die Verarbeitungsresultate der Neunjährigen in der Textversion A und der Textversion C). Auf der dritten
Entwicklungsebene wird, bevor die referentielle Verbindung zwischen ei-

nem Pronomen und einem Referenten abschließend herstellbar ist, die Integration der dem Pronomen folgenden Informationen abgewartet und dabei getestet, ob das fokussierte thematische Subjekt oder aber ein alternativer, weniger stark aktivierter Aktant als Koreferent für das Pronomen in Frage kommen. Neunjährige können bei eindeutigen semantischen und pragmatischen Relationen zwischen einem alternativen, in Objektposition genannten Aktanten und den dem Pronomen folgenden Informationen eine referentielle Verbindung herstellen und diesen Aktanten als Koreferenten des Pronomens identifizieren.

Die Verarbeitungsstrategie der neunjährigen Kinder ist auf dieser Entwicklungsebene der gerichteten Suchstrategie der Erwachsenen ähnlich. Die Definitionskriterien für ein thematisches Subjekt sind vergleichbar mit denen des Diskurstopiks. Erwachsene verwenden bei der pronominalen Auflösung eine gerichtete Suchstrategie, wenn lexikalische Informationen des Pronomens nicht eindeutig sind, aber ein Antezedent Diskurstopik ist. Die Verarbeitung der Informationen vor der Rezeption des Pronomens führt dazu, daß die konzeptuelle Repräsentation des Diskurstopiks in der Diskursrepräsentation hoch aktiviert ist. Da jedoch darüber hinaus noch weitere potentielle Referenten in der Diskursrepräsentation aktiviert sind, wenn auch weniger stark, kann der Aufbau der referentiellen Verbindung mit der Rezeption des Pronomens nicht eindeutig abgeschlossen werden. Die Erwachsenen verschieben die letztendliche Interpretation des Pronomens, bis durch die Integration der dem Pronomen folgenden Informationen eine eindeutige Identifizierung erfolgen kann. Erwachsene überprüfen die Kohärenz der dem Pronomen nachfolgenden Verbalphrase mit dem bereits aufgebauten Diskursmodell und den dort aktivierten Konzepten. Sie richten ihre Aufmerksamkeit auf den am stärksten aktivierten Referenten. Je nachdem, ob die aufeinanderfolgenden Äußerungen kohärent sind, kann die pronominale Auflösung unterschiedlich verarbeitungsaufwendig sein und sich in entsprechend längeren Verarbeitungszeiten ausdrücken. Wenn die Informationen nach der Rezeption des Pronomens mit dem favorisierten Referenten übereinstimmen, überschreitet dieser relativ schnell eine kritische Aktivierungsschwelle und der Aufbau der referentiellen Verbindung kann abgeschlossen werden. Wenn die folgenden Informationen inkohärent mit dem hoch aktivierten fokussierten Konzept in der Diskursrepräsentation sind, nimmt der Aktivierungswert dieses Konzeptes ab und die Aktivierung alternativer Konzepte zu. Die Auflösung des Pronomens ist in diesem Fall zeitintensiver, da Umstrukturierungen und Revisionen des aufgebauten Diskursmodells nötig werden.

Im Rahmen der in Kapitel fünf dargestellten Untersuchung waren auch zwischen den Neunjährigen und Erwachsenen noch Veränderungen in den Verarbeitungsresultaten bei der pronominalen Auflösung festgestellt worden. Erwachsene verfolgten eine Abwartestrategie (vgl. die Verarbeitungsresultate in der Textversion A und der Textversion C). Die Abwartestrategie beschreibt die pronominale Auflösung von Erwachsenen, wenn es vor der Rezeption des Pronomens in der aktuellen Diskursrepräsenation mehrere potentielle Koreferenten gibt, die gleichermaßen hohe Aktivierungswerte haben. Wenn dieses der Fall ist und das Pronomen lexikalisch uneindeutig ist, können nur Informationen nach der Rezeption des Pronomens zur Identifizierung eines koreferierenden Konzeptes und zum Aufbau einer referentiellen Verbindung zwischen einem Pronomen und einem Antezedenten genutzt werden. In den Ergebnissen der Untersuchung wird deutlich, daß die Flexibilität beim Umgang mit kontextuellen und situativen Anforderungen beim Aufbau referentieller Verbindung während des Diskursverstehens auch nach dem zehnten Lebensjahr noch differenzierter wird.

Die in dieser Untersuchung aufgrund der empirischen Ergebnisse angenommenen Entwicklungsebenen weisen Parallelen zu Entwicklungsebenen auf, die Karmiloff-Smith (1979, 1980, 1985) bei der Entwicklung der Verwendung sprachlicher Formen (definite und indefinite Artikel und Pronomen) während der Diskursproduktion feststellen konnte.

Die Verwendung sprachlicher Formen im Diskurs führt sie auf entwicklungsspezifische globale Kontrollprozesse bei der Diskursproduktion zurück. Die globalen Kontrollprozesse entwickeln sich von einem externen stimulusorientierten Prozeß, über einen rigiden top-down kontrollierten Prozeß, zu einem flexiblen interaktiven Prozeß, bei dem stimulusorientierte und kognitive Anforderung koordiniert werden.

Um den Zusammenhang zwischen der Entwicklung globaler Kontrollprozesse und der Verwendung linguistischer Mittel bei der Produktion zu überprüfen, führte Karmiloff-Smith (1985) ein Produktionsexperiment mit vier- bis neunjährigen englisch- und französischsprachigen Kindern durch. Den Kindern wurden von einem Versuchsleiter Bildergeschichten präsentiert, die aus jeweils sechs Bildern bestanden. Der Versuchsleiter blätterte das Bilderbuch durch, und die Kinder hatten die Aufgabe, dabei eine Geschichte zu erzählen. Die interne Struktur der Bildergeschichten wurde systematisch in bezug auf die Anzahl und das Geschlecht der Protagonisten variiert. Ferner konnte in einem Teil der Geschichten eindeutig ein Hauptaktant bestimmt werden. In einigen der verwendeten Geschichten waren die abgebildeten Ereignisse miteinander verbunden, in anderen war zwischen den abgebildeten Ereignissen keine Verbindung zu erkennen.

Die Ergebnisse der Untersuchung ergaben deutliche Veränderungen bezüglich der Verwendung von Pronomen und deren Funktionen im Diskurs. Karmiloff-Smith (1985) unterscheidet drei Entwicklungsebenen:

Der ersten Ebene sind überwiegend Kinder zwischen 4.0 - 5.11 Jahren zuzuordnen. Auf der ersten Entwicklungsebene, bestimmt der Bildstimulus die Auswahl der linguistischen Formen. Kinder beschreiben einzelne Bilder. Sie führen Aktanten mit definiten Nominalphrasen ein und setzen ihre Geschichte mit einer Kette von Pronomen fort, die sich mal auf den Haupt- und mal auf den Nebenaktanten beziehen. Referentielle Hinweise (definite und demonstrative Nominalphrasen und Pronomen) haben auf dieser Entwicklungsebene eine deiktische Funktion. Die Produktionsstrategie der Kinder ist durch folgende Leitfrage beschreibbar: Ist dort ein weiteres Ereignis, das betrachtet werden soll?

Der zweiten Ebene der Entwicklung sind überwiegend Kinder zwischen 6.0 - 7.11 Jahren zuzuordnen. Die Kinder tendieren dazu, einen Hauptaktanten in den Geschichten auszuwählen. Die Auswahl dieses Hauptaktanten wirkt sich auf die Verwendung der linguistischen Formen aus. Der Hauptprotagonist wird indefinit eingeführt, und die Subjektposition wird in allen Sätzen rigide für den Hauptprotagonisten reserviert. Pronomen haben eine anaphorische Funktion. Sie werden in Subjektposition für Hauptaktanten verwendet. Für die Nebenaktanten werden definite Nominalphrasen benutzt. Das Pronomen in Subjektposition in aufeinanderfolgenden Sätzen dient als Leerstelle für den Hauptaktanten. Diese Strategie wurde von Karmiloff-Smith (1985) als thematische Subjektstrategie bezeichnet. Die Leitfrage dieser Altersgruppe lautet: Was tut die Hauptperson jetzt?

Der dritten Ebene der Entwicklung sind überwiegend Kinder zwischen 8.0 - 9.11 Jahren zuzuordnen. Es findet jetzt eine subtilere Interaktion zwischen kognitiven Kontrollprozessen der Produktion und der linguistischen Enkodierung statt. Die Subjektposition wird nicht mehr rigide für den Hauptprotagonisten reserviert. Kinder dieser Entwicklungsphase verwenden unterschiedliche Markierungen (Pronomen vs. Nominalphrasen oder betonte vs. unbetonte Pronomen), um den Diskursstatus des Referenten in der Subjektposition der Geschichte zu markieren. Kinder dieser

Entwicklungsebene verfolgen die Leitfrage: Wie paßt das nächste Ereignis in die gesamte Diskursstruktur.

Karmiloff-Smith (1985) versucht eine Verbindung zwischen der Verwendung von linguistischen Formen im Diskurs, der Entwicklung lexikalischer Einträge im Gedächtnis und der Entwicklung globaler kognitiver Kontrollprozesse bei der Diskursproduktion herzustellen, um die Verarbeitungsresultate der Kinder bei der Produktion von Geschichten zu erklären. Sie geht davon aus, daß die Entwicklung der Fähigkeit, linguistische Formen im Diskurs zu verwenden, von der Entwicklung der Organisation der anaphorischen Formen im Lexikon abhängig ist. Das heißt, die Kinder müssen lernen, für jede linguistische Form die semantischen Merkmale, die Funktionen im Diskurs und die Beziehung zu anderen referentiellen Formen gemeinsam im Gedächtnis zu speichern. Erst dann können sie flexibel, den kontextuellen Anforderungen entsprechend, die anaphorischen Mittel auswählen. Am Anfang der Entwicklung haben Kinder für jede Form die semantischen Merkmale separat gespeichert. Allmählich werden dann die einzelnen Formen mit spezifischen Funktionen verknüpft, und erst später werden dann die Formen, Merkmale und Funktionen gemeinsam im Lexikon gespeichert.

In der Rezeptionsforschung wurde bisher nicht systematisch versucht, die Beobachtungen bei der Entwicklung der pronominalen Auflösung mit der Entwicklung kognitiver Verarbeitungsstrategien beim Diskursverstehen in Beziehung zu setzen (vgl. den Forschungsüberblick in Kapitel 4). Es ist jedoch anzunehmen, daß Kinder bei der Rezeption genauso wie bei der Produktion einerseits Kohärenzprobleme bewältigen müssen, die die temporale und kausale Struktur des Inhalts einer Geschichte betreffen, andererseits aber auch Kohäsionsprobleme lösen müssen, d.h., sie müssen lernen, linguistische Formen, wie anaphorische Pronomen und anaphorische Nominalphrasen, als kohäsive Hinweise in kohärenten Diskursen zu verwenden.

Es kann nicht a priori angenommen werden, daß es Parallelen zwischen der Entwicklung der Diskursproduktionsfähigkeit und der Entwicklung der Diskursrezeptionsfähigkeit gibt, doch wenn man die aus den Ergebnissen in Kapitel fünf abgeleiteten Entwicklungsebenen mit den Entwicklungsebenen in der Produktionsforschung vergleicht, sind deutliche Parallelen zu erkennen. Kinder haben bei der Sprachrezeption und der Sprachproduktion durchaus ähnliche Probleme zu lösen. Kinder müssen sowohl bei der Sprachrezeption als auch bei der Sprachproduktion sprachliche Ausdrücke mit der nichtsprachlichen Welt verbinden. Es muß ein Zusammenhang hergestellt werden zwischen den sprachlichen Ausdrücken und den kognitiven Modellen des Rezipienten. Es ist aufgrund der theoretischen Erläuterungen und den empirischen Ergebnissen der vorliegenden Untersuchung plausibel, auch die Entwicklung der pronominalen Verarbeitung beim Diskursverstehen auf die Organisation anaphorischer Formen im Lexikon sowie entwicklungsspezifische Kontrollstrategien zurückzuführen.

In den vorhergehenden Abschnitten wurde aufgezeigt, daß man die Entwicklung der pronominalen Koreferenzherstellung als einen Prozeß beschreiben kann, bei dem die Kinder verschiedene "Ebenen" durchlaufen. Es ist anzunehmen, daß die Abfolge dieser Ebenen unumkehrbar ist, und daß dieser Prozeß bei den Kindern bis zum Ende der Grundschulzeit abgeschlossen ist: Die Entwicklung hat dann ihr "Ziel" insofern erreicht, als die meisten Kinder bei der pronominalen Auflösung in der Lage sind Strategien zu verfolgen, die den jeweiligen kontextuellen Anforderungen gerecht werden und denen der Erwachsenen ähnlich sind. Die kritische Frage im Spracherwerb bleibt jedoch: Was sind die Mechanismen, die die Entwicklung vorantreiben (vgl. dazu die Überblicke z.B. bei Miller & Weißenborn, 1990; Mac Whinney, 1987)? Indem die pronominale Kohärenzherstellung als kognitiver Prozeß in Interaktion mit seiner sprachlichen Umgebung beschrieben wurde, ist deutlich geworden, daß der Kontext innerhalb dessen nach einer Erklärung für die Herausbildung der Entwicklungsebenen gesucht werden kann, das konstruktivistische Paradigma ist. Als Reifung oder als Entfaltung angeborener Kompetenz kann diese Entwicklung wohl nicht beschrieben werden. Wie läßt sich nun die Entstehung der einzelnen Ebenen erklären? Warum verlassen Kinder nach einer gewissen Zeit eine einmal erreichte Entwicklungsebene und erreichen dann die nächst höhere? Hier soll, ohne den Anspruch zu haben, die kritische Frage des Spracherwerbs nach den Mechanismen der Entwicklung erschöpfend beantworten zu können, in Anlehnung an die von Piaget entwickelten Konzepte der Assimilation, Akkomodation und Äquilibration versucht werden (siehe z.B. Piaget, 1972, 1976), die Herausbildung der Ebenen zu interpretieren. Auf die Entwicklung der Ebenen bezogen, bedeutet Assimilation so viel wie Anpassung der Strategien der pronominalen Koreferenzherstellung an die kognitive Repräsentations- und Rezeptionsfähigkeit der Kinder sowie

191

die zugrunde gelegten kognitiven Schemata. Akkomodation meint dagegen umgekehrt die Anpassung der Strategien an solche Repräsentations- und Verarbeitungsbedingung, die mit den vorhandenen kognitiven Strategien nicht in Übereinstimmung zu bringen sind. Als Äquilibration bezeichnet Piaget die Suche nach einem Gleichgewicht, die immer dann einsetzt, wenn sich eine kognitive Strategie als unzulänglich erweist oder sich bei ihrer Anwendung Widersprüche ergeben. Die Erfahrung eines starken "Ungleichgewichtes" ist dementsprechend der "Auslöser" für eine Veränderung und Weiterentwicklung. Diese Überlegungen sind zunächst einmal so allgemein, daß sie auf alle möglichen Aspekte des Spracherwerbs generell anzuwenden sind, so z.B. neuerdings auch auf die Entwicklung der Erzählfähigkeit im Grundschulalter (vgl. Boueke, Schülein, Büscher, Terhorst & Wolf, im Druck). Im folgenden werden diese Annahmen jetzt für die einzelnen Entwicklungsebenen der pronominalen Koreferenzherstellung präzisiert.

Wie bereits vorher angemerkt, korrespondieren die Verarbeitungsresultate der Kinder auf der ersten Entwicklungsebene der pronominalen Auflösungsfähigkeit und die Verwendungsweisen von Pronomen bei der Diskursproduktion miteinander, so daß in Anlehnung an Überlegungen von Karmiloff-Smith (1985) die kognitiven Voraussetzung der Kinder folgendermaßen beschreibbar sind: Charakteristisch für die erste Entwicklungsebene ist, daß das Sprachverhalten der Kinder dieser Altersgruppe hauptsächlich durch den außersprachlichen Stimulus geleitet wird. Das Ziel des Kindes ist es, so eng wie möglich den Input des Erwachsenen zu wiederholen. Repräsentationen referentieller Formen sind unabhängig voneinander im Gedächtnis gespeichert. In bezug auf die Verwendung indefiniter Artikel bedeutet das, daß Kinder auf der ersten Entwicklungsebene die phonologische Form von Artikeln im gleichen Kontext wie Erwachsene produzieren. Wenn ein Kind sich so verhält, dann wird dieses Form-Funktions-Paar im Gedächtnis eingetragen. Diese repräsentationalen Adjunktionen werden nicht in bezug auf den Inhalt anderer Einträge evaluiert. Die repräsentationalen Form-Funktions-Paare werden einfach zu bereits existierenden addiert. Dasselbe gilt auch für pronominale Form-Funktions-Paare. Bei der Produktion von Geschichten verwenden Kinder definite Artikel und Pronomen in ihrer deiktischen Funktion. Diese linguistischen Formen werden scheinbar demonstrativ benutzt, um auf den fokussierten, direkt sichtbaren extralinguistischen Stimulus zu zeigen. Pronomen referieren nicht anaphorisch auf denselben Antezedenten in aufeinanderfolgenden Äußerungen. Pronomen sind im Sinne der Kinder keinesfalls ambig. Sie referieren direkt auf den gerade fokussierten Aktanten. Das hängt damit zusammen, daß repräsentationale Verbindungen zwischen einem Pronomen und einem Koreferenten in der Diskursrepräsentation solange nicht explizit identifiziert werden, wie jede sprachliche Äußerung unabhängig von der folgenden sprachlichen Äußerung produziert wird. Es ist der Kommunikationspartner der Kinder, der eine Verbindung zwischen einem Pronomen und einer vorher produzierten Äußerungen herzustellen versucht und der Verbindungen zwischen Pronomen und vorher genannten Aktanten als ambig empfindet, da er Form-Funktions-Beziehungen in Relation zu anderen Form-Funktions-Beziehungen systematisch im Gedächtnis gespeichert hat (vgl. Karmiloff-Smith, 1985; Boueke, Schülein u.a., im Druck).

Die Probleme der Kinder beim Verstehen satzübergreifender Pronomen hängen ebenfalls mit diesen prozeduralen und repräsentationalen Voraussetzungen zusammen. Im Falle von eindeutigen Pronomen verstehen Kinder am Ende der ersten Entwicklungsphase Pronomen korrekt (z.B. das Pronomen *Er* referiert auf einen männlichen Aktanten, das Pronomen *Sie* referiert auf einen weiblichen Aktanten). Wenn Kinder die Form-Funktions-Beziehung zwischen Pronomen und semantischen Merkmalen wie männlich und weiblich gelernt haben, können sie diese Merkmale zur Identifizierung eines Koreferenten nutzen. Deswegen haben Kinder bei eindeutigen Genusinformationen relativ wenig Schwierigkeiten, den korrekten Referenten zu identifizieren. Wenn die eindeutigen Genusinformationen fehlen, muß jedoch zur eindeutigen Identifizierung eines Referenten auf andere sprachliche Informationen und auf die aufgebaute referentielle Diskursrepräsentation zurückgegriffen werden. Da Pronomen jedoch auf dieser Entwicklunsebene noch keine diskursinterne referentielle Funktion haben, fällt es den Kindern sehr schwer, einen Koreferenten zu identifizieren.

Während Kinder auf der ersten Ebene lediglich die Genusmarkierungen kognitiv bewältigen und Pronomen in isolierten Sätzen in Verbindung mit dem außersprachlichen Kontext verwenden, müssen sie auf der zweiten Ebene eine Fähigkeit entwickeln, die deutlich komplexer ist. Als "Auslöser" für die Veränderungen von der ersten in Richtung auf die zweite Ebene fungiert die Erfahrung der "Unzulänglichkeit". In dem Maße, wie Kinder erkennen, daß zwischen aufeinanderfolgenden Äußerungen Zusammenhänge bestehen, etwa in dem Sinne, daß ein und dieselbe Person

Verursacher des ersten und auch des folgenden Ereignisses ist, stellt sich ein Ungleichgewicht ein, das beseitigt werden muß. Charakteristisch für die zweite Entwicklungsebene ist, daß die Resultate bei der Produktion anaphorischer Pronomen und beim Verstehen anaphorischer Pronomen durch Strategien kontrolliert werden, die außerhalb der fortwährenden Input-Output-Kontrolle anzusiedeln sind. Daß heißt, im Gegensatz zu den stimulusorientierten Prozeduren in der ersten Entwicklungsphase wird in der zweiten Entwicklungsphase eine Anzahl von metaprozeduralen Operationen in Bewegung gesetzt, die es ermöglichen, die isolierten Repräsentation der ersten Phase explizit miteinander in Beziehung zusetzen. Um die verschiedenen Einträge im Gedächtnis zu organisieren, generieren Kinder in dieser Phase die thematische Subjektstrategie, die die repräsentationale Organisation der pronominalen Form-Funktions-Beziehungen steuert. Die zweite Entwicklungsebene bezeichnete Karmiloff-Smith daher (1985, 1987) als *metaprozedurale Phase*.

Als Auslöser für die Veränderungen von der zweiten zur dritten Ebene ist wiederum die Erfahrung der "Unzulänglichkeit" anzusehen. Mit der zunehmenden Fähigkeit der Kinder, die bereits aufgebaute Diskursrepräsentation in bezug auf das allgemeine Wissen und die nachfolgenden sprachlichen Informationen im Text zu evaluieren, wird die einseitige thematische Subjektstrategie aufgegeben. Ihre Aufgabe wird erforderlich, weil die Kinder die Fähigkeit erworben haben, Inkonsistenzen bei der Konstruktion des Diskursmodells zu entdecken und aufgrund neuer sprachlicher Hinweise Umstrukturierungen der Diskursrepräsentation vornehmen können. Nach Karmiloff-Smith (1985, 1987) ist die dritte Entwicklungsebene durch eine dynamische Interaktion zwischen stimulusorientierten Kontrollprozessen und top-down Kontrollprozessen bestimmt. Ähnlich beschreiben auch Boueke, Schülein u.a. (im Druck) die Produktion von narrativen Texten. Die Kinder verfügen zu diesem Entwicklungszeitpunkt über die Fähigkeit, bei der Produktion eine flexible Verbindung von "aufsteigenenden" lokalen Satzplanungsprozessen und "absteigenden" globalen Diskursplanungsprozessen herzustellen. Beim Verstehen sind ähnliche Strategien festzustellen. Bei der Konstruktion der Diskursrepräsentation werden globale Diskursverstehensprozesse und lokale Satzverarbeitungsprozesse koordiniert, so daß man auch hier von einer dynamischen Interaktion zwischen stimulusorientierten Kontrollprozessen und top-down Kontrollprozessen sprechen kann. Charakteristisch ist ferner nach Karmiloff-Smith (1985), daß nicht nur die Verwendung von Pronomen die nächste Entwicklungsebene erreicht hat, sondern auch die Verwendung indefiniter und definiter Artikel sowie demonstrativer Pronomen. Es findet auf der dritten Entwicklungsebene eine Reorganisation der lexikalischen Einträge statt. Pronomen werden jetzt in Relation zum System aller referetieller Formen repräsentiert. Die systematische Organisation ermöglicht die subtile Kontrolle des Gebrauchs verschiedener referentieller Ausdrücke.

Faßt man den vorhergehenden Erklärungsversuch im Blick auf die Herausbildung der Entwicklungsebenen zusammen, so läßt sich folgendes Fazit ziehen. Ein wesentlicher Antrieb für ihre Herausbildung ist die Erfahrung der "Unzulänglichkeit", die zur Umorganisation der kognitiven Strategien der pronominalen Koreferenzherstellung führt. Zunächst ist es die Erfahrung, daß bloße Genusmarkierungen nicht ausreichen, um koreferentielle Beziehungen zwischen aufeinanderfolgenden Äußerungen herzustellen. Die Folge ist eine Weiterentwicklung, um diese Unzulänglichkeit aufzuheben. Kinder entwickeln die thematische Subjektstrategie. Die thematische Subjektstrategie führt jedoch ebenfalls zu Widersprüchen, sobald mehrere Informationen mit dem Pronomen in der Diskursrepräsentation in Verbindung gebracht werden können. Diese alternativen Zuordnungsmöglichkeiten erfordern flexible und dynamische Strategien der pronominalen Verarbeitung, wie sie Erwachsene schließlich ausgebildet haben.

7.   Schluß

Ziel der Arbeit war die Untersuchung der Frage, wie sich bei Kindern im Vorschul- und im Grundschulalter die Fähigkeit entwickelt, anaphorische Pronomen beim Textverstehen aufzulösen. Aus der Sicht der Diskurserwerbsforschung handelt es sich bei dieser Fragestellung um eine Detailfrage. Die Beantwortung dieser Frage ist jedoch ein Baustein, der in Verbindung mit der Inferenzforschung zum Aufbau eines Entwicklungsmodells der Textverstehensfähigkeit beitragen kann.

Grundlegend für diese Arbeit ist, daß nicht versucht wurde, diese Frage im Sinne traditioneller linguistischer Ansätze und unter rein strukturellen Aspekten zu beantworten. Im Sinne der psycholinguistischen Textverstehensforschung wird davon ausgegangen, daß Sprache Bestandteil der kognitiven Informationsverarbeitung ist. Charakteristisch für diese Arbeit ist eine verarbeitungstheoretische Herangehensweise, die nicht nur strukturelle Aspekte der Sprache umfaßt, sondern auch dynamische Aspekte der Sprachverarbeitung.

Wie am Anfang der Arbeit dargestellt, stellen sich bei der Untersuchung des Spracherwerbs immer mindestens drei Fragen gleichzeitig, d.h. die Frage nach dem Anfang der Entwicklung, die Frage nach dem Ende der Entwicklung und die Frage nach dem Weg zwischen Anfang und Ende. Will man die Entwicklung des Spracherwerbs beschreiben, versucht man entweder Veränderungen in bezug auf den Anfangszustand der Entwicklung darzustellen oder in bezug auf den Endpunkt der Entwicklung. Da der Anfangszustand der Auflösungsfähigkeit anaphorischer Pronomen beim Textverstehen eine empirisch nur recht schwer zu bestimmende Unbekannte ist, wurde in dieser Arbeit zunächst der Endzustand für die Auflösung satzübergreifender anaphorischer Pronomen bei Erwachsenen diskutiert. Die Verarbeitung pronominaler Anaphern wurde zunächst theoretisch in Abhängigkeit von Schlüsselkonzepten verschiedener Textverstehensmodelle beschrieben (vgl. Kapitel 2). Diese Schlüsselkonzepte betreffen die kommunikativen Bedingungen des Textverstehens, die repräsentationalen Annahmen über die Architektur des Gedächtnisses, die Unterscheidungen verschiedener Wissensbereiche des Rezipienten, die Struktur des Textes, die Kapazität des Arbeitsgedächtnisses, die Interaktion zwischen dem Text und der Wissensrepräsentation des Rezipienten, die Form der Diskursrepräsentation, die Dynamik des Verarbeitungsprozesses sowie die grundlegenden Verarbeitungseinheiten und Verarbeitungsebenen.

Die Verarbeitung anaphorischer Pronomen ist ein spezifisches Problem des referentiellen Textverstehens. Ein Rezipient kann ein anaphorisches Pronomen nur verstehen, wenn es ihm gelingt, in seiner Diskursrepräsentation ein mit dem Pronomen koreferierendes Konzept zu identifizieren. Die Zugänglichkeit von koreferierenden Konzepten für die pronominale Auflösung ist abhängig von lexikalischen, syntaktischen, semantischen und pragmatischen Informationen. Die Topikalisierung von Informationen führt zu einer besonderen Aktivierung bestimmter Konzepte und kann die Zugänglichkeit von Konzepten im Arbeitsspeicher des Rezipienten erleichtern. Kennzeichnend für die psycholinguistische Textverstehensforschung ist, daß theoretische Modelle in enger Interaktion mit der empirischen Forschung entwickelt werden. In Kapitel drei wurden daher empirische Studien diskutiert. Dabei ging es einerseits um die Frage, welche Informationen die Zugänglichkeit von Konzepten für die Identifizierung eines koreferierenden Konzeptes in der referentiellen Diskursrepräsentation während der Verarbeitung bestimmen. Andererseits ging es um die Frage, wie und wann diese Informationen zur Identifizierung des Pronomens beitragen. Es ist deutlich geworden, daß neben Genus-, Numerus- und Kasusinformationen die Position des Antezedenten im Satz, seine syntaktische Einbettung im Satz und auch semantische und pragmatische Informationen eine Rolle bei der pronominalen Auflösung spielen. Da die Frage nach dem wann und wie der pronominalen Auflösung eng mit der Annahme der unmittelbaren und vollständigen Verarbeitung eines Pronomens verbunden ist (vgl. Abschnitt 3.3.1), wurde erörtert, ob eine referentielle Verbindung zwischen einem Pronomen und einem Koreferenten bereits mit der Rezeption des Pronomens hergestellt wird oder ob der Aufbau einer referentiellen Verbindung zwischen einem Pronomen und einem Koreferenten erst mit der Integration der dem Pronomen nachfolgenden Information abgeschlossen werden kann. Es zeigte sich, daß die Frage nach dem Ende der pronominalen Auflösung nicht unabhängig von den sprachlichen Hinweisen und dem Aktivierungszustand des aufgebauten Diskursmodells beantwortet werden kann. In Abhängigkeit von kontextuellen Faktoren vor, während und nach der Rezeption eines Pronomens und deren Konsequenzen für den Aktivierungszustand potentiell koreferierender Konzepte können bei Erwachsenen drei verschiedene Verarbeitungsstrategien unterschieden werden: die pronominale Besetzungsstrategie, die gerichtete Suchstrategie und die Abwartestrategie (vgl. Abschnitt 3.4).

Die pronominale Besetzungsstrategie kann angewendet werden, wenn es nur einen Antezedenten im Text gibt, der in Genus und Numerus mit dem Pronomen übereinstimmt. Wenn dieser Antezedent Topik des Satzes oder Diskurses ist, d.h., z.B., in Subjektposition steht und Hauptaktant des Diskurses ist, führt dies zu einer starken Aktivierung eines Koreferenten in der aktuellen Diskursrepräsentation. Tritt im folgenden ein Pronomen auf, dessen Genus- und Numerusinformationen mit dem hoch aktivierten Konzept in der Diskursrepräsentation übereinstimmen, wird bereits zum Zeitpunkt der Rezeption des Pronomens eine eindeutige Verbindung zwischen dem Pronomen und dem hochaktivierten Konzept in der Diskursrepräsentation hergestellt. Durch die hohe Aktivierung eines Konzeptes in der Diskursrepräsentation vor der Rezeption des Pronomens wird bereits topdown das Pronomen als Leerstelle für dieses Konzept reserviert. Die Identifizierung des koreferierenden Konzeptes ist in diesem Falle mit der Rezeption des Pronomens abgeschlossen. Dem Pronomen nachfolgende Informationen, die mit der Diskursrepräsentation kohärent sind, werden nicht mehr zur Identifizierung eines koreferierenden Konzeptes herangezogen, sondern werden lediglich zum Ausbau des bereits aktivierten Diskursmodells genutzt.

Wenn es mehr als einen potentiell koreferierenden Aktanten in der Diskursrepräsentation gibt und einer dieser alternativen Aktanten Diskurstopik ist, dann hat die konzeptuelle Repräsentation dieses Antezedenten höhere Aktivierungswerte als der alternative Koreferent. In diesem Falle wenden Erwachsene die gerichtete Suchstrategie an. Zum Zeitpunkt der Rezeption des Pronomens kann aufgrund der fehlenden lexikalischen Eindeutigkeit keine eindeutige Identifizierung des einen oder des anderen Referenten stattfinden. Die pronominale Auflösung wird auf jeden Fall solange verschoben, bis mit Hilfe folgender Informationen eine eindeutige Identifizierung eines Koreferenten möglich ist. Wenn der Rezipient die Kohärenz der nachfolgenden Informationen mit dem bereits aufgebauten Diskursmodell überprüft, dann ist seine Aufmerksamkeit auf den höher aktivierten Koreferenten gerichtet. Je nachdem wie stark die Kohärenz der aufeinanderfolgenden Äußerungen ist, kann die pronominale Auflösung kognitiv unterschiedlich aufwendig sein. Wenn die Informationen nach der Rezeption des Pronomens kohärent sind mit dem fokussierten Referenten, dann überschreitet dieser Referent schnell eine kritische Aktivierungsschwelle, um die pronominale Auflösung abzuschließen. Wenn die folgenden Informationen mit dem hoch aktivierten fokussierten Konzept in der Diskursrepräsentation inkohärent sind, nimmt die Aktivierung dieses Konzeptes ab und die Aktivierung alternativer koreferierender Konzepte zu. Die Auflösung des Pronomens ist in diesem Fall zeitintensiver, da Umstrukturierungen und Revisionen des aufgebauten Diskursmodells nötig werden.

Erwachsene verwenden eine Abwartestrategie, wenn es vor der Rezeption eines Pronomens in der aktuellen Diskursrepräsentation mehrere potentielle Koreferenten gibt, die gleichermaßen hohe Aktivierungswerte haben. Unter diesen Bedingungen müssen Informationen nach der Rezeption des Pronomens zur Identifizierung eines koreferierenden Konzeptes und zum Aufbau einer referentiellen Verbindung genutzt werden. Auch hier muß der Rezipient die Kohärenz der nachfolgenden Informationen mit dem bereits aufgebauten Diskursmodell überprüfen. Da keines der potentiellen Konzepte aufgrund seiner Aktivierung im Fokus der Aufmerksamkeit steht, können die Aktivierungswerte verschiedener Referenten in Abhängigkeit von den dem Pronomen nachfolgenden Informationen gleichermaßen schnell bzw. langsam erhöht werden.

Kinder haben sowohl bei der Sprachrezeption als auch bei der Sprachproduktion das Problem zu lösen, sprachliche Ausdrücke mit der nichtsprachlichen Welt in ihrer kognitiven Repräsentation zu verbinden.

Die Ergebnisse der wenigen experimentellen Entwicklungsstudien zur Auflösung anaphorischer Pronomen wurden im vierten Kapitel diskutiert. Auch hier ging es zunächst um die Frage, welche Faktoren bei Kindern die Zugänglichkeit von Konzepten bei der Identifizierung der mit einem Pronomen koreferierenden Konzepte beeinflussen. Zweitens wurde untersucht, ob sich der Einfluß dieser Faktoren auf die Zugänglichkeit von Konzepten mit dem Alter verändert. Die bisherige empirische Forschung zur Entwicklung der anaphorischen Verarbeitung beim Textverstehen hat versäumt, altersabhängige Verarbeitungssresultate bei der pronominalen Auflösung auf entwicklungsspezifische repräsentationale und verarbeitungsspezifische Aspekte zurückzuführen. In dieser Arbeit wurde davon ausgegangen, daß altersabhängige Verarbeitungsresultate bei der pronominalen Auflösung auf altersspezifische pronominale Auflösungsstrategien zurückzuführen sind. Es wurde überprüft, wann sich die diskursinterne referentielle Auflösungsfähigkeit entwickelt. Im speziellen ging es darum zu untersuchen, ob und inwiefern die pronominale Auflösungsfähigkeit bei fünfjährigen, siebenjährigen und neunjährigen Kindern eingeschränkt ist. Aufgrund der aktuellen Forschungslage war unklar, ob eventuelle Einschränkungen der pronominalen Auflösungsfähigkeit von Kindern auf eine syntaktische Kontrolle des pronominalen Auflösungsprozesses zurückzuführen sind oder ob eventuelle Einschränkungen mit einer rigiden thematischen Subjektstrategie zusammenhängen. Aufgrund der empirischen Befundlage war ferner unklar, ob die Entwicklung der pronominalen Auflösungsfähigkeit bereits mit sieben Jahren abgeschlossen ist und die Kinder sich bereits dann bei der Auflösung anaphorischer Pronomen genauso flexibel verhalten wie Erwachsene. Im fünften Kapitel wurde eine Untersuchung dargestellt, in der diese Fragen experimentell untersucht wurden. Die Ergebnisse der Untersuchung haben folgendes gezeigt:

1. Fünfjährige Kinder verfolgen bei der Auflösung anaphorischer Pronomen keine rigide syntaktische Subjektstrategie. Die fünfjährigen und auch die siebenjährigen Kinder verfolgen eine thematische Subjektstrategie, d.h. fünf- und siebenjährige Kinder bestimmen einen Aktanten zum thematischen Subjekt des Diskurses. Dies ist mit der Erstnennung des Aktanten im Text, seiner syntaktischen Subjektposition im Satz vor dem Pronomen und durch seinen Status als Verursacher der aufeinanderfolgenden Ereignisse verbunden. Kinder dieser Altersgruppe interpretieren Pronomen in Subjektposition als Leerstelle für das thematische Subjekt. Wenn die Informationen nach der Rezeption des Pronomens kohärent sind mit dem aktivierten thematischen Subjekt, dann können Kinder in diesem Alter Pronomen in Subjektposition relativ sicher auflösen. Wenn die Informationen nach der Rezeption des Pronomens inkohärent sind mit dem thematischen Subjekt, dann nennen die Kinder häufiger falsche Referenten. Die fünfjährigen und siebenjährigen Kinder neigen in aus Erwachsenenperspektive inkohärenten Fällen dazu, die thematische Subjektinterpretation aufrechtzuerhalten, da sie die dem Pronomen folgenden Informationen nicht effektiv auswerten können und nicht als Indikatoren für notwendige Diskursmodellrevisionen erkennen.

2. Als weiteres Ergebnis dieser Untersuchung kann abgeleitet werden, daß die Entwicklung der pronominalen Auflösungsfähigkeit beim Diskursverstehen nicht mit dem siebenten Lebensjahr abgeschlossen ist. Zwi-

schen dem siebenten und zehnten Lebensjahr kommt es zu deutlichen Veränderungen. Bei den Neunjährigen wird die pronominale Auflösungsfähigkeit allmählich flexibler, d.h. sie gleicht sich zunehmend an die Verarbeitungsstrategien der Erwachsenen an, ohne sich jedoch schon vollständig funktional äquivalent entwickelt zu haben.

3. Neunjährige verfolgen ähnlich wie die Erwachsenen eine gerichtete Suchstrategie bei der Auflösung lexikalisch ambiger Pronomen. Bevor Neunjährige den Koreferenten eines Pronomens abschließend identifizieren, warten sie die Integration der dem Pronomen folgenden Informationen ab und testen, ob das fokussierte thematische Subjekt oder aber ein alternativer, weniger stark aktivierter Aktant als Koreferent für das Pronomen in Frage kommen. Auch nach dem zehnten Lebensjahr nimmt die Flexibilität im Umgang mit den pronominalen Auflösungsstrategien noch zu.

Aufgrund der Ergebnisse der Untersuchung und der Ergebnisse der bisherigen empirischen Forschung lassen sich drei Entwicklungsebenen bei der Auflösung anaphorischer Pronomen erkennen: Auf der *ersten Entwicklungsebene* haben die Kinder die diskursinterne referentielle Funktion anaphorischer Pronomen noch nicht verstanden. Auf der *zweiten Entwicklungsebene* verfolgen Kinder eine rigide thematische Subjektstrategie. Auf der *dritten Entwicklungsebene* verfügen die Kinder allmählich über ähnlich flexible pronominale Auflösungsstrategien wie Erwachsene. Sie erreichen den Endzustand der Entwicklung, indem sie wie Erwachsene flexibel aufgrund der situativen und kontextuellen Bedingungen auf verschiedene Strategien der pronominalen Auflösung zurückgreifen können.

Diese Entwicklungsebenen sind vergleichbar mit Ergebnissen, die bei der Untersuchung der Verwendung anaphorischer Pronomen bei der Produktion von Texten gemacht wurden. Es wurde festgestellt, daß die Ergebnisse in der Rezeptionsforschung und in der Produktionsforschung sowohl auf Veränderungen der repräsentationalen Organisation von Form-Funktions-Paaren, d.h. die Entwicklung eines multifunktionalen anaphorischen Systems zurückzuführen sind, als auch auf Veränderungen globaler Kontrollprozesse, die die Produktion und Rezeption steuern.

In dieser Untersuchung wurde ein verarbeitungstheoretischer Ansatz gewählt, um die altersspezifischen Verarbeitungsresultate bei der pronominalen Auflösung zu erklären. Ein solcher Ansatz erlaubt es, die Entwicklung der Textverstehensfähigkeit sowohl unter strukturellen als auch kognitiven und sozialinteraktiven Aspekten zu betrachten. Die Entwicklung der Textverstehensfähigkeit wird sowohl durch die Umstrukturierung der repräsentationalen Organisation des Gedächtnisses, durch die Umstrukturierung kognitiver Prozesse, als auch durch die ständige Interaktion mit der Umwelt gesteuert. Als "Auslöser" für die Weiterentwicklung wurde das Prinzip der "Unzulänglichkeit" im Zusammenhang mit Piagets Konzepten der Assimilation, Akkomodation und Äquilibration erörtert. Durch weitere experimentelle Untersuchungen als auch durch die Analyse natürlich sprachlicher Korpora muß in Zukunft die Fruchtbarkeit dieser Herangehensweise überprüft werden.

Anhang

Übungstexte

1. In einer großen Stadt ist immer viel los.
   Anton hat sich in der Stadt verlaufen.
   Anton hat einen Polizisten nach dem Bahnhof gefragt.
   Er hat den Weg dann gefunden.

2. Am Mittwoch ist in der Stadt Markt.
   Frau Müller muß viel einkaufen.
   Frau Müller hat bei einer Gemüsefrau frisches Obst geholt.
   Sie hat die Äpfel genau abgewogen.

3. Die Teiche sind zugefroren.
   Anna führt mit ihrer Freundin Schlittschuh.
   Anna zeigt Ulla wie man rückwärts fährt.
   Sie fährt sehr gut rückwärts.

4. Die Ferien am Meer machen viel Spaß.
   Anton spielt oft mit den Kindern am Strand.
   Anton hat Udo mit Sand eingebuddelt.
   Er ist fast nicht mehr zu sehen.

Versuchstexte

S = plausible Subjektreferenz, O = plausible Objektreferenz,
A = ambige Referenz

1. In der Sparkasse ist viel los.
   Ein Bankräuber ist unbemerkt hereingekommen.
   Der Bankräuber bedroht den Mann an der Kasse.
   S   Er fordert das Geld.
   O   Er gibt das Geld heraus.
   A   Er zählt das Geld.

2. Das Wochenende am See ist sehr schön.
   Herr Müller geht mit seinem Sohn angeln.
   Herr Müller zeigt Udo die neue Angel.
   S Er erklärt alles genau.
   O Er schaut sich alles genau an.
   A Er fängt einige Fische.

3. An der Kreuzung ist ein Unfall passiert.
   Frau Müller hat alles vom Fenster aus gesehen.
   Frau Müller hat die Polizei gerufen.
   S Sie wird als Zeugin gebraucht.
   O Sie ist sofort gekommen.
   A Sie hat sofort geholfen.

4. Beim Arzt ist heute viel los.
   Anton hat heftige Bauchschmerzen.
   Anton ist mit seiner Mutter zum Arzt gefahren.
   S Er muß gleich ins Krankenhaus.
   O Er untersucht den Bauch gründlich.
   A Er kommt in den Behandlungsraum.

5. Heute ist es sehr heiß.
   Ulla will ins Freibad fahren.
   Ulla ruft Anna an.
   S Sie will nicht alleine gehen.
   O Sie will gerne mitgehen.
   A Sie geht gerne schwimmen.

6. Die Kinder erzählen von den Sommerferien.
   Udo hat Ferien auf dem Bauernhof gemacht.
   Udo hat jeden Tag dem Bauern geholfen.
   S Er durfte die Kühe auf die Weide treiben.
   O Er hat jeden Morgen die Arbeit eingeteilt.
   A Er hat sehr viel zu tun gehabt.

7. Die Kinder sind draußen im Garten.
   Anna spielt mit ihrer Schwester verstecken.
   Anna muß Ulla suchen.
   S Sie schaut in jede Ecke.
   O Sie versteckt sich in der Ecke.
   A Sie läuft hinter den Baum.

8. Im Herbst ist es manchmal sehr windig.
   Anton will seinen neuen Drachen steigen lassen.
   Anton ist mit Udo auf die Wiese gegangen.
   S Er hat den Drachen zum Geburtstag bekommen.
   O Er hat auch einen Drachen mitgenommen.
   A Er hat einen wunderschönen Drachen.

9. An der Haustür hat es geklingelt.
   Die Großmutter kommt zu Besuch.
   Die Großmutter hat Anna ein Geschenk mitgebracht.
   S Sie hat das Geschenk sehr schön verpackt.
   O Sie findet das neue Spielzeug toll.
   A Sie packt das Geschenk aus.

10. Die Kinder sind im Tierpark.
    Anton geht zu den Rehen.
    Anton darf mit dem Tierpfleger ist Gehege.
    S Er ist das erstemale im Gehege.
    O Er versorgt die Tiere jeden Tag.
    A Er füttert die Rehe.

11. Heute ist ein schöner Tag.
    Ulla will mit ihrer Freundin einkaufen.
    Ulla holt Anna von zu Hause ab.
    S Sie klingelt an der Haustür.
    O Sie macht die Haustür auf.
    A Sie war schon lange nicht mehr in der Stadt.

12. Im Garten sind abgeknickte Blumen .
    Herr Müller verdächtigt seinen Hund.
    Herr Müller schimpft mit seinem Dackel.
    S Er ist sehr zornig.
    O Er winselt leise vor sich hin.
    A Er geht ins Haus.

13. Draußen ist eine Baustelle Anton will alles genau angucken.
    Anton beobachtet den Baggerführer genau.
    S Er will auch mal Baggerführer werden.
    O Er macht ein tiefes Loch in die Straße.
    A Er steht am Straßenrand.

14. In der Schule gibt es Schwierigkeit.
    Anna hat die Matheaufgaben nicht verstanden.
    Anna spricht mit der Lehrerin.
    S Sie fragt wie die Aufgabe geht.
    O Sie erklärt die Aufgabe nochmal.
    A Sie rechnet die Aufgabe nochmal.

15. Im Schwimmbad ist es sehr voll.
    Der Bademeister hat sehr viel zu tun.
    Der Bademeister beobachtet Udo genau.
    S Er läßt die Schwimmer nicht aus den Augen.
    O Er kann noch nicht schwimmen.
    A Er steht am Beckenrand.

16. Die Spielerinnen treffen sich auf dem Tennisplatz.
    Anna macht ein Spiel mit ihrer Freundin.
    Anna gewinnt das Spiel gegen Ulla.
    S Sie hat weniger Fehler gemacht.
    O Sie hat zu viele Fehler gemacht.
    A Sie fährt mit dem Fahrrad nach Hause.

17. Auf dem Bahnhof sind viele Leute.
    Udo fährt allein mit dem Zug.
    Udo fragt den Schaffner nach dem Bahnsteig.
    S Er ist das erstemal allein auf dem Bahnhof.
    O Er erklärt wo der richtige Bahnsteig ist.
    A Er geht den Bahnsteig entlang.

18. Die Kinder spielen im Haus.
    Ulla hat ihre Puppe verloren.
    Ulla geht zu ihrer großen Schwester Anna.
    S Sie fragt nach der Puppe.
    O Sie hat die Puppe auch nicht gesehen.
    A Sie weiß nicht wo die Puppe ist.

19. Im Sommer ist draußen ein Wasserschlauch.
    Udo will seinem Freund eine Streich spielen.
    Udo spritzt Anton mit dem Schlau naß.
    S Er lacht sich eins ins Fäustschen.
    O Er zieht die nassen Kleider aus.
    A Er rennt schnell weg.

20. Im Freizeitpark gibt es viele Vergnügungsmöglichkeiten.
    Ein Cowboy tritt in der Wildwestshow auf.
    Der Cowboy versteckt sich vom dem Sheriff.
    S Er hat einige Rinder gestohlen.
    O Er hat die Verfolgung aufgenommen.
    A Er trägt einen Revolver.

21. Der Zirkus ist in der Stadt.
    Udo geht in die Nachmittagsvorstellung.
    Udo gefällt der Cowboy am besten.
    S Er klatscht begeistert.
    O Er macht tolle Kunststücke.
    A Er ißt eine Banane.

22. Herr Müller hat einen langen Spaziergang gemacht.
Herr Müller sieht nach einiger Zeit eine Bank.
Herr Müller bindet seinen Hund an.
S Er setzt sich auf die Bank.
O Er reißt sich los.
A Er ruht sich aus.

23. Heute findet ein Schulfest statt.
Anton soll mit seiner Klasse die Turnhalle schmücken.
Anton holt den Hallenschlüssel vom Hausmeister.
S Er ist der Klassensprecher.
O Er wohnt neben der Schule.
A Er geht über den Schulhof.

24. Im Puppentheater wird eine neues Stück ausgeführt.
Der Kasper begrüßt die Kinder.
Der Kasper sucht den Räuber.
S Er hat schon überall geguckt.
O Er hat die Prinzessin entführt.
A Er geht durch den Wald.

25. Heute findet ein Kettcarennen statt.
Udo fährt so schnell es geht.
Udo kann seinen Freund überholen.
S Er liegt jetzt in Führung.
O Er kommt nicht mehr mit.
A Er hat ein blaues Kettcar.

26. Beim Spielen ist ein Unfall passiert.
Anna wollte den Ball wiederholen.
Anna hat die Radfahrerin nicht gesehen.
S Sie ist einfach losgelaufen.
O Sie konnte nicht mehr bremsen.
A Sie ist auf die Straße gefallen.

27. Die Klasse 2b macht heute ein Fußballspiel.
    Herr Müller ist der Schiedsrichter.
    Herr Müller gibt Udo die rote Karte.
    S Er zieht die Karte aus der Hosentasche.
    O Er hat einen Mitspieler gefault.
    A Er steht im Sechzehnmeterraum.

28. Bei schlechtem Wetter spielen die Kinder im Haus.
    Anna möchte ein neues Spiel ausprobieren.
    Anna erklärt ihrer Schwester Ulla das Spiel.
    S Sie liest die Spielregeln vor.
    O Sie kennt die Spielregeln nicht.
    A Sie stellt die Spielfiguren auf.

29. Es hat geschneit.
    Anton spielt mit den Kindern draußen.
    Anton wirft Udo einen Schneeball in den Nacken.
    S Er hat gut gezielt.
    O Er wirft einen Schneeball zurück.
    A Er rennt schnell weg.

30. Es ist nach den Osterferien.
    Ullas Freundin wohnt in einer fremden Stadt.
    Ulla schickt Anna einen Brief.
    S Sie schreibt über die Fereinerlebnisse.
    O Sie wartet bestimmt schon auf Post.
    A Sie hat lange nicht geschrieben.

Literatur

Abelson R.P. (1981). Psychological status of the script concept. *American Psychologist, 7*, 715-729.

Ackerman, B.P. (1984b). Storage and processing constraints on integrating story information in children and adults. *Journal of Experimental Child Psychology, 38*, 64-92.

Ackerman, B.P. (1984a). The effects of storage and processing complexity on comprehension repair in children and adults. *Journal of Experimental Child Psychology, 37*, 303-334.

Ackerman, B.P. (1985). Reason inferences in the story comprehension of children and adults. *Child Development, 59*, 1426-1442.

Ackerman, B.P. (1986). Referential and causal coherence in the story comprehension of children and adults. *Journal of Experimental Child Psychology, 41*, 336-366.

Ackerman, B.P. (1988a). Thematic influences in children's judgements about story adequacy. *Child Development, 59*, 918-938.

Ackerman, B.P. (1988b). Reason inferences in the story comprehension of children and adults. *Child Development, 59*, 1426-1442.

Ackerman, B.P., Jackson, M. & Sherill, L. (1991). Inference modification by children and adults. *Journal of Experimental Child Psychology, 52*, 166-196.

Ackerman, B.P., Paine, J. & Silver, D. (1991). Building a story representation: The effects of early concept prominence on later causal inferences by children. *Developmental Psychology, 27*, 370-380.

Ackerman, B.P., Silver, D. & Glickman, I. (1990). Concept availability in the causal inferences of children and adults. *Child Development, 61*, 230-246.

Altmann, G. (Ed.), (1990). *Cognitive models of speech processing: Psycholinguistic and computational perspectives.* Cambridge, Mass.: MIT Press.

Anderson, A., Garrod, S.C. & Sanford, A.J. (1983). The accessibility of pronominal antecedents as a function of episode shifts in narrative text *The Quarterly Journal of Experimental Psychology, 35A*, 427-440.

Anderson, R.C. (1978). Schema-directed processes in language comprehension. In A.M. Lesgold, J.W. Pellegrino, S.D. Fokkema & R. Glaser (Eds.), *Cognitive psychology and instruction.* New York: Plenum Press.

Anderson, R.C. & Pichert, J.W. (1978). Recall of previously unrecallable information following a shift in perspective. *Journal of Verbal Learning and Verbal Behavior, 17,* 1-12.

Atkinson, M. (1979). Prerequisites for reference. In E. Ochs & B.B. Schieffelin (Eds.), *Developmental pragmatics* (pp. 229-249). London: Academic Press.

Auwärter, M. & Kirsch, E. (1987). Die Entwicklung anaphorischer Fähigkeiten im Kontext kindlicher Gespräche. *DFG-Antrag im Schwerpunktprogramm Spracherwerb.* unveröffentlichtes Manuskript.

Bamberg, M. (1986). A functional approach to the acquisition of anaphoric relationships. *Linguistics, 24,* 227-284.

Bosch, P. (1985). Constraints, coherence, comprehension. Reflections on anaphora. In E. Sölzer (Ed.), *Text connexity, text coherence. Aspects, methods, results.* (pp. 299-319). Hamburg: Buske.

Bosch, P. (1986). Pronouns under control. *Journal of Semantics, 5, 1,* 65-78.

Bosch, P. (1988). Representing and accessing focussed referents. *Language and Cognitive Processes, 3,* 207-231.

Boueke, D., Schülein, F., Büscher, H., Terhorst, E. & Wolf, D. (im Druck). *Wie Kinder erzählen.* Untersuchungen zur Erzähltheorie und zur Entwicklung narrativer Fähigkeiten. München: Fink.

Bower, G.H. (1978). Experiments on story comprehension and recall. *Discourse Processes, 1,* 211-231.

Brown, G. & Yule, G. (1983). *Discourse analysis.* Cambridge: University Press.

Caramazza, A., Grober, E., Garvey, C. & Yates, J. (1977). Comprehension of anaphoric pronouns. *Journal of Verbal Learning and Verbal Behavior, 16,* 601-609.

Carpenter, P.A. & Danemann, M. (1981). Lexical retrieval and error recovery in reading: A model base on eye fixations. *Journal of Verbal Learning and Verbal Behavior, 20,* 137-160.

Carpenter, P.A. & Just, M.A. (1977). Reading comprehension as eyes see it. In P.A. Just & M.A. Carpenter (Eds.), *Cognitive processes in comprehension* (pp. 109-139). Hillsdale, N.J.: Erlbaum.

Carpenter, P.A. & Just, M.A. (1981). Cognitive processes in reading: Models based on reader's eye fixations. In A.M. Lesgold & C.A. Perfetti (Eds.), *Interactive processes in reading* (pp. 177-213). Hillsdale, N.J.: Erlbaum.

Carpenter, P.A. & Just, M.A. (1983). What your eyes do while your mind is reading. In K. Rayner (Ed.), *Eye movements in reading: Perceptual and language processes* (pp. 275-307). New York: Academic Press.

Carroll, P. & Slowiaczek, M.L. (1986). Constraints on semantic priming in reading: A fixation time analysis. *Memory and Congition, 14*, 509-522.

Case, R., Kurland, D.M. & Goldberg, J. (1982). Operational efficiency and the growth of short-term memory span. *Journal of Experimental Child Psychology, 33*, 386-404.

Chafe, W.L. (1972). Discourse structure and human knowledge. In J.B. Carroll & R.O. Freedle (Eds.), *Language comprehension and the acquisition of knowledge* (pp. 41-69). Washington: Winston.

Chafe, W.L. (1976). Giveness, contrastiveness, definiteness, subjects, topics and points of view. In C. Li (Ed.), *Subject and topic* (pp. 22-55). New York: Academic Press.

Chafe, W.L. (1979). The flow of thought and the flow of language. In T. Givon (Ed.), *Syntax and semantics* (Vol. 12, Discourse and syntax, pp. 25-55). New York: Academic Press.

Chang, F.R. (1980). Active memory processes in visual sentence comprehension: clause effects and pronominal reference. *Memory and Cognition, 8*, 58-64.

Chi, M.T.H. & Ceci, S.J. (1987). Content knowledge: Its role, representation, and restructuring in memory development. *Advances in Child Development and Behavior, 20*, 91-142.

Chomsky, N. (1981). *Lectures on government and binding.* Dordrecht: Foris.

Clark, H.H. & Sengul, C.J. (1979). In search of referents for nouns and pronouns. *Memory and Cognition, 7*, 35-41.

Cloitre, M. & Bever, T.G. (1988). Linguistic anaphors, levels of representation, and discourse. *Language and Cognitive Processes, 3*, 293-322.

Collins, A., Brown, J.S. & Larkin, K.M. (1980). Inference in text understanding. In R.J. Spiro, B.C. Bruce & W.F. Brewer (Eds.), *Theoretical issues in reading comprehension* (pp. 385-407). Hillsdale, N.J.: Erlbaum.

Coltheart, M. (Ed.), (1987). *Attention and performance XII. The psychology of reading.* Hillsdale: Erlbaum.

Corbett, A.T. & Chang, F.R. (1983). Pronoun disambiguation: Accessing potential antecedents. *Memory and Cognition, 11*, 283-294.

Cowan J.R. (1980). The significance of parallel function in the assignment of intrasentential anaphora. In J. Kreiman & A. Ojeda (Eds.), *Papers from the Parasession on Pronouns and Anaphora* (pp. 110-124).

212

Crawley, R. A. (1986). Some factors influencing the comprehension of pronouns in texts. *Program of the Eight Annual Conference of the Cognitive Science Society 15-17 August 1986*. Hillsdale, N.J.: Erlbaum.

Crawley, R.A., Stevenson, R.J. & Kleinman, D. (1990). The use of heuristic strategies in the interpretation of pronouns. *Journal of Psycholinguistic Research, 19, 4*, 245-264.

Crothers, E.J. (1972). Memory structure and the recall of discourse. In R.O. Freedle & J.B. Caroll (Eds.), *Language comprehension and the acquisition of knowledge*. (pp. 247-283). Washington D.C.: Winston & Sons.

Crothers, E.J. (1979). *Paragraph structure inference*. Norwood, N.J.: Ablex.

Daneman, M. & Carpenter, P.A. (1980). Individual differences in working memory and reading. *Journal of Verbal Learning and Verbal Behavior, 19*, 450-466.

de Beaugrande, R. (1980). *Text, discourse, and process. Toward a multidisciplinary science of texts*. Norwood, N.J.: Ablex.

Deutsch, W. (1989). Vom Ende zum Anfang: Ein Prozeßmodell für die Entwicklung referentieller Kommunikation. *Zeitschrift für Literaturwissenschaft und Linguistik, 73*, 18-32.

Deutsch, W., Koster, Ch. & Koster, J. (1986). What can we learn from children's errors in understanding anaphora? *Linguistics, 24*, 203-225.

Duffy, S. & Rayner K. (1990). Eye movements and anaphor resolution: Effects of antecedent typicality and distance. *Language and Speech, 32 (2)*, 103-119.

Ehrlich, K. (1980). Comprehension of pronouns. *Quarterly Journal of Experimental Psychology, 32*, 247-255.

Ehrlich, K. (1983). Eye movements in pronoun assignment: A study of sentence integration. In K. Rayner (Ed.), *Eye movements in reading: Perceptual and language processes* (pp. 253-268). New York: Academic Press.

Ehrlich, K. & Rayner, K. (1983). Pronoun assignment and semantic integration during reading: Eye movements and immediacy of processing. *Journal of Verbal Learning and Verbal Behavior, 22*, 45-87.

Emslie, H.C. & Stevenson R.J. (1981). Pre-school childrens use of the articles in definite and indefinite referring expressions. *Journal of Child Language, 8*, 313-328.

Flavell, J.H., Green, F.L. & Flavell E.R. (1985). The road not taken: Understanding the implications of initial uncertainty in evaluating spatial direction. *Developmental Psychology, 21*, 207-216.

Fletcher, C. R. (1984). Markedness and topic continuity in discourse processing.. *Journal of Verbal Learning and Verbal Behavior 23*, 487-493.

Fletcher, C.R. (1985). The functional role of markedness in topic identification. *Text, 5*, 23-37.

Fodor, J.A., Bever, T.G. & Garret, M. (1974). *The Psychology of Language.* New York: McGraw-Hill.

Fredriksen, C.H. (1975). Representation logical and semantic structure of knowledge acquired from discourse. *Cognitive Psychology, 7*, 371-457.

Fredriksen, C.H. (1977). Semantic processing units in understanding text. In R.O. Freedle (Ed.), *Discourse production and comprehension* (pp. 57-87). Norwood, N.J.: Ablex.

Fredriksen, J.R. (1981). Understanding anaphora: Rules used by readers in assigning pronominal referents. *Discourse Processes, 4*, 323-347.

Garfield, J.L. (Ed.), (1987). *Modularity in knowledge representation and natural-language understanding.* Cambridge, Mass.: MIT Press.

Garnham, A. & Oakhill, J. (1985). On-line resolution of anaphoric pronouns: Effects of inference making and verb semantics. *British Journal of Psychology, 76*, 385-393.

Garrod, S.C. & Sanford, A.J. (1977). Interpreting anaphoric relations: The integration of semantic information while reading. *Journal of Verbal Learning and Verbal Behavior, 16*, 77-90.

Garrod, S.C. & Sanford, A.J. (1982). The mental representation of discourse in a focussed memory system: Implications for the interpretation of anaphoric noun phrases. *Journal of Semantics, 1*, 21-41.

Garrod, S.C. & Sanford, A.J. (1983). Topic dependent effects in language processing. In G.B. Flores d'Arcais & R.J. Jarvella (Eds.), *The process of language understanding* (pp. 271-296). Chichester: Wiley.

Garrod, S.C. & Sanford, A.J. (1985). On the real-ime character of interpretation during reading. *Language and Cognitive Processes, 1*, 43-59.

Garrod, S.C. & Sanford, A.J. (1988). Thematic subjecthood and cognitive constraints on discourse structure. *Journal of Pragmatics, 12*, 519-534.

Gernsbacher, M.A. (1989). Mechanisms that improve referential access. *Cognition, 32*, 99-156.

Gernsbacher, M.A. (1991). Cognitive processes and mechanisms in language comprehension: The structure building framework. In G.H. Bower (Ed.), *The psychology of learning and motivation* (Vol. 27, pp. 217-263). Orlando, Fl.: Academic Press.

Glanzer, M., Dorfman, D. & Kaplan, B. . (1981). Short-term storage in the processing of text. *Journal of Verbal Learning and Verbal Behavior, 20,* 656-670.

Glanzer, M. & Nolan, S.D. (1986). Memory mechanisms in text comprehension. In G.H. Bower (Ed.), *The psychology of learning and motivation* (Vol. 20, pp. 275-317). Orlando, FL.: Academic Press.

Glenberg, A.M., Meyer, M. & Lindem, K. (1987). Mental models contribute to foregrounding during text comprehension. *Journal of Memory and Language, 26,* 69-83.

Glucksberg, S., Kreuz, R.J. & Rho, S.H. (1986). Context can constrain lexical access: Implication for models of language comprehension. *Journal of Experimental Psychology: Learning, Memory, and Cognition, 12,* 323-335.

Graesser, A.C. (1981). *Prose comprehension beyond the word.* New York: Springer.

Grimes, J.E. (1975). *The thread of discourse.* The Hague: Mouton.

Grober, E.H., Beardsley, W. & Caramazza, A. (1978). Parallel function strategy in pronoun assignment. *Cognition, 6,* 117-133.

Grosz, B.J. & Sidner, C.L. (1986). Attentions, intentions, and the structure of discourse. *Computational Linguistics, 12,* 175-204.

Grosz, B.T. & Sidner, C. (1985). Discourse structure and the proper treatment of interruptions. *International Journal of the Coference of Artificial Intelligence, August,* 832-838.

Günther, U. (1989). Lesen im Experiment. *Linguistische Berichte, 122,* 283-320.

Haberlandt, K.F., Graesser, A.C., Schneider, N.J. & Kiely, J. (1986). Effects of task and new arguments on word reading times. *Journal of Memory and Language, 25,* 314-322.

Halliday, M.A.K. (1970). Language structure and language function. In J. Lyons (Ed.), *New horizons in linguistics* (pp. 140-165). Baltimore: Penguin.

Hankamer J. & Sag, I.A. (1976). Deep and surface anaphora. *Linguistic Inquiry, 7,* 391-426.

Harweg, R. (1968). *Pronomina und Textkonstitution.* München: Fink.

215

Haviland S.E. & Clark, H.H. (1974). What's new? Acquiring new information as a process in comprehension. *Journal of Verbal Learning and Verbal Behavior, 13*, 512-521.

Hickmann, M. (1980). Creating referents in discourse: A developmental analysis of linguistic cohesion. In J. Kreiman & E. Ojeda (Eds.), *Papers from the parasession on pronouns and anaphora* (pp. 192-203). Chicago: Linguistics Society.

Hielscher, M. & Müsseler, J. (1990). Anaphoric resolution of singular and plural pronouns: The reference to persons being introduced by different co-ordinating structures. *Journal of Semantics, 7*, 347-364.

Hirst, W. & Brill, G.A. (1980). Contextual aspects of pronoun assignment. *Journal of Verbal Learning and Verbal Behavior, 19*, 168-175.

Hobbs, J. R. (1979). Coherence and coreference. *Cognitive Science, 3, 1*, 67-90.

Hornby, P.A. (1972). The psychological subject and predicate. *Cognitive Psychology, 3*, 632-642.

Hudson, S.B., Tanenhaus, M.K. & Dell, G.S. (1986). The effect of the discourse center on the local coherence of a discourse. *Program of the Eigth Annual Conference of the Cognitive Science Society 15-17 August*. Hillsdale, N.J.: Erlbaum, 96-101.

Inhoff, A.W. & Rayner, K. (1986). Parafoveal word processing during eye fixations in reading: Effects of word frequency. *Perception and Psychophysics, 40*, 431-449.

Johnson, H. & Smith, L.B. (1981). Children's inferential abilities in the context of reading to understand. *Child Development, 52*, 1216-1223.

Johnson-Laird, P.N.(1980). Mental models in cognitive science. *Cognitive Science, 4*, 72-115.

Johnson-Laird, P.N. (1983). *Mental models. Towards a cognitive science of language, inference, and consciousness*. Cambridge: University Press.

Johnson-Laird, P.N. (1989). Mental models. In M.I. Posner (Ed.), *Foundations of cognitive science* (pp. 467-499). Cambridge, Mass.: MIT Press.

Just, M.A. & Carpenter, P.A. (1980). A theory in reading: From eye fixations to comprehension. *Psychological Review, 87*, 329-354.

Just, M.A. & Carpenter, P.A. (1987). *The psychology of reading and language comprehension*. Boston: Allyn and Bacon.

Just, M.A., Carpenter, P.A. & Woolley, J. (1982). Paradigms and processes in reading comprehension. *Journal of Experimental Psychology: General, 111*, 228-238.

Karmiloff-Smith A. (1979). *A functional approach to child language: A study of determiners and reference.* Cambridge: University Press.

Karmiloff-Smith, A. (1981). The grammatical marking of thematic structure in the development of language production. In W. Deutsch (Ed.), *The child's construction of language* (pp. 121-147). New York: Academic Press.

Karmiloff-Smith, A. (1985). Language and cognitive processes from a developmental perspective. *Language and Cognitive Processes, 1*, 61-85.

Karmiloff-Smith, A. (1986). From meta-processes to conscious access: Evidence from childrens metalinguistic and repair data. *Cognition, 23*, 95-147.

Karmiloff-Smith, A. (1987). Function and process in comparing language and cognition. In M. Hickmann (Ed.), *Social and functional approaches to language and thought* (pp. 185-202). Orlando, Florida: Academic Press.

Keenan, E.O. & Klein, E. (1975). Coherency in children's discourse. *Journal of Psycholinguistic Research, 4*, 365-380.

Keenan, E.O. & Schieffelin, B.B. (1976). Topic as a discourse notion: A study of topic in the conversation of children and adults. In C.N. Li (Ed.), *Subject and topic* (pp. 335-384). New York: Academic Press.

Kempson, R. (1986). Definite NPs and context-dependence: A unified theory of anaphora. In T. Myers, K. Brown & B. McGonigle (Eds.), *Reasoning and discourse processes.* (pp. 209-239). London: Academic Press.

Kerr, J.S. & Underwood, G. (1984). Fixation time on anaphoric pronouns decreases with congruity of reference. In A.G. Gale & F. Johnson (Eds.), *Theoretical and applied aspects of eye movement research* (pp. 195-202). Amsterdam: North-Holland.

Kertoy, M.E. (1991). Listening comprehension for sentences: The accessibility of referents for pronouns as a function of age topic continuity, and pronoun emphasis. *Journal of Experimental Child Psychology, 52*, 344-355.

Kintsch, W. (1974). *The representation of meaning in memory.* Hillsdale, N.J.: Erlbaum.

Kintsch, W. (1988). The role of knowledge in discourse comprehension: A construction-integretation model. *Psychological Review, 95*, 163-182.

Kintsch, W., Kozminsky, E., Streby, W.J., McKoon, G. & Keenan, J. (1975). Comprehension and recall of text as a function of content variables. *Journal of Verbal Learning and Verbal Behavior, 14*, 196-214.

Kintsch, W. & van Dijk, T.A. (1978). Toward a model of text comprehension and production. *Psychological Review, 85,* 363-394.

Kintsch, W. & Vipond, D. (1979). Reading comprehension and readability in educational practice and psychological theory. In L.G. Nilsson (Ed.), *Perspectives on memory research.* (pp. 329-365). Hillsdale, N.J.: Erlbaum.

Klein, W. (1978). *Linguistik und Didaktik der Kindersprache im Grundschulalter.* Paderborn: Schöningh.

Lesgold, A.M., Roth, S.F. & Curtis, M.E. (1979). Foregrounding effects in discourse comprehension. *Journal of Verbal Learning and Verbal Behavior, 18,* 291-308.

Lust, B. (1981). Constraints on anaphora in child language: A prediction for a universal. In S.L. Tavakolian (Ed.), *Language acquisition and linguistic theory* (pp. 4-96). Cambridge: Mass.: MIT Press.

Lust, B. (1986). *Studies in the acquisition of anaphora, Vol. I: Defining the constraints.* Dordrecht: Reidel.

Lust, B. (1986). *Studies in the acquisition of anaphora, Vol. II: Applying the constraints.* Dordrecht: Reidel.

MacWhinney, B. (1987). The Competition Model. In B. MacWhinney, (Ed.), *Mechanisms of Language Aquisition.* Hillsdale: Erlbaum.

Mandler, J.M. & Johnson, N.S. (1977). Remembrance of things parsed: Story structure and recall. *Cognitive Psychology, 9,* 111-151.

Maratsos, M.P. (1973). The effects of stress on the understanding of pronominal co-reference in children. *Journal of Psycholinguistic Research , 2,* 1-8.

Maratsos, M.P. (1974). Preschool childrens use of definite and indefinite articles. *Child Development, 45,* 446-455.

Markman, E.M. (1979). Realizing that you don't understand: Elementary school children's awareness of inconsistencies. *Child Development, 50,* 643-655.

Marslen-Wilson, W.D., Levy, E. & Tyler, L.K. (1982). Producing interpretable discourse: The establishment and maintenance of reference. In R.J. Jarvella & W. Klein (Eds.), *Speech, place, and action* (pp. 339-378). Chichester: Wiley.

Marslen-Wilson, W.D. & Tyler, L.K. (1980 a). The temporal structure of spoken language understanding. *Cognition, 8,* 1-71.

Marslen-Wilson, W.D. & Tyler, L.K. (1980 b). Towards a psychological basis for a theory of anaphora. In J. Kreiman & A. Ojeda (Eds.), *Papers from the parasession on pronouns and anaphora* (pp. 258-286). Chicago: Chicago Linguistic Society.

Marslen-Wilson, W.D. & Tyler, L.K. (1981). Central processes in speech under-standing. In H.C. Longuet-Higgins, J. Lyons & D.E. Broadbent (Eds.), *The psychological mechanisms of language* (pp. 317-332). London: Royal Society and British Academy.

Matthews, A. & Chodorow, M.S. (1988). Pronoun resolution in two-clause sen-tences: Effects of ambiguity, antecedent location, and depth of embedding. *Journal of Memory and Language, 27*, 245-260.

McClelland, J.L. (1988). Connectionist models and psychological evidence. *Journal of Memory and Language, 27*, 107-123.

Meraner R. (1988). Satzverknüpfung durch Pronomen. *Der Deutschunterricht, 6*, 69-83.

Meyer, B.J.F. (1975). *The organisation of prose and its effects on memory.* Amsterdam: North-Holland.

Meyer, B.J.F. (1981). Prose analysis: Procedures, purposes, and problems. *Paper presented as part of an Invited Symposium on Expository Text: Comprehesion and Structure at the AERA Convention in Los Angeles.*

Miller, M. & Weissenborn, J. (1990). Sprachliche Sozialisation. In K. Hurrelmann & D. Ulich (Eds.), *Handbuch der Sozialisationsforschung.* München: Psychologie Verlags Union.

Müsseler, J. & Nattkemper, D. (1986). Visuelle sequentielle Darbietung und "normales" Lesen: Ein Vergleich zweier experimenteller Darbietungsarten. *Psychologische Beiträge, 28*, 107-119.

Müsseler, J. & Terhorst, E. (1990). Pronominale Besetzung: Ein alternativer Mechanismus neben der rekursiven Auflösung? *Sprache und Kognition, 9*, 37-49.

Murray, W.S. & Kennedy, A. (1988). Spatial coding in the processing of anaphor by good and poor readers: Evidence from eye movement analyses. *Quarterly Journal of Experimental Psychology, 40A*, 693-718.

O'Brien, E.J. (1987). Antecedent search processes and the structure of text. *Journal of Experimental Psychology: Learning, Memory, and Cognition, 13*, 278-290.

O'Brien, E.J., Duffy, S.A. & Myers, J.L. (1986). Anaphoric inference during reading. *Journal of Experimental Psychology: Learning, Memory, and Cognition, 12*, 346-352.

O'Brien, E.J., Plewes, P.S. & Albrecht, J. E. (1990). Antecedent retrieval processes. *Journal of Experimental Psychology: Learning, Memory, and Cognition, 16*, 241-249.

O'Regan J.K. (1979). Saccade size control in reading: Evidence for the linguistic control hypothesis. *Perceptions & Psychophysics, 25*, 501-509.

O'Regan J.K. (1980). The control of saccade size and fixation duration in reading: The limits of linguistic control. *Perception & Psychophysics, 28*, 112-117.

Oakhill, J. & Yuill, N. (1986). Pronoun resolution in skilled and less-skilled comprehenders: Effects of memory load and inferential complexity. *Language and Speech, 29*, 25-37.

Paris, S.G., Lindauer, B.K. & Cox, G.L. (1977). The development of inferential comprehension. *Child Development, 48*, 1728-1733.

Paris, S.P. & Lindauer, B.K. (1976). The role of inference in children's comprehension and memory for sentences. *Cognitive Psychology, 8*, 217-227.

Paris, S.P. & Upton, L.R. (1976). Children's memory for inferential relationships in prose. *Child Development, 47*, 660-668.

Piaget, J. (1972). Sprache und Sprechen des Kindes. Düsseldorf (franz. 1923)

Piaget, J. (1976). Die Äquilibration der kognitiven Strukturen. Stuttgart (franz. 1975)

Pichert, J.W. & Anderson, R.C. (1977). Taking different perspectives on a story. *Journal of Educational Psychology, 69*, 309-315.

Pollatsek, A. & Rayner, K. (1990). Eye movement and lexical access in reading. In D.A. Balota, G.B. Flores d'Arcais & K. Rayner (Eds.), *Comprehension processes in reading* (pp. 143-163). Hillsdale, N.J.: Erlbaum.

Pollatsek, A., Rayner, K. & Balota, D.A. (1986). Inferences about eye movement control from the perceptual span in reading. *Perception and Psychophysics, 40*, 123-130.

Power, R.J.D. & Dal Martello, M.F. (1986). The use of the definite and indefinite articles by Italian preschool children. *Journal of Child Language, 13*, 145-154.

Quasthoff, U.M. (1984). On the ontogenesis of doing personal reference: Syntactic, semantic, and interactional aspects. *Folia Linguistica, XVIII/3-4*, 503-538.

Rayner, K. (1978). Eye movements in reading and information processing. *Psychological Bulletin, 85*, 618-660.

Rayner, K. & McConkie, G.W. (1976). What guides s reader's eye movements? *Vision Research*, *16*, 829-837.

Rayner, K. & Pollatsek, A. (1989). *The Psychology of Reading*. Englewood Cliffs, N.J.: Prentice-Hall.

Reichman, R. (1978). Conversational coherency. *Cognitive Science*, *2*, 283-327.

Reinhart, T. (1980). Conditions for text coherency. *Poetics Today*, *1*, 161-180.

Reinhart, T. (1981). Pragmatics and linguistics: An analysis of sentence topics. *Phiosophica*, *27*, 53-94.

Reinhart, T. (1983). *Anaphora and semantic interpretation*. London: Croom Helm.

Ross, J. (1969). "Guess who?". In R.I. Binnick et al. (Ed.), *Papers from the 5th regional meeting*. (pp. 256-286). Chicago, Ill.: Chicago Linguistic Society.

Rumelhart, D.E. (1975). Notes on a Schema for Stories. In D.G. Boborow & A.M. Collins (Eds.), *Representation and Understanding:Studies in Cognitive Science*. (pp. 211-236). New York: Academic Press.

Rumelhart, D.E. (1977). Understanding and summarizing brief stories. In D. LaBerge & S.J. Samuels (Eds.), *Basic processes in reading: Perception and comprehension* (pp. 265-303). Hillsdale, N.J.: Erlbaum.

Rumelhart, D. E. (1980). Schemata: The building blocks of cognition. In R. Spiro, B. Bruce & W. Brewer (Eds.), *Theoretical issues in reading comprehension* (pp. 33-58). Hillsdale N.J.: Erlbaum.

Rumelhart, D.E. & McClelland, J.L. (1986). *Parallel distibuted processing: Explorations in the microstructure of cognition*. (Vol. 1. Foundations) Cambridge, Mass.: MIT Press.

Sacks, H. (1985). The inference-making maschine: Note on observability. In T.A. van Dijk (Ed.), *Handbook of discourse analysis*. (Vol. 3, pp. 13-23). London: Academic Press.

Sag, I.A. & Hankamer, J. (1984). Toward a theory of anaphoric processing. *Linguistics and Philosophy*, *7*, 325-345.

Sanford, A.J. (1985). Aspects of pronoun interpretation: Evaluation of search formulations of inference. In G. Rickheit & H. Strohner (Eds.), *Inferences in text processing* (pp. 183-204). Amsterdam: North-Holland.

Sanford, A.J. & Garrod, S.C. (1981). *Understanding written language*. Chichester: Wiley.

Sanford, A.J. & Garrod, S.C. (1989). What, when, and how? Questions of immediacy in anaphoric reference resolution. *Language and Cognitive Processes, 4*, 235-262.

Sanford, A.J., Garrod, S.C., Lucas, A. & Henderson, R. (1983). Pronouns without explicit antecedents? *Journal of Semantics, 2*, 303-318.

Sanford, A.J., Moar, K. & Garrod, S.C. (1988). Proper names as controllers of discourse focus. *Language and Speech, 31*, 43-56.

Schade, U., Langer, H., Rutz, H. & Sichelschmidt, L. (1991). Kohärenz als Prozeß. In G. Rickheit (Hrsg.), *Kohärenzprozesse. Modellierung von Sprachverarbeitung in Texten und Diskursen*. Opladen: Westdeutscher Verlag.

Schank, R.C. & Abelson, J.R. (1977). *Scripts, plans, goals, and understandig*. Hillsdale, N.J.: Erlbaum.

Schmidt, C.R. & Paris, S.G. (1983). Children's use of successive clues to generate and monitor inferences. *Child Development, 54*, 742-759.

Schmidt, C.R., Schmidt, S.R. & Tomalis, S.M. (1984). Children's constructive processing and monitoring of stories containing anomalous information. *Child Development, 55*, 2056-2071.

Schnotz, W. (1987). Mentale Kohärenzbildung beim Textverstehen: Einflüsse der Textsquenzierung auf die Verstehensstrategien und die subjektiven Verstehenskriterien. Tübingen: Deutsches Institut für Fernstudien, Forschungsbericht 42.

Schnotz, W. (1988). Textverstehen als Aufbau mentaler Modelle. In H. Mandl & H. Spada (Eds.), *Wissenspsychologie* (pp. 299-330). München: Psychologie Verlags Union.

Schnotz, W. (1993). *Aufbau von Wissensstrukturen*. München: Psychologie Verlags Union.

Schöningh-Sprachbuch für den Deutschunterricht in der Grundschule 2-4.Schuljahr. (1985/1986) Paderborn: Schöningh.

Seidenberg, M.S. (1990). Lexical access: Another theoretical soupstone? In D.A. Balota, G.B. Flores d'Arcais & K. Rayner (Eds.), *Comprehension processes in reading* (pp. 33-72). Hillsdale, N.J.: Erlbaum .

Sheldon, A. (1974). The role of parallel function in the acquisition of relativ clauses in English. *Journal of Verbal Learning and Verbal Behavior, 13*, 272-282.

Shillcock, R. (1982). The on-line resolution of pronominal anaphora. *Language and Speech, 24*, 385-401.

Solan, L. (1981). The acquisition of structural restrictions on anaphora. In S.L. Tavakolian (Ed.), *Language acquisition and linguistic theory* (pp. 59-73). Cambridge, Mass.: MIT Press.

Solan, L. (1983). *Pronominal reference. Child language and the theory of language*. Dordrecht: Reidel.

Stevenson, R.J. (1986). The time course of pronoun comprehension. *Proceedings of the Eighth Annual Conference of the Cognitive Science Society*. Hillsdale, N.J.: Erlbaum, 102-109.

Stevenson, R.J. & Vitkovitch, M. (1986). The comprehension of anaphoric relations. *Language and Speech, 29*, 335-360.

Stevenson, R.J. & Pickering, M. (1987). The effects of linguistic and non-linguistic knowledge on the acquisition of pronouns. *Proceedings of the Child Language Seminar 1987*. York, U.K.: University of York, Department of Language and Linguistic Science, 193-205.

Strohner, H. (1990). *Textverstehen*. Opladen: Westdeutscher Verlag.

Strohner, H. & Rickheit, G. (1990). Kognitive, kommunikative und sprachliche Zusammenhänge: Eine systemtheoretische Konzeption linguistischer Kohärenz. *Linguistische Berichte, 125*, 3-24.

Swinney, D.A. (1979). Lexical access during sentence comprehension: (Re)Consideration of context effects. *Journal of Verbal Learning and Verbal Behavior, 18*, 645-659.

Terhorst, E., Rickheit, G., Strohner, H. & Wirrer, J. (1988). Entwicklung mentaler Textmodelle im Grundschulalter. *Unterrichtswissenschaft, 16*, 74-85.

Thompson, J.G. & Myers, N.A. (1985). Inferences and recall at ages four and seven. *Child Development, 56*, 1134-1144.

Thorndyke, P.W. (1977). Cognitive structures in comprehension and memory of narrative discourse. *Cognitive Psychology, 9*, 77-110.

Tunmer,W.E., Nesdale, A.R. & Pratt, C. (1983). The development of young children's awareness of logical inconsistencies. *Journal of Experimental Child Psychology, 36*, 97-108.

Tyler, L.K. (1983). The development of discourse mapping processes: The on-line interpretation of anaphoric expressions. *Cognition, 13*, 309-341.

Tyler, L.K. & Marslen-Wilson, W. (1982). The resolution of discourse anaphors: Some on-line studies. *Text, 2*, 263-291.

Umstead, R.S. & Leonard, L.B. (1983). Childrens resolution of pronominal reference in text. *First Language, 4*, 73-84.

223

van den Broek, P. (1989). Causal reasoning and inference making in judging the importance of story statements. *Child Development, 60,* 286-297.

van den Broek, P. (1990). Causal inferences and the comprehension of narratives texts. In A.C. Graesser & G.H. Bower (Eds.), *Inferences and Text Comprehension. The Psychology of Learning and Motivation* (Vol. 25, pp. 175-196). San Diego: Academic Press.

van Dijk, T.A. (1980). *Textwissenschaft. Eine interdisziplinäre Einführung.* München: Deutscher Taschenbuch Verlag.

van Dijk, T.A. & Kintsch, W. (1983). *Strategies of discourse comprehension.* New York: Academic Press.

Vinçon, I. (1984). Kindersprachforschung im Textbereich. *Grundschule, 19,* 5, 8-11.

Vonk, W. (1984). Eye movements during the comprehension of pronouns. In A.G. Gale & F. Johnson (Eds.), *Theoretical and applied aspects of eye movement research* (pp. 203-212). Amsterdam: North-Holland.

Vonk, W. (1985). The immediacy of inferences in the understanding of pronouns. In G. Rickheit & H. Strohner (Eds.), *Inferences in text processing* (pp. 205-218). Amsterdam: North-Holland.

Wagoner, S.A. (1983). Comprehension monitoring: What it is and what we know about it. *Reading Research Quarterly, 18,* 328-346.

Ward, N.J. & Juola, J.F. (1982). Reading with and without eye movements: Reply to Just, Carpenter, and Woolley. *Journal of Experimental Psychology: General, 111,* 239-241.

Warden, D. (1976). Review of "The use of definite and indefinite reference in young children" by M.P. Maratsos. *Child Language,* 123-127.

Warden, D. (1976). The influence of context on children's uses of identifying expressions and reference. *Britisch Journal of Psychology, 67,* 101-112.

Warden, D. (1981). Learning to identify referents. *British Journal of Psychology, 72,* 93-99.

Werth, P. (1984). *Focus, coherence and emphasis.* London: Croom Helm.

Wiese, B. (1983). Anaphora by pronouns. *Linguistics, 21,* 373-417.

Wilks, Y. (1986). Relevance and beliefs. In T. Myers, K. Brown & B. McGonigle (Eds.), *Reasoning and discourse processes.* (pp. 265-289). London: Academic Press.

Wykes, T. (1981). Inference and children's comprehension of pronouns. *Journal of Experimental Child Psychology, 32,* 264-279.

Made in the USA
Las Vegas, NV
25 October 2024

10353858R00128